本书为中国传播能力建设协同创新中心研究成果

创新与发展
关于中国传播能力建设的思考

Innovating and Developing
Exploring on China's Communication Capacity-building

段鹏　王永滨 ○ 主编

中国传媒大学出版社

序

战略·智库·协同·创新
——中国传播能力建设创新与发展学术研讨会开幕致词

苏志武
（中国传播能力建设协同创新中心理事会理事长、中国传媒大学校长）

20世纪以来，各国政府根据国际国内形势发展的需要，利用广播、电影、电视、互联网等传播媒体，运用卫星通讯、光纤电缆、计算机，以及互联网等技术手段，加强国家传播能力建设，以确保国家安全，维护国家利益。

作为当今世界最大的社会主义国家，近年来，中国综合国力和国际影响力显著提高，中国道路、中国理论、中国制度越来越为世界所关注。如何让党的理论、路线、方针、政策为全国广大人民所接受；如何让中国的主张、观点、思想、做法为世界所认识，加快推进中国传播能力建设，大力提高国家传播能力，就显得尤为重要。这是党和国家当前必须着手解决的重大课题。

新世纪以来，党和国家高度重视中国传播能力建设。江泽民、胡锦涛、习近平等中央领导同志分别在不同场合反复强调要加强国家传播能力建设。江泽民同志明确要求，要"让党和政府的声音传入千家万户，让中国的声音传向世界各地。"胡锦涛同志强调指出，必须"加快构建技术先进、传输快捷、覆盖广泛的现代传播体系"。党的十八大报告首次提出："要构建和发展现代传播体系，提高传播能力。"2013年4月，中宣部根据中央领导批示，专门成立了"国际传播能力建设办公室",对国际传播能力建设进行全面规划和领导。2013年8月,习近平总书记在全国传播思想工作会议上特别强调指出,要"着力打造融通中外的新概念新范畴新表述,讲好中国故事,传播好中国声音"。2013年11月,党的十八届三中全会对加强国际传播能力建设提出明确要求。党的十八大闭幕之后至今,习近平总书记等中央领导同志先后数十次做出重要批示,要求从战略高度进一步加强我国传播能力特别是国际传播能力建设,要"加强评估,注重实效"。党中央对国家传播能力建设如此重视,这是新中国成立以来从未有过的。

目前,中国已跃居世界第二大经济体,中国进出口贸易总额超过美国,名列世界第一,在探索中国特色社会主义道路中取得举世瞩目的成就。然而,由西方媒体为主导的国际舆论,刻意矮化、曲解、抹黑中国,竭尽挑拨离间、混淆视听之能事,误导国际舆论,导致国际社会无法客观认识中国。

随着互联网尤其是移动互联网的普及,不仅产生了多种新媒体形态,而且对传统媒体的技术平台、组织结构和经济来源等产生重要影响。互联网对我国经济、政治、社会、文化产生着重要作用和影响。互联网已成为当前舆论斗争的主战场。多年前一些西方政要就声称:"有了互联网对付中国就有了办法","社会主义国家投入西方怀抱将从互联网开始"。从美国的"棱镜计划"、"X—关键得分"等监控计划看,他们的互联网活动能量和规模远远超出了世人想象。这不仅是国家传播能力建设必须解决的重大问题,而且也是我国能否顶得住、打得赢所面对的战略问题,直接关系我国意识形态安全和政权安全。我国网民有近6亿人,手机网民4.6亿多人,其中微博用户达到3亿多人。很多人特别是年轻人基本不看主流媒体,大部分信息都从网上获取。必须正视这个事实,加大力量投入,尽快掌握这个舆论战场上的主动权。为应对这一严峻形势,2014年2月27日,由中共中央总书记、国家主席、中央军委主席习近平同志亲自担任组长的中央网络安全和信息化领导小组成立。习近平总书记强调:"没有网络安全就没有国家安全,没有信息化就没有现代化",要"提升信息采集、处理、传播、利用、安全能力",要"创新改进网上宣传,运用网络传播规律,弘扬主旋律,激发正能量,大力培育和践行社会主义核心价值观,把握好网上舆论引导的时、度、效,使网络空间清朗起来"。这充分反映了党中央对加强我国网络信息传播能力建设的重要性和紧迫性的高度重视,也充分说明加强国家传播能力建设势在必行、时不我待。

中国传播能力建设是国家战略的重要组成部分,是维护国家利益和保护国家文化安全的重要手段,是建设社会主义强国,实现中华民族伟大复兴的重要支撑;是建设社会主义核心价值体系,妥善应对各种挑战的可靠保障;是正确引导社会舆论、切实解决社会问题、科学把握应对方法的科学抉择;是增强国际话语权,提升国际影响力的迫切需要,是"讲好中国故事"、"传播好中国声音"的核心要素,也是应对全球传播格局变革的重要举措。

为贯彻中央领导同志重要讲话精神,教育部、财政部联合下发了《关于实施高等学校创新能力提升计划的意见》,中国传媒大学举全校之力,以教育部人文社科重点研究基地广播电视研究中心、媒介发展研究中心、广播电视数字化教育部工程研究中心、教育部媒介音视频重点实验室、国家广播电视网工程技术研究中心和国家多媒体软件工程技术研究中心为基础,融合中国传媒大学文化发展研究院、新媒体研究院、国家互联网信息研究院、脑科学与智能媒体研究院等单位;汇聚了学科优势、人才优势、行业优势、科研优势,实现了强强联合,有力地推动了中国传播能力建设。

参与中国传播能力建设协同创新中心的建设的协同高校武汉大学、清华大学、厦门大学,以及相关媒体、研究机构、企业单位在教育资源、行业资源、科研资源以及社会资源等方面在国内均居领先地位。中国传媒大学与他们在人才培养、学科建设、科学研究等方面有着长期良好的合作基础。他们为中国传播能力建设协同创新中心的发展建设提供了强有力的人力、物力和财力支持,并形成了良好合作的长效机制。

本届研讨会以"创新与发展:中国传播体系变迁、政策调整及人才培养"作为主题,将围绕中国传播能力建设的重大需求,分享建设经验,探讨提升国家传播能力建设水平的路径。具体议题涉及国家传播制度变迁与政策调整、国家传播主体传播力提升与测评、数字媒体与媒介融合、下一代互联网与未来网络信息传播环境、新媒介环境下舆论生态与舆论引导、重要地区与热点问题传播对策、媒体传播效果评估与大数据应用、国家网络信息安全战略、国家传播技术支撑、全媒体国际传播人才培养模式等方面。

友谊只有交流才能加深,智慧只有碰撞才能升华。本次研讨会不是一次简单的学术交流会,而是各位领导、各位专家学者观点交锋、思想碰撞的舞台。我们提倡百花齐放、百家争鸣,但也有可能由于学科背景的不同导致某些看法的不同,但是在不同的观点背后都承载着我们对于加强国家传播能力建设的关注和期待。

各位与会代表围绕本次研讨会的主题,广泛交流、深入研讨,推出前沿性、创新性和标志性兼具的高水平研究成果,为中国传播能力建设的思想库、信息库、人才库和数据库的建设打下坚实基础,形成更多有益于中国国家传播能力建设的箴言良策。

目 录 Contents

序 战略·智库·协同·创新
——中国传播能力建设创新与发展学术研讨会开幕致词　　苏志武

中国传播能力建设战略规划

向改革要活力，向创新要实力
　　　　——传播力建设的四个关键点　　柳斌杰/ 3
传播能力建设研究与文化自觉漫谈　　罗以澄/10
导向为魂，内容为王
　　　　——中国传播能力建设思考　　仲呈祥/14
观察与思考：影视政策制定对中国影视业发展的影响　　胡智锋/21
加强我国传播能力建设的几点意见　　石义彬/30
以孔子学院为平台，促进中国国际传播能力提升　　陈培爱/33
推进中国国际话语权建设的大数据视角　　姜　飞/44

中国传播能力建设创新格局

关于媒介转型的五个论点　　黄升民/53
全球化背景下跨文化思维的重新审视　　单　波/60
当前电视城乡传播格局与社会转型　　郑维东　张天莉/74
中国人口问题及其传播战略　　张许颖/89

论群体传播时代的莅临及其对传播格局的影响　　　　　　　　　隋岩　曹飞/100

中国传播能力建设实践策略

大型国有企业形象现存问题及对策分析
　　——以某国有企业为例　　　　　　　　　　　　　　　　段鹏/117
电视主流媒体承载重大时政报道的新思维
　　——基于CCTV两会、党代会"走基层"典型报道的分析　　赵淑萍/131
传统媒体如何应对微博传播风险　　　　　　　　　　张燕　王丽婷/145

中国传播能力建设技术支撑

P2P技术在推荐系统中的应用　　　　　　　　　　　　　　王永滨/157
网络大数据反挖掘　　　　　　　　　　　　　　　　　　　任勇/165
新媒体技术与艺术融合初探　　　　　　　　　　　　　　　张勤/169
互联网微视频传播中的若干问题及其对策研究
　　　　　　　　　　　曹三省　张辉　黄建　王楠　纪海/178

中国传播能力建设创新模式

新疆广播电视传播能力建设　　　　　　　　　　　　　　安思国/191
舆论场"偏激共振"的成因分析与消除策略　　　　张树庭　张晓丽/194
网络新媒体对人们思维方式带来的变革　　　　　　　　　陈作平/208

中国传播能力建设人才培养

协同·创新·坚持
　　——从中国记协角度谈中国传播能力建设人才培养路径　王冬梅/225
数字时代影视教育的新一轮"自定义"　　　　　　李兴国　徐智鹏/229
关于国际新闻传播人才培养的实践创新与思考　　　　　　王晓红/238

中国传播能力建设战略规划

向改革要活力,向创新要实力
　　——传播力建设的四个关键点　　　　　　　　柳斌杰
传播能力建设研究与文化自觉漫谈　　　　　　　　罗以澄
导向为魂,内容为王
　　——中国传播能力建设思考　　　　　　　　　仲呈祥
观察与思考:影视政策制定对中国影视业发展的影响　胡智锋
加强我国传播能力建设的几点意见　　　　　　　　石义彬
以孔子学院为平台,促进中国国际传播能力提升　　陈培爱
推进中国国际话语权建设的大数据视角　　　　　　姜　飞

向改革要活力，向创新要实力
——传播力建设的四个关键点

○ 柳斌杰

提升国家传播能力，以适应全球化、现代化、信息化、数字化的大趋势，这是所有国家和地区的共识。因为人类文明创造了思想智慧，思想智慧造就了科学技术，科学技术改变了人们的生产方式、生活方式和信息传播方式。今天人们可以借助这些技术，轻而易举地把自己的思想、情感、信息传送到五洲四海，也可以把自己的文字、声音、图像展示到各种媒介。新闻的国界打破了，文化的交流扩大了，瞬息万变的世界不断更新人们的关注点、兴奋点。人们愈来愈感受到媒体传播的影响力、穿透力。例如新近发生的"昆明恐怖暴力"、"乌克兰变局"和"马航客机失联"，通过全球化媒体和"社交网站"的头条，持续不断地把信息送到了千家万户，使全世界几十亿人、国际组织、各个国家的政府、政党、政治团体，都把注意力集中到了这些热点、焦点问题上。这不仅是政治家、外交家你争我夺、明攻暗防的事情，也是相关的社会大众命运相连、生死攸关的揪心事。中国城市暴力恐怖谣言、克里米亚引起的国际争端、"马航失联"使民众对航空安全的担心骤升，都证明信息传播触动了全球老百姓。

我这里不去讲这些新闻事件的国家政治层面的问题，单就传播方面来看，三件事情所表现出的"政治导向"、"利益导向"、"谣言导向"，既发人深省，也提出挑战，确实考验我们中国的传播能力。这就是说，传播力建设是当务之急，也是战略问题。

那么，传播力建设关键抓什么？也就是说怎么做才能事半功倍，而不是空喊口号。我认为要从四个关键点入手。

第一个关键点：造就优秀人才

从传播的结果看，传播力表现出来的是公信力、影响力、竞争力，是可以量化的。而这三个力量的背后是什么呢？是定力、活力、实力、能力。定力就是灵魂，国家、媒体、从业者的理想信念、传播价值判断和文化追求。活力就是传播主体能够调动一切积极因素，在资源配置和传播流程等环节中，有充满创造活力的体制机制，使每个人都是创造性的工作者。实力就是以人力团队为核心，能够担当国家对内对外传播的物质力量和精神力量。能力就是在适应需求、应对挑战中取得最好社会效益和经济效益的手段和办法。这些能力的本质，都是人的智慧和能力。新闻传播、文化传播和信息传播的每个环节都有人的思想融合、都有人的创造因子加入进去。技术和平台当然是传播的硬件，但如果没有高品位、有创意的内容搭载，也都没有价值，人们需要的是信息内容，更何况技术和平台也是人造的、人使用的。所以，传播力建设必须把造就高素质人才放在首位，有了人才一切能力都会上去。

培养人才应当开放式、立体化进行，用科学思维构建人才级次、结构体系。

（一）用好新闻传播教育体系，使国民教育体系在新闻与传播人才培养上发挥基础作用。调整充实新闻、传播类高等教育院校，统一谋划招生、考试、教学、培养、就业配套的政策基础，制定明确的培养目标和考核标准，造就一大批初级合格人才。

（二）发挥在职继续教育的作用，整体提高现有从业人员的职业能力和工作水平。我国直接或间接从事新闻传播的媒体、互联网、移动信息传播人员已经超过1000万人，他们大多热爱新闻传播事业，有志于传播领域的工作。这些人主体是好的，也是当前支撑我国新闻传播的主力。但其中相当一些人，德、能、才、学方面存在着差异和缺陷，实践中出现的问题大多是与此有关。要有国家统一规划，分期分批"回炉再造"，强优势、补短板、上水平。有德无能的重在能力，有才无德的重在政治品德，有能无学的重在知识基础，使他们有信念、有知识、有能力，能创新、能应急、能经营、能管理，担当我国传播力建设的具体任务。

（三）建立国家高级优秀人才选拔培养机制，通过科学程序推出新闻、传播的大师大家。诸如国际通行的终身教授、首席记者、首席编辑、首席评论家、首席主持人、首席策划师等,都应该推广实行。文艺、体育有明星,新闻、传播也应"造星",使他们在国内国际传播中发挥特别效应,具有真正的影响力。

(四)在人才队伍建设中,引入竞争机制,造就优秀人才脱颖而出的环境。在产、学、研各界,分散着许多优秀的新闻、传播人才,由于劳动人事制度所限和条块分割、地区封锁的存在,未能进入传播行业,但"串红"的也不少。我们要通过改革,打破旧体制,引入竞争,从中快速发现有潜力的人才,壮大队伍。

要树立一种新的人才观,金钱、大楼、技术要有,机构、平台、政策也要有,但那都是死的条件,真正活的传播力是有思想、有能力、有作为的人。从这里出发,传播力才能真正提高。

第二个关键:深化体制改革

习近平总书记指出,必须向改革要动力、要活力,这对新闻传播行业来说,也是完全适合的。

因为没有改革就没有中国特色社会主义,改革是当代中国唯一的出路,否则就是死路一条。搞传媒工作的人往往思想不解放,条条框框比较多,所以造成这方面的改革停滞不前,有时候还进一步退两步。目前,应当警醒,要真听真信三中全会精神,大力推动传媒体制改革,提高我国传播业的活力,就是要把已经形成的现实力量解放出来。

(一)深化管理体制变革,理顺党政领导机关和媒体的关系,真正实现管办分开、政企分开、政事分开、传播内容与生产经营分开。改进党对媒体的领导,政府依法行政,作为法人实体的传媒单位,或建立完备的现代企业制度,或建立公开的理事会管理制度,独立决策、自主经营,造就独立运行的传播主体。减少管理层次,落实各自责任,充分释放活力。

(二)深化传媒单位的改革,按照公益性和经营性两种不同功能,决定单位性质,使各自找到自己生存发展的路子,各自发挥自己的潜力。目前的设计是,承担国家主要宣传任务的政治出版社、党报党刊、电视广播新闻频道和新疆、西藏等少数民族语言文字传媒机构,改制成为现代事业体制,主要以政府采购、养事不养人的财政支持为基础,鼓励其创新机制,按企业管理制度搞活经营,引领主旋律、传播正能量,发挥国家传播主渠道作用。经营性的单位已经完成了转企改制,第二步就是股份制改造,完善法人治理结构,第三步进行公司制改造,建立规范的运营秩序,有条件的上市融资,进一步做大做强,提升竞争力。

(三)深化内部机制改革,特别是在劳动人事、收入分配、社会保障、进入退出等四大机制上实现新突破,真正解决能进不能出、能上不能下、能多不能少、能生不能死的旧体制的遗产,把内部搞活,使竞争上岗、多劳多得、后顾无忧、优胜劣汰成为单位的常态,让大批人才、大批媒体焕发活力,生产大批优秀产品和传播有震撼力的作品。

(四)深化传媒公共服务体系的改革,构建导向正确、覆盖全面、技术先进、传播快捷的大众传播体系,让广大人民群众享受更好的传播服务。公共服务是近年提出的传播任务,从体制到机制,从主体到政策,尚未完全形成统一有效的体系。要打通现有公共服务平台、渠道和基础项目的分割状态,整合政府的力量、行业的渠道、单位的项目和社会的资源,统一搭建上下贯通、一网到底、服务基层并能持续发展的公共传播平台,提升面向公众的服务能力和信息服务的水平。

第三个关键:坚持全面创新

创新能力是传播的关键能力,没有创新能力媒体就难以生存和发展。我们要实实在在地建设传播力,就必须在以下五个方面坚持创新,走自己创新发展的特色路子。

(一)传播内容创新。就是要以时代为特征,创新我们的信息内容,不只是传播陈旧的"四书五经"和空洞的政治教条和雷人口号,而要用中国精神,融通中外的新概念、新范畴、新表述,讲中国的新故事、传中国的好声音,让世人有兴趣、听得懂、能理解,更好地交换信息、沟通思想、交流情感,增进多元共识,推进人类文明。

(二)传播形式创新。新技术催生了新的传播形式,传统媒体遇到新媒体的挑战已经不是今日之事了。但是,时至今日,我们还是抱怨多于赞誉、恐慌多于应用、防备多于跟进。这种状态直接的后果是正面引导处处被动,负面放大连连得手,张而无力,禁而不止。要改变这种局面,就要下决心用新技术新平台支持的各种条件,创新传播形式,让人民群众喜闻乐见、愉快接受,让国际公众爱看、爱听、耳濡目染。同样的信念,在传播的形式(包括表达形式、逻辑形式)中就能分出高下来。老是模仿别人的栏目,抄袭别人的看点,跟在别人后面走,哪里来影响力、竞争力?

(三)传播体制创新。在前面体制改革部分已经讲到了这个问题,这里主要指出三点:一是体制要具有中国社会主义的特色,即与我国国家治理体系相统一,不搬西方的模式;二是体制要符合传播业自身生存发展的根本规律,也不能与一般企业、一般单位相等同,因为这是一个精神与物质相结合的生产方式,有特殊性;三是要尊重传播业内人民群众的创造精神,让他们在自己领域里深化改革,使整个体制改革更加贴近实际,更加充满活力。在国家两种体制的框架内,支持创新,鼓励创造。

(四)推进技术创新。传播业与科技发展的血缘关系是与生俱来的,有什么样的技术、有什么样的载体、有什么样的发明,就有什么样的传播业态。从甲骨、钟鼎、石刻到今天的印刷、广播、电视、互联网……都是技术支撑了传播力的升级换代。我们必须把技术创新作为传播力建设的新支点,大力开发和应用,让我们的传播能力有一个突飞猛进。技术创新的重点,国家已有规划和项目,我们应当结合实际大力去推进。这些项目实现了,我们的传播能力就会发生根本变化。

第四个关键:加快融合发展

几年前我就讲过,传媒融合发展的四大趋势是国际国内、网上网下、传统现代、官方民间融合发展,这是不可阻挡的新潮流,阻隔不了,消灭不了。国界线、防火墙、"隔离带"、"身份卡"只是权宜之计,不是治本之策。那么,正确的选择就是适应新变局,加快融合发展,以时代造就的新优势取代某些劣势,谋求新的发展。

(一)抓住融合发展的新机遇,促进多元传播格局的融合统一。全球融合发展势头正猛,资本的融合、产业的融合、技术的融合、市场的融合,给传播业融合创造了千载难逢的机遇,传播力建设要紧紧抓住这个机会,主动积极推进各自为阵的多元主体传播格局,向有利于多样与统一的格局转变。打破政策瓶颈,以资产为纽带进行股权、资本、业务、技术等方面的重组,打造"传媒航母",实现实力的巨增和传播力的优势主体现代化。

(二)以改革的精神扩大开放,推动传统媒体与新兴媒体的融合。我国之所以形成两群主体、两个舆论圈的现实,这与我们的体制、准入政策有关。传统媒体全部是国有资本国家主办,新兴媒体主要是社会资本民间主办。要融合这两种力量当然不是你进我退、你生我灭的旧思维,而是共生共存、融合发展。三中全会提出了自主兴办、参股国有、控股国有三个政策方向,支持民营文化企业与国有文化企业融合发展,这是一个新突破。我们应当积极落实中央支持改革的政策,扩大对内对外的开放,把国有民营的力量融合在一起,增强我国传播实力,让两个优势都得到发挥。

(三)加快技术融合的步子,整体改造我国的传播能力。现在存在的问题是,掌握信息内容的单位技术过时甚至落后,无力开发新技术;掌握先进技术的单位没有充足的信息内容,东拼西凑糊弄公众,这都制约了我们的传播力。必须加快技术与内容的融合,一方面内容信息生产单位与技术单位融合业务、全面合作;另一方面传统传媒单位要大力引进先进技术,用以改造落后的技术手段,采用新技术提升传播能力。这样做,能发挥两个优势,更广地传播信息文化,更好地提升信息质量和文化品位,使各方面都受益。

(四)以业态融合为基础,提高我国新闻信息的复用率。一种新闻、一种信息多媒体传播,是世界传媒强国通用的方式。而我国媒体小而散,媒体业态之间不融合,都是自采自编自发自播,复用率很低,社会的认知度当然就很低。所以,要把业态融合当成融合的基础,提高信息利用率。要多发展融合各种业态的大集团,它们有能力、有担当。单一传播业态覆盖面小、市场风险大,往往疲于奔命,碰到行业危机就难以应对。而多业态融合发展就稳定,"东边不亮西边亮","这业亏了那业补",这也是大传媒集团立于不败之地的根基。融合发展能造就战略性的传播力,这不是量的扩张,而是质的飞跃。

传播力建设要解决的问题当然很多,但我认为目前最关键的是在上述四个方面找出路、寻办法、出政策、见行动,碰硬的、克难的、抓实的,使国家传播力建设的任务落到实处,为中华民族伟大复兴的使命服务。

〔作者为中国传播能力建设协同创新中心理事会副理事长、中国传播能力建设协同创新中心学术咨询委员会副主任,原国家新闻出版总署党组书记、署长、国家版权局局长,现任第十二届全国人民代表大会教育科学文化卫生委员会主任委员、中国新闻出版工作者协会理事长、清华大学新闻传播学院院长〕

传播能力建设研究与文化自觉漫谈

○ 罗以澄

传播能力建设研究具有"顶天立地"的价值与意义

传播能力建设的研究宗旨，主要在于这样两个方面：一是在国际传播中解决好如何"讲好中国故事"、"传递好中国声音"的问题，以争夺、确立中国的国际传播主流话语权；二是在国内传播中解决好如何充分、高效地发挥传媒的社会沟通、交往和守望功能，以助推中国社会的现代文明（物质文明、政治文明、精神文明、生态文明）进程。因此，可以说，这是一项具有"顶天立地"的价值与意义的课题。"顶天"，就是指传播能力建设作为国家的软实力建设，既是以习近平同志为总书记的党中央提出的实现中国梦的重要内容，也是践行中国梦必不可少的一大主要举措。"立地"，就是指传播能力建设不仅是当下中国传媒业共同面临的亟待解决的话题，而且也是当下中国社会国民生态环境面临的亟待改进的一大重要话题。

文化自觉是搞好传播能力建设研究的前提

传播能力建设研究是一项庞大的系统工程，其间要关注、探究的话题涉及方方面面：既有制度、政策层面的国家传播战略和传播体系、体制、机制的重构与设计问题，也有理念、观念和操作层面的传播理论和传播手段、技术的创新与革命问题，还有人力、经济等资源层面的传播人才和传播设备、资本的配置和提升问题等等。传播能力建设的研究，当然离不开这些问题，要一个一个去探究、去解决，以拿出既科学、前沿又切实可行的方案出来。然而，任何学术研究必定是以科学精神为支点和先导的，文化自觉便是科学精神的彰显。因此，谋划、实施这项庞大的系统工程之初，理应首先解决好研究者的文化自觉问题。

所谓文化自觉，就是对文化的自我觉醒、自我反省、自我创造。其内涵包括对文化在历史进步中的地位与作用的深刻认识，对文化发展规律的正确把握，对发展文化历史责任的主动担当。[①] 具体地说，文化自觉主要体现在这样两个方面：一是能够正确对待自身文化，既要透彻了解，要真懂、真爱，热心传承，又要有清醒的认知，有自知之明；既不要妄自菲薄，又不要妄自尊大。二是能够正确对待外来文化、对待他文化，既要有"海纳百川"的气度，热情拥抱，宽容对待，注意学习、吸纳，又要勇于质疑，善于辨别，绝不迷惘、屈从。

文化自觉是国家和民族强基固本的根，也是个人安身立命的支撑和健全人格、良好素养的显现。而对一项事业来说，文化自觉则是其成功的前提。我查了一下，习总书记提出实现中国梦的理想之后，先后作过数十次讲话和批示，其间有三个关键词格外引人注目：一个是坚持三个"自信"（理念自信、制度自信、道路自信），一个是传承和弘扬中华优秀文化（传统文化、革命文化等），一个是践行社会主义核心价值观。我理解，这三个关键词实际上都是关涉到当下我们国人文化自觉的培育与提升问题，是针对当下国人文化自觉缺失的现象提出来的。实现中国梦，必须首先培育和提升国人的文化自觉。同理，搞好传播能力建设的研究，也必须以研究者的高度文化自觉为前提。

当前我们传播研究上文化自觉缺失的表现

改革开放以来，我们的传播研究取得了丰硕的成果；尤其是进入新世纪后，我们每年发表的论文、出版的著作，甚至可以用成千上万来计算，令人目不暇接。但是，不容忽视的现实是，其间真正具有高性价和广泛影响力、美誉度的成果却乏善可陈。这几年，我先后参加过一些国际和国内的社科学术交流活动，

---

① 费宗惠、张荣华编：《费孝通论文化自觉》，内蒙古人民出版社2009年版。

也参加过一些诸如长江学者遴选等学术评审活动,还参加过几次教育部社科委组织的有关学术研讨会,和国外同行以及国内其他学科的学者打了一些交道,听到了一些对我们学科研究成果的评价意见。他们在肯定我们学科的研究近几年取得长足进步的同时,也中肯地指出了存在的不足。归纳起来,大体上存在着这样四个方面的问题:

一是"入世"研究得多,而"出世"研究得少。这主要表现在,我们的研究成果中不乏"跟风式"、"注经式"、"解读式"的应景之作,缺少既有高学术含量又有重大引领价值的精品佳作。

二是"羊群式"的研究多,而"虎豹式"的研究少。这主要表现在,我们的不少研究犹如羊群吃食一样,跟着头羊走,头羊吃什么,其它羊也跟着吃什么;"同质化"、"炒现饭"的现象比较严重。"虎豹式"的研究,则要求我们的研究要像虎豹捕食一样,敢闯、敢抢、敢争夺,敢开"第一腔"。

三是"万金油式"的研究多,而"独门秘籍式"的研究少。这主要表现在,我们的一些研究像"万金油"那样,其观点、见解乃至论证过程总是那几条陈规旧俗,解决什么问题都能用,缺少"独门秘籍"的、原创的真知灼见。

四是"KTV式"的研究多,"韩流式"的研究少。这主要表现在,我们有些研究者往往只满足于成果的发表,满足于"KTV"式的自娱自乐,至于成果的社会反响和效果则不闻不问;而不像"韩流式"制作者们那样悉心关注着成果的社会冲击波,关注着成果的国际影响力和号召力。

上述问题的存在,其原因固然是多方面的,但我以为,我们研究者文化自觉的缺失则是其一大症结所在。对于研究者来说,文化自觉是一种内在的精神力量,是对学术研究、对真理探寻的强烈向往和不懈追求。文化自觉的缺失,势必导致对学术研究真谛的曲解与异化,从而把学术研究视作个人功利的"敲门砖"和"铺路石";也势必导致对学术研究的惰性,从而疏于独立思考,疏于创造与建树。

我们传播研究的文化自觉,需要研究者和管理部门合力营造

文化自觉作为一种意识、一种责任,是一个历史性范畴,也是一个社会性范畴。当今中国,正处于现代化、市场化、民主化、全球化四重社会变迁浓缩叠加

在同一时空的转型之中。这一社会转型，为我们传播研究的文化自觉赋予了新的内涵，也对我们研究者文化自觉的培育和提升提出了新的要求。当下我们传播研究的文化自觉，亟待研究者和研究管理部门合力营造。

首先，对于我们研究者而言，培育和提升自身的文化自觉，务必要解决好这样两个问题：一是在思想、精神层面上，要牢牢树立起自信、自重、自强。自信，就是要破除迷信，解放思想，坚守"独立之精神，自由之思想"。在学术研究中，要秉持"学者有立场，学术无禁区"的原则，不要怕"踩雷区"，更不要自设"思想牢笼"；要勇于想象，勇于创新，不要迷信"上面"、迷信权威，也不要迷信洋人。自重，就是对学术要有敬畏之心，不浮躁，不图功利，既不取悦于权贵，也不为金钱折腰，从而让研究成果经得起时间和历史的检验。自强，就是要有敢为人先、追求卓越的勇气和胆识，敢于在国际学术舞台上争高下，敢于向世界一流学科、学者"叫板"。二是在研究的运作层面上，要注重"各美其美，美人之美，美美与共，天下大同"（费孝通语）。传播能力建设的研究，既要立足国情，讲究中国特色、中国气派、中国风格，也要有全球意识，要有国际视野、国际胸怀。研究中国的问题，既不能脱离中国的实际，也不能脱离世界的大环境；一定要注意把中国的问题放在世界的大背景中去考察、去思考，还要注意用世界的眼光去看待、去解决中国的问题。

其次，对于国家有关管理部门而言，当务之急是要为研究者尽力打造一个宽松、活泼的研究环境。一是不设学术禁区。要提倡并践行"百家争鸣、百花齐放"的方针，鼓励、激发研究者的想象力和创造性。二是要允许研究"试错"。自然科学研究倡导"失败乃成功之母"，能宽容对待一次又一次的研究失败；即使失败 99 次，最后一次成功就是成功者。人文社科的研究，其成功与失败往往不是短时间可以检验的，有的需要比较长的时间检验。因此，人文社科的研究也应该允许暂时的"不成功"或者"不合时宜"。三是要尽快改革学术研究上"人治"的行政管理制度和"重量轻质"的评价制度。

［作者为中国传播能力建设协同创新中心理事会理事，曾任武汉大学新闻与传播学院院长，现任武汉大学媒介发展研究中心学术委员会主任、国务院学位委员会新闻传播学科评议组成员］

导向为魂，内容为王

——中国传播能力建设思考

○ 仲呈祥

"传播"不外乎两个方面：对外传播，对内传播。在当前形势下，简要概括起来就是传播中国精神，讲好中国故事，使中华民族文化对人类文化作出独特贡献，以"各美其美"，进而达到"美美与共"，并走向"天下大同"。借用刘云山同志对当前电视剧电影做过的一个批示，"导向为魂，内容为王，人才为本"，这十二个字对笔者有很大启发。本文主要围绕前八个字，阐述一些个人思考与看法。

习近平总书记最近在2月24号中共中央政治局第13次集体学习会议上，作了重要的讲话。新华社所发通稿的题目叫"培育和弘扬社会主义核心价值观，打好凝魂聚气、强基固本工程"。对内"凝魂聚气，强基固本"，这就要靠"培育和弘扬社会主义核心价值观"。这是党中央给我们的导向，也是人民所需要的导向，这两者是统一的。这个导向在去年8月19号习近平总书记"全国宣传思想工作会议上的讲话"里边阐述得非常深刻。他说：我们现在的工作，一方面是以经济建设为中心，一百年不能变，这是总设计师小平同志定下来的；另一方面，意识形态工作是党的一项极端重要的工作，搞不好要亡党亡国。很明显，传播要遵循这个导向。为了做到这一点，他接着讲了两个巩固：一是要巩固马克思主义在意识形态领域的指导地位，二是要巩固全党全国各族人民团结奋斗的共同的思想基础。这"共同的思想基础"，就是"社会主义核心价值观"。要做到这两个巩固，他作了进一步的延伸，讲得很清楚，即一切文化工作（那就包括思想宣传和对内对外传播）都必须牢记"两个结合"，这"两个结合"就是："把服务群众与教育引导群众结合起来，把适应需求和提高素养结合起来。"

习总书记的讲话高屋建瓴，充满了辩证思维。这显然是针对一度出现的一种倾向而做出的论断，那就是只讲群众喜不喜欢、高不高兴、欢迎不欢迎，忘掉了教育引导群众；只讲收视率、只讲票房、只讲码洋，而忘记了提高民族的素养。他对文化体制改革工作，讲了一句很精辟的话：不管怎么改，改什么，但"导向不准改，阵地不能丢"。这十个字铿锵有力，把导向摆在第一位，也就是说传播能力的建设不能忘了导向。导向并不是对内说教，向外推销我们的信仰，而是对内寓教于乐，对外讲好中国故事，传播好中国声音，讲清楚中华民族文化对人类文化的独特贡献。

北京大学的张世英先生认为，中华民族的文化归根结底地概括是四个字："天人合一"。中华文化的优势就在于善于协调人与自然的关系，善于沟通人与人的交流，达到人与外部的和解，也就是达到"天人合一"。习总书记最近专门去了一趟曲阜，发表了重要的讲话，高度评价了儒学在中华民族精神建设中的历史作用和现实作用。清华大学教授陈来先生最近在《新儒学之后又当何为》中也发表了很精彩的见解。其实，文化自觉，就是要自觉认清自己民族优秀的传统文化的地位和价值；文化自信，就是要自信自己民族优秀传统文化的永恒魅力。

比如老子的《道德经》，从文字学上来分析，"道"，是"首"字加"走之"，人类首选第一条道路也。道生一，一生二，二生三，三生万物，大道必须代代相传。在德国，不少普通家庭都有一本德文版的《道德经》，与《圣经》摆在一起。这说明了中华文化的"大道"对其他文化的影响。"德"字左边是双人旁，两个人以上发生关系才有"德"的问题，即伦理的问题；双人旁又是行走的行，是讲的人的行为；下面是一个心字，讲的是人的思想；心字上面是立着一个横着的直字。所谓德者，一个人从行为到思想都正直，故曰"德"，有德才能行道，故曰"道德"。这些都是中华传统文化对人类的伟大贡献。它能够有利于人与自然、人与人的和谐。正因为如此，当如今西方遇到生态环境破坏、人与人关系恶化等问题时，才发现东方文化哲学中早已蕴藏着他们想要寻求的答案，因此一批西方科学家在《巴黎宣言》中呼吁：到两千五百年前中国的孔子那儿去。这是我们先贤思想的闪光，也是中华民族几千年来文明始终未曾断档的重要原因。

但我们也需要有自知之明，过分强调"天人合一"，关起门来"闭关锁国"之后,会出现另外一种情况——压抑人的个性发展,压抑人主观创造能力的发挥。而西方文化概括起来不外乎是四个字:"主客二分",强调发挥人的个性,调动人的主观创造性,它有它的长处,但可能引发的负面效应就是导致个人主义至上,对资源占有的贪婪,对生态环境的忽视,且挑起人与人的矛盾、国与国的分离,令世界动荡不安。

因此,在当前社会语境下,我们要站在文化高度传播我们的导向,讲别人愿听愿行的,而不是讲空洞的政治和别人不接受的东西。联合国的一面外墙上镌刻着《论语》里的一句话,"己所不欲,勿施于人"。这就是我们对人类文化的贡献,对当今世界文明的贡献。当下国内有一种盲目西化的情绪,这是不可取的。在提升中国传播能力的时候,"导向为魂"必须放在第一位。

第二位就是传播内容的问题。传播内容有硬件和软件两个层面。硬件上的问题要靠科学技术的推动力,这不是人文科学工作者的长项,但需要指出一点,科技手段应适度使用,否则将压抑人文精神。可以设想,若电视台的文艺晚会满台是光怪陆离的灯光和各种高科技手段,艺术本体却萎缩了,没有充实的内容,那是缺乏文化的,因而是失败的。科技的适度使用有益于开发人的审美想象能力,提升艺术的审美能力和人的思维能力,关键在"适度"。我们在哲学上、思维方式上要摆脱过去那种习惯了的二元对立、非此即彼的单向思维,而代之以执其两端,把握中间,兼容整合、辩证和谐的思维。

"内容为王"涉及一个问题,什么样的内容才能"为王"? 这可以用习近平总书记"四个讲清楚"来概括。中国对内对外传播都应该注重"四个讲清楚"。

第一,讲清楚每个国家和民族的历史传统、文化积淀、基本国情不同,其发展道路必然有着自己的特色。中国传播体系的建设,传播能力的建设,一定要走中国特色、中国风格的独特道路。我们的道路有我们的优势,我们历来主张包容,我们历来主张和谐文化,我们不是好斗分子,不是扯着嗓门跟人家吵架。我们应该按照这样的精神走出一条自己的道路。在艺术传播中,有很多问题值得我们反思,最大的一个问题就是:我们现在真正把中华民族的优秀作品传播出去了吗?还是传播出去了一些没有"各美其美"、反而扬了自己丑的东西,让别人误解了我们中华民族?

第二,讲清楚中华文化积淀着中华民族最深层的精神追求,是中华民族生生不息、发展壮大的丰厚滋养。习总书记用的关键词是"中华文化"。"中华文化"涵盖了中华民族传统文化和中国共产党领导下的革命文化、红色文化,对内传播这些,可以"凝魂聚气,强基固本";对外传播这些,可以彰显我们的文化风采,为人类的和谐安定作出贡献。

第三,讲清楚中华传统文化是中华民族最突出的优势,是我们最深厚的文化软实力。"走出去"就是体现软实力。历代有作为的明君,执政之后要么去泰山,找寻信仰源泉;要么去曲阜,找寻文化根基。习总书记去了曲阜,深刻阐释了中华民族的优秀传统是什么——"讲仁爱,重名本,守诚信,崇正义,尚和合,求大同"。这是非常宝贵的文化资源和精神资源!

然而对照现实,却往往不然。例如春节期间被媒体大肆吹捧,还声称要"走出去"的一部电影《西游记之大闹天宫》,本人认为,这部影片对民族优秀文化、对本民族经典采取的态度是不恰当的。《西游记》是众所周知的四大古典名著之一,钱钟书先生甚至认为它可以排在《红楼梦》之前而名列第一位,因为《西游记》里体现了中华民族批判现实主义与浪漫主义相结合的传统,孙悟空的形象充分体现出"舍得一身剐,敢把皇帝拉下马"的中华民族抗争精神,至为宝贵,我们要传播的应该是这些文化精髓。而现在的电影把这些都解构了,变成了神魔矛盾:牛魔王娶天庭的女儿,违反了神魔不能通婚的天规,玉皇大帝要收拾他;原来《西游记》中孙悟空和玉皇大帝、龙王之间的矛盾,被篡改为牛魔王与玉皇大帝的矛盾,孙悟空成了玉皇大帝的帮凶,帮着玉皇大帝去打牛魔王,甚至让孙悟空谈起了恋爱。本人认为,这是对民族经典的一种亵渎,不敬畏经典的民族是悲哀的民族,不尊重自身优秀传统的民族是没有前途的民族。有人认为这是创新。创新是必要的,但创新应该是循着先贤留下来的有生命力的价值取向的顺势方向丰富、深化、发展,赋予其时代精神,一味地逆势方向解构不是创新。这种对民族文化幼稚、愚蠢的态度很违背习总书记的指示精神。

又如有部叫《无人区》的电影,曾经四遍未能通过审查,讲的是一个律师——律师是国家机器的代表——办了一个案子,人家给了他一部车,开到新疆沙漠无人区,撞见几个不法分子在捕杀鹰隼,律师与这拨人发生了矛盾。这些矛盾都是琐碎无聊、低级刺激感官的事:开着车疯跑;前面的人吐了痰在律师的车上,他不高兴,从后面扔了一个打火机,于是相互厮杀头破血流,一直到汽油用光了;跑到加油站,本来三百块钱加一箱油,因独此一家,被迫"捆绑消费",到里屋一见,原来就是一个妓女上衣一脱骑到身上……在影片的末尾,妓女摇身一变,当上了舞蹈学校的老师,变成了真善美的传播者,培养下一代。这部电影是典型的美国西部公路片的模仿版。一个大报的记者在其文化新闻版头条上写了一篇文章,题目叫《无人区:对人性的自我救赎》。本人看来,这与人性的自我救赎实在没有什么关系。另一家专业的艺术类报纸也刊发了一篇文章,题为《无人区:西方类型片本土化的成功范例》,本人觉得,改名为《西方公路片"化本土"的模仿之作》更合适,不是"本土化",而是"化本土",全部是鹦鹉学舌、东施效颦,把中华文化都化光了。该影片的导演在接受记者采访时还说:"审了我四遍,审来审去,审出了一个高票房。这两天,我看了评论家们的文章,才发觉,原来自己稀里糊涂拍了一部伟大的作品。"

再例如《小时代》。不妨冷静反思一下,《小时代》的本质就是鼓吹消费主义。还是上述那位大报记者,说从《小时代》看出了"大意义"。《小时代》两天票房过亿,证明 90 后的青年人喜欢这东西,因此应该满足他们的需求多拍一些这样的片子。同一份报纸的文艺理论版主编对他的观点不赞同,发文对《小时代》消费主义倾向表达了质疑,此文的主体精神是正确的。此后,这张报纸另一个版面上又发表了一篇文章,题为《整顿世风不能靠打压＜小时代＞》,文中说道,"对于拜金的人说来,让他看一百遍《焦裕禄》,他也不会省吃俭用;对于不拜金的人说来,叫他看一百遍《小时代》,他也不会去 shopping"。这种说法,起码就是公开抹杀艺术作为一种独特的审美意识形态的价值,抹杀艺术的教育功能,把艺术当成了不折不扣的商品。所以说,"内容为王"的核心在于,传播的内容必须正确,否则后患无穷。

本人在此呼吁,在传播时一定要真真切切坚持"社会效益"为最高准则。在这个前提下,鼓励那些社会效益与经济效益相统一的优秀作品,万万不可鼓励和表彰那些社会效益不好、只是经济效益好的作品。在现实中,后者是存在的。拿大家耳熟能详的《赵氏孤儿》故事来说,《史记》里边记载过,《国语》也有,稍后的刘向也讲述过,直到元代纪君祥的杂剧,都是坚持"忠战胜奸"这一题旨,写的是以程婴为代表的忠,战胜了以屠岸贾为代表的奸。而前些年的一部国产影片却将其解构,将程婴矮化,作为政府奖项的"华表奖"还表彰其为优秀影片,这是不恰当的,明显偏离了"导向为魂,内容为王"的指导思想。

当前媒体经常鼓吹电影票房过两百亿,有一万多块银幕。事实上,在上世纪八十年代,也就是《天云山传奇》、《牧马人》、《人到中年》那个时候,电影的年观影人次在大陆是293亿到297亿之间,而现在每年院线观影人次是10.8亿到11亿之间。也就是说,现在的年观影人次大约为当年的1/30——数量上是锐减的,服务面不是提升了,而是减少了。再看服务的质量,当年的观影人群涵盖工农兵学商和知识分子、干部,老、中、青、少,各个社会阶层和年龄阶段,电影票一毛钱一张,小学生票五分钱一张;现在电影院线的观众则主要是"90后"这样一个小群落。"以人民为中心、为工作导向",显然,我们不能只以这一个群体为中心,对他们也要坚持教育引领,不能一味适应。

分析事情要看实质,传播内容不能搞虚假和泡沫;要提倡说真话、诉真情、求真理。如果缺乏"独立之精神,自由之思想"——尤其在高等学校知识阶层里面——不发出科学的声音,是没有前途的。因此,要建设中国传播体系,强化中国传播能力,应当坚持做到"文化化人,艺术养心,重在引领,贵在自觉"。"文化自觉"是根本问题。搞文化的人,文化不自觉要误人子弟;管文化的人,文化不自觉要酿成灾难。

第四,讲清楚中国特色社会主义植根于中华文化沃土、反映中国人民意愿、适应中国和时代发展进步要求,有着深厚历史渊源和广泛现实基础。经济只能富国,文化才能强国。中国特色的社会主义是植根在中华文化的沃土上的,这令我等文化工作者有了沉甸甸的时代使命感,也有了自信感和荣誉感。就目前状况来看,在艺术方面,对外传播时没有真正传播好中华民族的优秀文化,没有把好的东西传播出去;对内传播时某些作品没有坚持费孝通先生的"各美其美、美人之美、美美与共、天下大同",搞得有些作品"各美其丑,美人之丑,丑丑与共,人心会乱"。其根本原因是在哲学思维上混乱了,美学追求走入歧途,把生理上的刺激感当成了艺术审美的追求,并且用这个东西冲淡乃至取消人类文化应该养心、艺术应该提升人的境界的正能量作用。

因此,本人还要呼吁,搞中国传播体系的建设、中国传播能力的提升,仍然是哲学管总。哲学通,一通百通;哲学不通,光着意于技艺层面、操作层面,是走不到传播能力更高台阶的。

［作者为中国传媒大学艺术学部艺术研究院院长、国务院学位委员会艺术学学科评议组召集人、教育部艺术教育委员会常委，全国政协委员，曾任中国文联副主席、书记处书记，研究员，中国传记文学学会名誉会长，国家广电总局副总编辑、《中国电视》杂志主编。］

观察与思考：影视政策制定对中国影视业发展的影响

○ 胡智锋

近年来，中国影视政策的制定对中国影视业的发展产生了重要而深远的影响。中国影视内容生产监管政策，在推进中国电影、电视剧、纪录片和动漫产业化进程当中做出了重大的政策推动，也使得中国影视业在诸多领域出现了跨越式进步。中国影视政策在内容生产层面对影视业的推动，最主要体现于两个方面，一是对纪录片领域的重大政策推动，二是对电视综艺领域节目内容生产的重大政策推动。

一、纪录片领域的政策推动有效加快了平台建设和精品生产步伐

就近年来纪录片发展的收获而言，首先体现为政策扶持力度进一步加大。2010年，国家广电总局出台了《关于加快纪录片产业发展的若干意见》，这是国家政府部门第一次对中国纪录片发展正式提出整体性政策指导。受政策推动的影响，三年后中国纪录片的制作量、首播量都是2010年的三倍。

在此基础上，2013年国家新闻出版广电总局通过调研，继续推出或酝酿推出一些扶持纪录片发展的政策。例如，在对2014年上星频道的调控政策中，规定上星频道平均每天必须播出30分钟的国产纪录片，34家上星频道全年纪录片播出量即增加六千余小时。例如，正在酝酿之中的九大推动纪录片产业发展的政策建议，其中包括增加上星纪录频道数量，增加纪录片播出需求，形成适度

的市场竞争局面,以对纪录片的质量、价格进行拉动;也包括增加政府的扶持资金,鼓励部分民营企业向海外营销中介机构发展,利用国际节展推动优秀国产纪录片"走出去"等。再如,相关部门在设计纪录片管理模式时,逐步改变搞立项审批和成片审查制度的方式,而是尝试着实施纪录片题材公告,把大量将要拍摄的纪录片题材进行信息汇集,向行业和社会发布,让行业内相互了解,避免题材撞车,有利于投资者决策,也有助于政府展示其所鼓励的题材;同时在评奖时也突出纪录片频道、专家和观众的意见。

在政策推动之下,纪录片领域的平台建设和精品生产都呈现出加快发展的趋势。

第一,平台建设取得较大突破。特别是中央电视台纪录频道的持续发展和中国纪录片制作、播出联盟的成立,值得关注。

近年来,纪录片平台建设是中国纪录片发展的突出亮点,而央视纪录频道是平台建设的旗帜。央视纪录频道开播三年来,推出了如《舌尖上的中国》《故宫》《超级工程》《春晚》等品质上佳的作品;广告收入呈逐年迅速增长趋势,2013年超过4亿;在纪录片产业发展、对内与国际合作、纪录片教育等方面也做出了重要贡献。特别是在国际传播方面,央视纪录频道就如何提高中华文化的国际传播力和影响力进行了积极探索。央视纪录频道在世界各大影视、纪录片节展,包括戛纳、东京、香港、北美节展和几大专业节展上,以其作品和策展等方面的表现,显示了中国纪录片平台的吸引力和影响力。同时,央视纪录频道还注重与海外著名电视机构、纪录片制作机构开展逐步深入的合作。

除自身平台建设外,为突破"人才、精品、市场"的瓶颈,2013年央视纪录频道发起了中国纪录片制作联盟和播出联盟。中国纪录片制作联盟,目前凝聚了国内100多家纪录片制作机构,覆盖了纪录片生产的整个链条,通过联盟内多种模式的合作,逐步推动建立中国纪录片行业标准;中国纪录片播出联盟,则将全国32家省级电视台和60多家市级电视台联合起来,成立"中国纪录片联播网",在这些电视台的地面频道开办每天30分钟的"纪录中国"栏目。两个联盟的成立,将使全国的纪录片制作和播出队伍紧密合作,实现全国行业资源有效整合。这一举措还将给有实力的制作机构,特别是民间制作机构的发展以机会,有助于使社会化制作成为中国纪录片产业增长的重要力量。能否实现健康的产业社会化,是一个产业繁荣发展的重要标准。

第二,纪录片的内容与形式探索呈现新的亮点。特别是在彰显民族魅力的作品和尝试国际表达的手法等方面有所体现。

一则,以纪录片《舌尖上的中国》《京剧》《茶,一片树叶的故事》等作品为代表,体现了中国纪录片创作者对民族文化魅力的探究与呈现。今年来播出的此类作品,不仅聚焦于传统文化与民族符号的阐释说明,更意在通过纪录和讲述折射出时代变迁、家国兴衰和个人命运的意蕴,通过民族魅力的当代呈现传递中华民族的正向能量。

二则,以央视纪录频道"魅力世界系列"、《丝路》《环球同此凉热》等作品为代表,中国纪录片在"中国作品、世界表达"方面的探索取得进展。特别是纪录频道"魅力世界系列"作品值得关注,它是以"中国视角、世界故事"为创作原则,用中国人的视角讲述全世界不同国家、不同民族、不同文化、不同社会的故事,寻找和体现具有普世价值的情感共鸣点,并逐步将"魅力系列"打造成中央电视台国际合作及传播的文化品牌。央视纪录频道已经为观众呈现多部魅力系列作品,如《魅力肯尼亚》《魅力斯洛文尼亚》《魅力印度尼西亚》《魅力希腊》等,取得了积极的反响。央视一套周一至周五晚间22:30固定编排的"魅力纪录"时段也成为纪录片的收视热点时段。

此外,近两年中国拍摄的《舌尖上的中国》《南海一号》《故宫》《超级工程》等10余部纪录片,以其优质选题、创新叙事、专业品质,已经在超过60个国家和地区实现销售;其中《舌尖上的中国》在海外首轮发行的销售额是35万美金,创造纪录片海外单集发行最好成绩。展现我党奋斗发展历程的作品《苦难辉煌》,纪录青歌赛30年的作品《青歌赛》,呈现华人在东南亚奋斗历程的作品《下南洋》,展现中国农村生活、变革与问题的《乡村里的中国》,呈现中国地方历史、社会文化变迁与风貌的作品如《青岛制造》,包括正在拍摄的《舌尖上的中国》(第二部),也是值得关注的作品和动向。

二、"限唱令"等政策的出台对中国电视荧屏的净化与格局重构产生巨大影响

2013年7月26日,国家新闻出版广电总局召集九家卫视召开了内部工作

会议,以"特急"的规格将《关于进一步规范歌唱类选拔节目的通知》(下称《通知》,坊间亦称"限唱令")下发到所有卫视,《通知》除了对各卫视歌唱选拔类节目的数量、播出时段进行调控外,还要求各卫视对参赛选手、导师等做好把关和引导;针对引进国外节目模式的现象,总局要求卫视提高原创节目比重,对引进境外的节目模式要严格管理和调控。

就"限唱令"颁布的背景而言,2013年度中国综艺选秀类节目,特别是歌唱类选拔节目火爆荧屏。据不完全统计,在限令发布之前的2013上半年,央视与各地方卫视已呈现了三十多档综艺真人秀节目。这些综艺选秀类节目从数量上以歌唱类选拔节目为主,以《我是歌手》(湖南卫视)、《中国最强音》(湖南卫视)、《中国梦之声》(东方卫视)、《快乐男声》(湖南卫视)、《中国好声音》(浙江卫视)等前后接续播出的节目为代表。

近年来歌唱类选拔节目的热播,展示了制作播出方优良的制作水准,其上佳的收视率表现也体现了观众对部分此类节目的喜爱,同时节目对"草根逆袭"等正向价值的传播也值得肯定。此类节目在本年度之所以呈现出一些亮点,这与2012年《中国好声音》等节目成功的示范效应有关,也是中国电视综艺娱乐节目尊重市场规律、尊重市场思维的培育、尊重市场在资源配置与产业发展中的调节作用的结果。

但同时,歌唱类选拔节目在热播的同时也反映出不少问题,亟待矫正。具体来说,这些问题集中体现为:一则,此同类节目在多个省级卫视的同档期同时段中扎堆出现,呈现出节目内容严重雷同等同质化问题,这反映出中国综艺节目的原创研发能力依然亟待提高,这需要电视制作和播出机构的制作人、广告投放商和传媒领导者的多方支持与承担风险的胆识。二则,部分节目中所展现的如一夜成名、奢靡铺张、媚俗不雅等内容,不利于正向价值观和社会风尚的塑造。三则,在具体的节目操作手法中,也呈现出一些问题:(1)明星"变脸"不当。如今的明星综艺再也不是简单的唱歌、访谈节目一统天下,本年度艺人在综艺节目中身份与角色转变现象突出,部分"变脸"处理得并不妥当,这让精彩与荒谬的转换往往就在一念之间,使观众大呼"颠覆三观"。(2)现场噱头不宜或过度。本年度部分娱乐节目在噱头处理时,对于冲突元素的运用往往有失考虑,例如音乐选秀类节目中的评委常有发飙式点评、选手的家人冲上舞台攻击评委、评委之间因"怄气"而影响比赛公正性等问题,值得警惕;(3)人为"编剧"过度,特别是制作方过度编造选手及选拔环节中带有虚构色彩的"好故事",使电视内容的真实性和电视媒体的公信力受到较大影响。

市场作为综艺娱乐节目发展的指挥棒之一,有其积极意义和巨大能量,但同时,也需要看到市场调节同样有其局限性,极易导致如上述本年度歌唱类选拔节目的问题。此时,政府作为综艺娱乐节目发展的另一个指挥棒,需要发挥其匡扶的作用。面对前述本年度歌唱类选拔节目出现的一些问题,以及这些具体不足所折射出的中国电视综艺娱乐节目整体性问题,《通知》的出台在如下方面进行了尝试,体现出一些有益的探索,并产生了多重效应。

第一,政策制定体现出原则性和灵活性有机结合的特征,呈现出政府管理的"弹性理念""合理区间",力求形成既体现正确导向、核心价值,又拉动产业发展、赢得受众的局面。《通知》的出台也促使政府在传媒管理与服务方面不断探索,寻找更为恰当的角色。

在尊重市场规律的前提下,对市场调节无法涉及或难以奏效的领域,如中国电视综艺原创力、价值观引领和舆论导向等方面,政府主管部门必须有所作为。政府主管部门在妥善调节上述问题时,需要刚性与弹性并举,在尊重市场和果断出手之间寻求原则性和灵活性的有机结合。传媒具有显著的公益性特征,政府必须在传媒管理中将传媒的公益性调节到适当位置,但同时政府调节之手又不能对传媒限制过多、过严、过死,也即政府需要找准既服务传媒发展,又起到社会引领作用的恰当角色。

因此,政府主管部门在操作时需要有清醒而敏锐的判断力、果断而大胆的执行力,以及原则性和灵活性相结合等引领手段的成熟度。具体来说,"判断力"是指政府主管部门对综艺选秀节目问题把握的准确;"执行力"是指政策出台的时机和时效"正是时候";引领手段的"成熟度"是指"限唱令"是"限"而不是"禁",既有助于矫正问题,又给了该类节目制作方、播出平台、社会各方一定的自由调适空间。这势必对无论是政府主管部门持续提高监督、管理、服务水平,还是对塑造良好的传媒机构生存发展生态、社会文化风尚生态都有重大意义。

进一步放眼中国电视事业与产业的协调方面,政府需要积极而有效地协调传媒产业发展与公共服务之间的关系。改革开放以来,特别是自上世纪90年代中后期开始,在市场化、产业化的浪潮中,在"娱乐至死"的环境下,一些中国传媒机构与公司过度追求效率,过度强调产业、收视率、票房,出现了不少为人诟病的问题,如原创力不足、恶性竞争、低俗化、收视率至上等问题,严重损伤了中国传媒的口碑、形象和尊严。这些问题影响到社会层面,成为造成一些领域道德失范、诚信缺失,一些社会成员人生观、价值观扭曲的重要原因。而传媒公共服务既是一个国家公共服务的重要组成部分,也是文化建设的重要领域。传媒掌握的社会资源是公共信息通道、交流平台与传播效力,它营造了一个可供大众共享的空间,其公益性的践行在国家与社会中扮演的角色便尤为重要。从长远的和整体的角度来说,事业与产业的关系需要调整到不偏废又相得益彰的状态。

第二,政策制定力求使电视内容生产保持结构平衡的状态,保持国内与国外、本土与全球、原创与引进、热内容和冷内容、单一与多元等内容结构的平衡,各卫视平台与相关传媒机构需要在平衡中找差异,在差异中求发展。这正是政府相关政策出台的重要调控目标。

同质化竞争并非洪水猛兽,同质化竞争对于刺激质量提升、价格下降有一定意义;按照市场营销规律,同质化和差异化竞争同时存在,各有利弊。但对于过度同质化的现象,我们是需要警惕的。《通知》的出台使传媒必须正视内容生产的结构性问题,正视愈演愈烈的传媒特别是卫视之间的恶性竞争。各家传媒机构,包括此类节目的制作方、播出方可以借此机会从单一歌艺秀的"争斗"中稍稍冷静下来,思考中国综艺节目多样化选择的问题,进而助推电视内容结构更趋差异化、多样化、原创化。特别是针对中国综艺娱乐节目原创力短板问题,总局在通知中提到:相关传媒机构要改变对引进节目模式的依赖心理,各播出机构要从资金、人员、机制上扶持节目研发创新工作,提高原创节目比重;总局也同时出台了相对具体的鼓励原创的措施。因此,如果传媒重视并正视限令的出台,反而会促进这些媒体在激烈的电视业竞争中逐步具备成熟的研发机制、灵活的调整策略能力和高度的应变能力,促进其在内容生产方面完成升级改造。

近年来,在中国电视内容生产中,具有较大市场覆盖和影响力的综艺娱乐节目大多来自海外,即所谓的引进海外产品和版权。这似乎带来如下"结论":

引进"洋版本"等于高收视率和高收益。但与此同时,反对上述现状的声浪也持续不断。引进"洋版本"成为业界、学界和社会的争议焦点。对于这一争议,有两种相反的观点和倾向:一种是"关门主义",一种是"西方至上主义"。

所谓"关门主义"常秉持带有极端色彩的民族主义立场,认为引进就是投降,等于"洋奴",有可能带来丧失民族文化的灾难性后果,使我们成为西方文化殖民主义的俘虏,导致本土精神家园的丧失。所谓"西方至上主义",则秉持全盘西化的立场,认为西方等于先进,等于世界性潮流,引进"洋版本"是与世界接轨的不二选择。

这是两种极端的观点和倾向。"关门主义"的倾向,虽然有清醒的大国民族文化自觉意识,但极端的"关门主义"会导致自我封闭地躲避竞争,在全球化、多元化时代中不利于我们向世界学习,极大地阻碍了中国电视整体的内容生产能力的提升。而"西方至上主义",虽然关注到了全球化的潮流性趋势,有清晰的开放意识,但问题在于放弃甚至丧失民族文化的自觉,使西方文化殖民主义有可乘之机,这与我们的大国地位是不相称的。从更加宏大的视野来看,文化一旦失去多样性,这是人类的灭顶之灾。

对此,我们的观点是一方面我们应以开放的姿态融入世界,通过"洋版本"的引进与世界进行对话;另一方面坚持民族文化主体立场,引进与借鉴决不等于全盘抄袭。电视节目引进与原创是辩证统一的关系。电视节目引进与原创不是一个非此即彼的绝对敌对关系。没有节目引进不意味着我们本土节目就一定会有原创出现且取得成功,有了引进节目也不代表着我们本土节目就一定会失去原创能力。我们应以开放积极的心态,以全球视野,顺应前沿潮流趋势,参与市场竞争,研究基本规律,大胆向国内外一切优秀节目学习取经;同时,主动推进本土优秀原创节目走出去,增强本土原创节目的传播力、影响力和竞争力。我们需要将学习和借鉴世界理念与秉持和坚守本土立场相结合,融会贯通,锻造具有当代文化特色的新的文化形态和内容,这才是我们的应走之路。

第三,政策制定力求塑造良好的社会风尚。全民竞歌这个过于单一、部分内容和价值观呈现出非理性状态的大众文化潮流与急功近利的诉求,需要通过"限唱令"这一契机而适当"刹车"、"降火",使整体社会文化生态更趋理性。

中国综艺娱乐节目在珍惜生存机会、扩大市场利益的同时,更需要在对低俗内容的把关力度、重视节目中的话题引导与价值取向方面，与社会风尚互动。娱乐是人类的本性与必需，娱乐对人类发展而言是正当的、必然的。因此，"限唱令"不是限制"娱乐"这一人类的生存手段，也不是限制"娱乐节目"这一正当的电视艺术样式和媒体生存手段，而是更多地针对当前中国电视荧屏中诸如一夜成名、奢靡铺张、性格混乱、拜金媚俗、娱乐碎片等不够健康、不具正能量的价值观，以及过度娱乐化、放弃媒体社会责任的电视生态。进一步看，任何文化固然需要在自由状态中通过交流和辨别而进行自觉选择，同时，任何文化也需要有一定的范式与规则，特别是高品级的目标与示例进行匡扶；自由与矫正相结合，这是社会文化生态健康与理性地存在和发展的基本保障。

限令也体现了政府与社会各界对"娱乐至上"与"娱乐至死"的关系的思考，这一思考未必有明晰的答案，但需要我们不断问询。一方面，主张"娱乐至上"者常常是文化激进主义者，他们更喜好来自草根的某种力量，以颠覆某种既定的传统；他们更看重以快感为中心的审美诉求，更在乎数量庞大的大众阶层。于是，大众文化、时代偶像、草根英雄成为他们赞赏和拥戴的对象。因此，他们会把娱乐视为一种代表时代、代表前沿的革命性、积极正向的对象，并为此鼓与呼。另一方面，"娱乐至死"是倾向于文化保守主义的观点。这种观点站在精英主义立场上，对未经改造、提炼和加工过的所谓娱乐，持一种谨慎、提防乃至反对的态度。这派观点认为娱乐来自人性落后的、原始的、粗鄙的欲求和力量，如果不加遏制，任其膨胀，将使人类丧失思考的能力，丧失清醒的、严肃的状态，将摧毁人类的道德、尊严和理性。因此，娱乐对人类具有极强的腐蚀性和腐化作用，是不得不严控的对象。我们无法用简单的对与错来界定这两种观点，当前中国电视文艺的一些状况和例如限令一类的力图矫正问题的力量，给我们又提供了一次正反两辩、思考二者的机会。

三、结语

最后，对于政策制定对影视业发展的影响，还有几点思考。具体而言，政策制定需要考虑到三个"有利于"和三个"平衡"。

纵观近年来中国影视政策调整对于影视内容生产影响的观察，本文认为政策制定需要坚持几个原则:第一,有利于国家民族大局,有利于党和政府工作的大局,包括主流文化的倡导、核心价值的倡导、低俗化的抵制、文化软实力的提升、文化自信心和国际传播能力的提升,这些都关乎国家民族前途命运的大局,关乎党和政府工作的大局。第二,有利于满足和提升人民不断增长的精神文化生活需求,即考虑到不同年龄、不同职业、不同背景的百姓多样化的精神文化需求。第三,有利于中国影视业全面、健康、科学、特色和可持续性的发展。

在考虑到三个"有利于"的同时,也要考虑到三个"平衡":一是原则性和灵活性的平衡,我们要为未来发展留下空间,例如要从"禁"变成"限"。第二,宏观和微观的平衡,大局和小局的平衡。第三,产业和事业的平衡,既要考虑产业发展,也要考虑公共服务的需求。

【参考文献】

胡智锋、刘俊:《电视综艺节目,需在引进与原创之间寻求平衡》,《传媒评论》,2014年第1期。

刘俊、胡智锋:《中国电视纪录片的收获与缺失》,《光明日报》,2014年1月18日。

胡智锋、刘俊:《主体·诉求·渠道·类型:四重维度论如何提高中国传媒的国际传播力》,《新闻与传播研究》,2013年第4期。

高长力、胡智锋:《需求与引领:传媒生态与监管服务之变——2014年＜现代传播＞年度对话》,《现代传播》,2014年第1期。

胡智锋、刘俊:《解放与发展生产力,推进文化体制机制的改革与创新》,《电视研究》,2012年第2期。

周建新、胡智锋:《电视节目引进为何压倒原创》,《光明日报》,2013年11月23日,第9版。

[作者为中国传播能力建设协同创新中心学术咨询委员会委员、中国传媒大学教授、博士生导师,现任《现代传播》主编,入选教育部"长江学者特聘教授"、全国宣传文化系统"四个一批"人才,"新世纪百千万人才工程"国家级人选,兼任中国高校影视学会会长。]

加强我国传播能力建设的几点意见

○ 石义彬

3月8日凌晨,马航MH370航班失联。截至3月23日,仍没有失联飞机的确切消息。马来西亚、中国、美国、英国、越南、新加坡和澳大利亚等20多个国家展开联合搜救。笔者注意到,自事件发生以来,一边是各国的军事力量忙于搜救,另一边是各国主流媒体忙于报道,致力于提供信息满足人们的信息焦虑。

纵观世界各国主流通讯社和主流媒体对事件的报道,我们发现,诸多关键性的信息都来自于国际知名通讯社和主流媒体。例如,美联社、路透社、《纽约时报》、《每日邮报》、CNN、BBC等。这些通讯社和媒体引导着国际舆论,倒逼马方更快、更准地提供信息。反观我国的主流媒体,在事件报道中的表现虽有可圈可点之处,但总的来说,暴露出国际传播能力不高、信息获取能力弱、新闻覆盖面窄、新闻呈现方式不够灵活、数据挖掘能力低等问题。这折射出国家传播能力的问题。

所谓传播能力,是指传播主体利用一定的传播策略、传播工具和传播方法,面向信息接收者和使用者传播特定内容的一种能力。国家传播能力是特定国家的政府、社会组织、个人等对内进行信息沟通,对外传播其国家信息的一种能力。一般认为,国家传播能力是衡量国家软实力的重要指标,是国家综合实力的"放大器",对国家经济社会发展具有重要意义。当前,全球化的深入发展和传播新技术的广泛渗透,对世界各国基于传统媒体运用框架形成的传播体系提出了严峻的挑战。也就是说,既有的传播体系难以适应变化着的全球传播格局与新媒体传播情境。如何调适国家传播体系以适应这一变化,各国都在积极推动国家传播能力的建设。

以美国为例,我们可以窥见世界主要国家建设其国家传播能力的努力。为应对全球化的发展和新媒体的冲击,在对外传播方面,美国正在宣扬其"全民外交"和"网络外交",其国内的主流舆论要求美国的工商、慈善、宗教、传媒、教育、文化、NGO乃至普通公民都肩负起外交使命。其采取的传播策略包括:(1)美军与好莱坞合作,树立美军在全球的正面形象。据统计,美国军方与好莱坞合作共创作出了700多部故事影片,树立了众多生动的、积极的美国形象。从《巴顿将军》到《拯救大兵瑞恩》和《珍珠港》,无不张扬着颇具个性的英雄主义,满足了不同时代的美国全球战略需求。这是美国政府主导下民间公共力量参与对外传播的成功范例。(2)充分发挥商业传媒的作用,利用美国的大型国际传媒集团,或与其他国际媒体合作,传播美国文化。(3)发挥民间组织灵活、多元、广泛的传播特点,搭建对外传播深入互动的交流平台。特别是,各种民间组织脱去"官方"的外壳,使其国家传播变成一种"柔性传播",更具亲和力,更容易被国际受众接受和认同。

纵观我国的国家传播能力及其建设的现状,目前尚存在如下问题:(1)对内传播方面,传播体系有待优化与调整,信息传播的质量、可信度、社会影响力等有待提升。(2)对外传播方面,存在国际信息采集能力低、新闻信息产品海外有效落地不足、传播方式陈旧导致"外宣"痕迹明显、对国际主流舆论的影响力偏低等突出的问题。总的来说,是我国的国家传播能力与我国社会转型期的客观需要还不相适应,与我国经济社会发展的要求以及广大人民群众的精神文化需求还不相适应,与传播新技术的发展与新媒体的广泛应用还不相适应,与我国的国际地位与影响还不相适应。这些问题,从根本上讲,是我国的国家传播体系尚不适应全球化格局和新媒体传播情境造成的,这要求我们不断调整、优化和完善国家传播体系,建立健全现代传播体系,提升国家传播能力。具体说来:

首先,建立健全适应全球化格局和我国经济社会发展的现代传播体系。当前,我们迫切需要做好两个方面的工作:一是因应全球化、信息化、网络化带来的传播情境变化,从国际传播新秩序与中国现代传播体系建设互动的角度出发,比较借鉴国际经验,诊断我国现实问题,探索建立适应我国国家战略与经济社会发展现实的现代传播体系。二是统筹全球化和本土化两个大局,探索融合政府、社会与民间的主体力量,激发传统媒体与新媒体的传播能量,构架合理的对内与对外传播体系。总的来说,通过解决内部传播体系建设、国际传播能力建设与对外话语体系建设中的实践命题,致力于推动与我国国家战略的总体要求、经济社会发展水平以及国际地位相适应的现代传播体系建设。

第二,从传播战略的高度,针对受众"内外有别"和"外外有别"的情况制定特定的传播策略与传播方案。以国际传播为例。一般认为,我国对外传播的"外宣"痕迹明显,对国际主流舆论的影响力偏低。这是多方面原因造成的,其中,我们不了解国际受众,未能针对国际受众制定特定的传播方案是一个重要原因。因此,我们需要科学选择传播路径,淡化对外传播的官方色彩,通过市场化的手段开辟传播渠道,借助对传媒市场的引导来影响全球舆论。

第三,发挥民间和社会的传播力量,形成政府、社会组织、大众传媒和普通公众的"多中心"传播格局,共同致力于塑造中国国家形象,影响国际舆论。尤其是,中国迫切需要一批既有国际传播经验,又有影响力和感召力的非政府组织登上世界舞台,提高传播能力,成为沟通中国与世界的桥梁。在马航飞机失联事件中,我国主流媒体的总体表现欠佳。但是,以新浪微博平台为代表的社交媒体平台在整合信息和观点,开展对内传播方面,却有不俗的表现,以至于有"马航事件看微博"的说法。这显示出微博等新媒体应用形态的传播力量。在国家传播能力建设中,我们构建多中心传播格局,就可以发挥微博的积极力量。

总之,处于社会-历史转型期的中国的综合实力和国际地位不断提升,它是变化的中心,更是信息的中心,建立健全现代传播体系,提升国家传播能力,对中国来说尤其重要。作为一名研究者,笔者相信,通过开展理论研究,可以系统探索我国现代传播体系建设的理论,并在关照现实问题的基础上,提出具有中国特色和国际竞争力的现代传播体系建设方案,构建国家传播体系研究智库,为国家传播能力的提升做出自己的贡献。

[作者为中国传播能力建设协同创新中心学术咨询委员会副主任、武汉大学教授、新闻与传播学院院长]

以孔子学院为平台，
促进中国国际传播能力提升

○ 陈培爱

软实力对一个国家而言非常重要。国际传播能力是一个国家软实力的一部分，其关键就在于是否能最终将自己的话语有效传播出去。而提高国际传播能力是一个很大的工程，涉及面很广。

2014年3月8日，中国外交部部长王毅在十二届人大二次会议举行的记者招待会上，在答记者问时说道："有人将现在的中日关系与一战前的英德关系相提并论，我想强调的是，2014不是1914，2014更不是1894……"1894甲午战争中国战败，西方国家反而同情日本。甲午战争中国除了战场上的"枪杆子"争夺之外，中国还输在了"笔杆子"上，比如国家形象的包装、媒体宣传战略，都与日本存在巨大的差距。

国际传播能力建设关系国家利益、国家形象和国家安全，关系改革开放和社会主义现代化建设大局，是一项系统的战略工程。强化战略眼光、认清战略形势、谋划战略布局，是抓好这一系统的战略工程的首要任务。构建国际传播能力建设大格局就是从战略角度出发，加强国际传播整体谋划、优化国际传播资源配置、整合国际传播各方力量，形成共同做好国际传播的局面，使国际传播能力得到进一步提升。

中国加强国际传播能力建设的特殊意义在于，随着中国综合国力的增长，中国已经成为一个在全球范围内拥有广泛利益的世界性大国，但与中国国家的国际地位和影响力相比，中国媒体的国际地位和影响力还远远不能与之相匹配。

一、何为国际传播能力

国际传播能力主要有两方面的含义:一方面是指在国际社会中的发言权和议题设置能力;另一方面是指为提高国家形象而进行的各种努力。国际传播能力是形成国际舆论的手段,更是管理和提升国家形象的主要手段,因此对一个国家来说具有重要意义,当然也是一个国家软实力的重要组成部分。也正因为如此,各国都在努力提高自身的国际传播能力。

国际社会感受到了中国提高国际传播能力的努力,但提高国际传播能力是一个长期且艰苦的过程。国际传播能力应当包括新闻信息的传播、文化的传播和产品品牌形象的传播。中国改革开放30多年来,积累了雄厚的经济基础,开始意识到提升国家软实力和改善国际形象是何等重要。

对于如何让世界听到中国的声音,我们持乐观态度。现在是一个信息化、全球化的时代,让世界听到中国的声音,这个问题并不难。我们现在面临的问题,并不是世界听不到中国的声音,而是如何让全世界的受众喜欢听并相信它,这是我们面临的最主要挑战。

二、三大平台推进对外传播能力提升

要让全世界的受众听到中国的声音并相信它,我们不能仅仅依靠新闻信息的传播。过去我们国际传播的内容主要以新闻报道为主,来赢得国际受众的喜爱,这成为国际传播的主要内容。随着时代的变化,我们要深刻认识到国际传播的内容还要以价值文化为本。新闻报道并不是国际传播的全部内容,国际传播的内容还包括语言文字、意识形态、理论成果、文化产品、故事传说等文化价值形态,也包括名胜古迹、文物、服饰、美食、习俗等能够被感受的文化价值形态,其背后都是中国的价值和文化。

因此在目前,我们考虑有三大平台可以同时推进对外传播能力提升:一是扩大媒体的传播能力,有效影响国际舆论;二是在海外大量设立孔子学院,传播中国文化;三是加强产品品牌形象宣传。这些做法,对于增强中国的国际传播能力都非常重要。就传播中国文化而言,这是一个润物细无声的资源整合的漫长过程。

增强中国的国际传播能力,需要建立三大传播平台:

(一)新闻信息传播——传媒平台

媒体传播能力是衡量国家软实力的重要指标。一个国家国际话语权的大小,很大程度上来源于媒体的传播能力,包括媒体规模、实力和国际影响力。西方大国为了把持国际话语垄断权,发展中国家为了争得国际事务发言权,都在努力打造具有国际影响力的媒体,力求在国际舆论竞争中赢得主动,进而提升本国主导或影响国际事务的能力。

然而,我国国际传播能力总体还不强,有效影响国际舆论的能力还不够,难以掌握国际话语权,还不能提供中国经济社会发展所需要的国际社会舆论支持和信任认同,没有掌握描述"中国形象"的主导权。相比西方国家还有很大差距,国际传播格局"西强我弱"的态势没有根本改变。因此,国际传播能力建设亟待进一步加强,国际传播建设大格局亟待形成。

(二) 文化传播——孔子学院平台

中国在海外推广孔子学院,教授中文和传播中国文化,这是一个很好的开始。中国的很多文化和历史现象,如饮食、武术、京剧等,都是提升中国软实力的载体,都可以通过孔子学院的平台进行传授。目前应当是中国拓展国际传播能力的较好时期,因为越来越多的人渴望了解中国。

孔子学院的设立具有划时代的意义。孔子学院是中外合作建立的非营利性教育机构,能帮助外国人了解中国的语言、文化和发展现状,改变外国人心中负面、落后、专制的中国形象,构建一个文化源远、倡导和平、繁荣富强的大国形象。在世界的许多国家,尤其是在外交上与中国有重要往来的国家,中国都建立了多所孔子学院,以提升自己的品牌影响力。在规模和数量上,孔子学院不失为"中国(对外输出)文化的第一品牌"。

(三)产品品牌形象传播——广告平台

产品品牌,是一种独特的识别标志,更是一种无形资产。品牌形象是把无形资产进行量化的结果,其衡量标准主要是某种产品或服务的品牌资产的形象积累。品牌形象在建立过程中逐步丰富和完善起来,它承载了品牌的使命和追求,体现了品牌对消费者的关怀,是品牌与消费者沟通的情感基础。品牌形象的建立是一个漫长的过程,是品牌成长过程中不断发展而积淀起来的,是企业不断适应市场和消费者需求,进行广泛的交流沟通而建立起来的。

品牌形象代表国家形象。德国奔驰汽车不仅代表奔驰公司的形象,也代表着德意志民族的精神、气质,代表着世界高品质工业产品大国的形象;美国的波音飞机、微软公司的软件也不仅仅代表本企业形象,而是代表美国这个世界超级科技强国、经济强国、名牌大国的形象;日本的丰田汽车和松下电器不仅代表他们本公司的形象,而且代表着这个弹丸岛国迅速崛起成为世界经济强国的形象;中国要有一批世界级名牌才能自立于世界民族之林,产品形象、企业形象、国家形象应该是统一的,我们要为塑造中国名牌形象而共同努力。

我国许多企业的形象与品牌意识薄弱,许多企业领导人只重视生产力和销售力,忽视形象力,只算机器设备等有形资产的价值,不算企业形象与品牌等无形资产的价值。对无形资产价值的忽略使许多企业在与外资合资中损失惨重,与世界著名企业相比,中国大型国企的形象力较差。

我们要通过广告等平台,大力提升中国产品品牌的形象。美国发布的《国家安全战略》就曾明确提出综合运用文化、经济、公共外交等多种形式对世界其他国家和地区进行渗透和推广,特别强调以企业为中心向全世界推广美国的价值观,如可口可乐所体现的美国精神和美国价值观。这些当前国际传播的特征、规律和趋势,需要在构建国际传播能力建设大格局中加以准确把握、尽力实现。

现实一再表明,在信息技术高度发达的当今时代,谁的传播手段先进、传播能力强大,谁的文化理念和价值观念就能广为流传,谁就能掌握国际话语权。可以说,如果没有健全的传播渠道,在国际上就会陷入有理没处说、说了也传不开的被动境地。

三、孔子学院平台能做什么?

为了顺应跨文化传播的需要,2004 年国家汉办在全球范围内创办孔子学院,其主要目标是推广汉语和传播中国文化。截至 2012 年 7 月底,已建立 387 所孔子学院、509 所中小学孔子课堂,覆盖 108 个国家和地区。作为政府大力推进的中国首家官方的汉语教育文化机构,它成为中国跨文化传播中的新亮点。

"以好莱坞、迪斯尼、麦当劳、CNN 为代表的西方文化正以工业化方式大批量地生产和复制,成为超越国界的全球文化"。① 诸多文献显示,中国面临着显著的文化逆差,虽然伴着综合国力和国际地位的提升,中国已与不少国家建立友好关系和文化交流,但中国文化在国际上的影响力依然有限。面对"西方文化强势语境带来的严峻挑战",中国国家汉语推广领导小组办公室自 2004 年开始在世界各地建设孔子学院,"尽可能寻求以孔子学院为平台在国际舞台上发出中国的声音,并为世界文化的多元化作出贡献"。②

借着世界各国人民汉语学习的热情,孔子学院"以传播汉语和中国文化为主旨,提升中国文化软实力,树立国家形象,打造文化影响力"。具体来说,孔子学院平台有以下三大功能:

(一)汉语教学功能

将语言推广和文化推广相结合,是发达国家向外传播自己的语言时所采取的一个基本政策。语言教学是传播文化的基础条件,要传播中国丰厚的文化资源,向全世界展示中国文化的智慧和魅力,汉语国际教育无疑是最重要、最关键、最有效的途径,这也是孔子学院在加强国际传播能力中首要的职能。

(二)文化传播功能

教授语言是手段,传播文化是目的,全球孔子学院不仅是一所教授汉语的语言学校,更是传播华夏文化的平台。孔子学院就像一把打开中国的"钥匙",通过汉语教学、特色教育、学术研讨、文化活动等综合文化交流,打开一个多元化的中国,让外国人"零距离感知"东方文明古国的文化精髓。孔子学院的意义,在于让外国人更好地理解中国、了解中国的多样性,消除因不同的文化背景

---

① 陈亚民:《海外孔子学院发展战略的文化地理学分析》,《山东师范大学学报(人文社会科学版)》2010 年第 4 期。
② 吴瑛:《对孔子学院中国文化传播战略的反思》,《学术论坛》2009 年第 1 期。

与语境产生的误解和分歧。汉语教育的形式实际上承载的是华夏文化的传播，文化的共通和相互理解必将对世界多元文化及构建和谐世界做出积极贡献。

孔子学院组织国内的文化艺术团体开展一系列当地比较喜欢、容易接受的文化活动，在轻松愉快的氛围中让学员感受博大精深的中华文化，展示五千年来中华文明的精粹与灿烂，提高他们的兴趣，促使下一步积极主动地学习和接触更多的中华文化。

(三)沟通交流功能

无论是文化外交还是民间交流，不同语言、文化背景下的沟通都显得尤为重要，跨文化传播的本质是使对方了解自己的文化，从而开展对话、相互理解。孔子学院的沟通交流功能在于搭建了语言上、文化上、学术上，甚至商贸上的平台，普通民众有了一个机会体验正宗的华夏文化，这对中国的国家形象建设起到极大的促进作用。国家形象的提升不但可以增强中国政府在国际上的话语权，还有利于政府在推行政策时能得到国际社会的更多理解和支持。

值得注意的是，这种传播并不是单方面的，在沟通与交流中我们也能意识到对方的需求，去除我国文化中的糟粕，调整文化传播方式和内容。孔子学院可以成为某种程度上的"民间大使馆"，不仅能教授汉语、传播中国文化，还能促进国内高校的国际化进程。我国与国外合作办学的大学迫切需要与国际学术研究水平接轨，在文化交流的基础上可以从外方学校学习到先进的办学模式、人才培养机制；经济团体或跨国企业甚至以当地的孔子学院为平台牵线搭桥，开展中外经济贸易合作。

四、利用孔子学院提升国际传播能力的路径

孔子学院是"公益性的、非营利性的教育机构，目前主要采用中外合作办学形式，由中方和外方共同投入、共同管理"[①]，"开展汉语教学；培训汉语教师，提供汉语教学资源；开展汉语考试和汉语教师资格认证；提供中国教育、文化等信息咨询；开展中外语言文化交流活动"。孔子学院提供"规范、权威的现代汉语

---

① 李佳妮：《浅析孔子学院》，《语文学刊》2009年第20期。

教材",是各国人民学习汉语"最正规、最主要的渠道"。

孔子学院提升国际传播能力的路径主要有以下几种:

(一)打造孔子学院自身品牌

孔子学院品牌的文化内涵在其业务内容上有充分的展现。孔子学院开展具有所驻国特色的汉语教学和推广任务,内容包括汉语教学、汉语教师培训、汉语教材编制、留学咨询、开展学术活动和中文竞赛、播放中国影视作品等。这些业务以汉语推广为起点,以文化推广为终点。

孔子学院传播的是中国的文化,如果没有这种文化传播的过程,中国的思想与文化就没有办法达到一种成熟的阶段。孔子学院将中国文化带领到世界舞台上与全世界各种优秀文化交流,这是中国文化在世界这个大平台上求生长求发展的过程。这个过程是中华文化走向世界必须经历的过程。孔子学院品牌本身作为一种文化现象,所蕴含的这种文化内涵,对传承、传播中国文化具有重要的意义。

随着中国综合国力和国际竞争力的日益提高,"中国威胁论"等不友好的论调在国际上此起彼伏。如何将中国人民是友好善良的,中国是热爱和平绝不争霸的,中华民族历来是崇尚"和谐"、"敦亲睦邻"的等等这些正面的信息有效地传递给世界各国人民,使他们对"中国模式"由好奇、担心转向理解、接受,这就需要孔子学院发挥它巨大的品牌思想内涵,使世界人民了解中国文化和社会状况。

(二)推进对外传播阵地前移

目前,新华社海外分社已达 171 个,驻外机构数量居世界首位。中央电视台开播 9 个国际频道,成为全球唯一用中、英、法、西班牙、俄、阿拉伯 6 种联合国工作语言播出的电视机构。中国国际广播电台使用 64 种语言对外播出,是全球语种最多的媒体机构。但总体上看,我们新闻媒体的综合实力还不强,在国际热点问题和突发事件报道中的原创率、首发率还不高,国际接受度和影响力还有限。

而截至 2012 年 7 月底,我国在海外已建立 387 所孔子学院、509 所中小学孔子课堂,覆盖 108 个国家和地区。① 作为政府大力推进的中国首家官方的汉语教育文化机构,它成为中国跨文化传播中的新亮点。很明显,我国在海外建立的孔子学院数量,已经大大超过新闻机构的数量。我们要整合海外传播阵地的资源,把传播阵地"前移",更直接、更有效地参与国际传播竞争,做大做强,发展终端,拓展空间,扩大辐射,使每个阵地成为多功能的实体传播机构,形成强大的海外传播战略基地。

(三)举办文化活动

就孔子学院的传播策略来说,目前主要以事件营销和新闻报道为主。以波兰克拉夫孔子学院为例,通过举办"春节庆典"、"中国诗歌吟赏会"、"儒家思想国际研讨会"、"中国图片展"等文化活动,依靠直接参与活动的中国文化爱好者的宣传以及当地电视台、电台和网站等媒体的宣传报道,波兰克拉夫孔子学院将孔子学院塑造成高规格、非营利性的中国文化推广机构。

除了广告活动,孔子学院在所在大学和社区举办的文化活动是传播中国文化的重要组成部分。这些活动有学术性的研讨会、报告会,也有平民化的开放日、中国节庆活动等。由厦门大学负责的德国特里尔大学孔子学院就曾举办过由特里尔大学师生和市民共同参加的"中国电影之夜"系列观影与讨论会;还举办了孔子学院开放日,集中展示中国书画、太极拳、茶艺;春节、中秋节等节日活动组织师生和市民游园观灯猜谜、吃月饼等。这些活动展示了中国文化的丰富多彩,扩大了孔子学院的品牌知名度,使国外社会各阶层都能了解和感受中国文化。

(四)运用大众媒体和新媒体

以互联网为代表的新兴媒体是与生俱来的全球传播载体,具有跨越时空、天然落地的特点;网络传播是一种非对称传播,可以迅速汇聚分散的声音,急剧放大弱小的力量,在国际话语权竞争中显示出独特优势。为了让更多人了解孔子学院,孔子学院运用了多种大众媒体和新媒体传播品牌信息和教学内容。

---

① 席赫灿:《为不同国家、不同肤色的人们提供交流、互鉴、合作新平台——孔子学院:中国文化拥抱世界》,《人民日报》2012 年 8 月 10 日。

2009年起,"国家汉办承办的网络孔子学院和中国国际广播电台承办的广播孔子学院开始运行",将汉语国际推广提高了一个台阶。其中,"网络孔子学院有在线学习汉语、汉语教师培训和提供汉语教学资源三大模块,建设有资源、学习、文化、互动四个中心;广播孔子学院以广播孔子课堂、无线广播、在线广播等为载体,使用多种外语教授汉语"。全世界的人都可以通过网络或广播收看收听汉语节目,轻松学习汉语,快乐感受中国文化。

国家汉办南方基地还创办了"移动孔子学院"这一"基于移动互联网新兴技术"的"汉语教学类公共服务平台"。这是"全球首创的移动汉语教育软硬件一体化教学方案",将"Edu2.0、移动互联网和云技术"结合,用户可以通过手机、平板电脑等移动终端下载多种多样的汉语资源App应用,如数字出版物、音视频或游戏(术语来自展会"移动孔子学院"宣传册)。这种创新举措令汉语学习更为方便快捷、随时随地,也符合当下社会和人们生活方式的变化趋势,能将孔子学院影响更多的人。

我国互联网、手机等新媒体广泛普及,信息和通信技术发展迅速,新一轮科技革命和大数据时代到来,为构建孔子学院的国际传播能力建设大格局提供了后发优势。这些构建国际传播能力建设大格局的良好基础和条件,都得益于并依赖于我国经济社会的不断发展。

五、关于提高国际传播能力的几点思考

提高国际传播能力是中国国力发展的必然趋势。只有在三大平台上全面推进国际传播能力的建设,才能有效地达到提升的目的。

(一)在传播阵地上——多角度多平台,贴近传播对象

通过传媒平台、孔子学院平台和广告平台,拓宽传播渠道。国际传播要与外交、对外经贸、对外援助、对外交流与合作等密切结合,加强与国际组织、国外新闻媒体和学术机构的交流合作,善于借助外力、借船出海、买船出海,发挥友好地区、友好城市的作用,努力搭建好各种国际性文化产品交易平台,精心组织对外文化品牌活动,积极拓展国际传播渠道。

(二)在传播手法上——载体丰富多彩,寓教于乐

国际传播的媒介要强调广泛多样。凡是一切可以搭载文化和价值的载体都是国际传播的媒介。广播、影视、报刊、图书、互联网、手机等大众媒介自不必说,对外交往的官方组织和人员,对外交流、合作的社会团体和人士,走出去的企业、留学生、科教人员、旅游者、海外产业工人、华人华侨、从事涉外工作的劳动者及中国出口的产品及服务等等,从不同层次、以不同样式承载着文化和价值,都是国际传播的媒介。

(三)在传播理念上——"行""知"统一,"攻心为上"

中国有句古话叫"知行合一"。我们要将自己的行为总结提高到知识体系层面,把自己的"行"提升到"知"。中国的哲理是"攻心为上",才能"不战而胜",才能有效改变"西强东弱"的国际舆论格局。

(四)在传播渠道上——抢占先机,跨越发展

传播是一种价值不断寻找媒介和载体的过程。当今世界,西方的话语霸权,并非价值的霸权,并非西方的价值比中国的价值先进,而是一种媒介和载体的霸权,它们通过发达的传播体系,将其价值传播到世界各地。国际传播的关键在于综合运用各种媒介和载体,将中国的价值和文化在国际播种、生根、发芽、开花、结果。

(五)在人才素质上—— 善于传播,维护形象

国际传播要重视人的作用。人创造文化,更承载文化。国际传播中,人的媒介作用不可忽视,更值得重视。文化是一个民族的全部性格。一个外国人,接触的中国人是什么样子,他头脑里的中国就是什么样子。这需要大力培养和提高国人的素质,大力扶持民间的传播力量,积极支持华人华侨和留学生发挥自己的优势和作用,努力提高中国公民特别是海外务工人员、出国旅游者的国家形象意识,广泛开展公共外交,让普通中国人讲"自己的故事"、"身边的故事"和"中国的故事"。

传播力决定影响力,话语权决定主动权。要更好地传播中国声音、塑造国家形象、维护国家利益,必须通过平台建设,协调推进国际传播能力建设与对外话语体系建设。无论哪个平台,都要解决国外受众想不想听、听了后说服效果如何等问题,以及是否增加了对中国的正面理解等来衡量。需要用西方学者和民众能够理解、乐于接受的话语体系解释中国道路,让国外受众想了解、听得懂、愿接受,真正达到国际传播的效果。

[作者为中国传播能力建设协同创新中心学术咨询委员会委员、厦门大学新闻传播学院教授]

推进中国国际话语权建设的大数据视角

○ 姜 飞

从传播学诞生来看,正是因为传播技术发展到一定程度,对推动政治、社会、文化变迁影响非常大,大到不能不引起其他学科领域和社会群体的研究与关注,传播学才逐步汇聚形成。换句话说,如果脱离对传播技术的关注,传播研究就无法与时俱进。

21世纪进入第二个十年,信息技术得到突飞猛进的发展。包括信息高速公路已经从地下铺设转向高速无线互联网;移动互联已经逐步进入3G、4G甚至5G时代。呈现出移动性不断优化、即时性向更广大范围延伸、通信打破行业阈限在多元媒介形式落地的特征。总体来看,新媒体时代围绕移动、即时、通信三大维度正在演绎新媒体终端创新、产业维新、理念更新的新故事。

在这样的故事中,现在比较喧嚣的就是"大数据"。什么是大数据,已经有诸多的论述,总体上来看大同小异。关于大数据对不同领域的影响,如何正确认识大数据及其在国际传播中的意义,似需逐步理清如下几个线索。

一、计算方式革命奠定了大数据的时代意义

大数据的发展,是信息高速公路硬件铺设后,在信息流量的增加、信息积累方式的多元、数据存储和分析技术的突破、用户数量的飞跃等因素的推动下,对

---

① 本文根据2014年3月18日在中国传媒大学协同创新平台主办的"首届中国传播能力建设创新与发展学术研讨会"发言整理而成,部分内容发表在《对外传播》2014年第2期上。

于数据认识和数据挖掘上的革命性突破。

简而言之，大数据实现了计算方式上的革命，从以往的模糊计算转向精确计算。

一个充分利用信息传播新兴终端的主体，即充分享受了移动、即时、通信的终端服务的主体，其个人信息将留下痕迹并被全息记载。比如一个普通人，在大数据时代享受的便利包括，使用 google 等搜索引擎，可以快捷地享受到信息广泛和瞬间的汇总——但个人的 IP 地址以及搜索关键词、搜索习惯等所有痕迹被记录在案；医疗健康信息历史和当下的储存、比照以及血压安全阈值的监测；个人消费数据和投资的检测分析等。其他还有比如智能电表、水表等。如此，个人在享受大数据提供的信息超值服务的同时，也将自我的信息分享出去，在"个体(individual)"的对面，还有一个利益集团的狼群，在不断搜集"群"、"众"一类的信息，借助大数据的精确计算，不断通过对个人精确信息的获取而将这些模糊信息精确化——个人被算计而不知。即使是通过信息技术进行"反挖掘"，这样的技术和实施过程也留下了被继续挖掘的痕迹、被计算的痕迹，也就只能停留在理论上的理想状态。

这个用户和"对面"的用户，既是"个体"、"主体"或者个人，也可以是一个公司、集团，在某种程度上也可以是一个国家。

二、社会控制手段"质"的飞跃凸显了大数据的政治意义

从量的积累到质的飞跃的道理广为人知。从社会控制的角度来看，大数据将这个道理最终落到了实处。大数据提醒我们，"社会控制"在信息时代的价值内涵，已经不再是虚拟的，而是通过采集和分析每个主体的个人信息，实现最优化的、不同层面的利益最大化和社会控制。有这样一则大数据在美国政治传播领域的调查案例引人思考。

2012 年 4 月 23 日到 5 月 6 日，美国宾夕法尼亚大学安娜伯格传播学院（Annenberg School for Communication, University of Pennsylvania）Michael X. Delli Carpini 教授和 Joseph Turow 教授带领两位博士生 Nora Draper 和 Rowan Howard－Williams 进行了一项有关大数据政治传播方面的研究。由研

究人员设计了20分钟的调查问卷,普林斯顿国际调查研究机构(Princeton Survey Research Associates International)抽取了有代表性的美国成人网民1503个样本进行电话访谈(包括座机和手机),就大数据时代概念运用于政治选举时,选民对定制性的政治推广的调查。

2012年7月24日公布的调查结果显示[1],占很大比重的美国人绝对反对(dead-set against)针对他们个人量身定制的政治广告(tailored political advertising)——尤其是当时在即将到来的2012大选中类似的活动在前所未有地上升的背景下。实际上,很多美国人是如此不喜欢量身定制的政治广告,以至于他们表示,如果他们发现自己打算投票的目标候选人卷入类似行为的话,他们的支持率会大大降低。更详细的数据包括:86%的人说,他们不欢迎"根据个人兴趣量身定制的政治广告"。这个数据远远高于那些拒绝"量身定制型传播"(tailored communication)形式、"量身定制的新闻(news that is tailored to your interests)"(56%)、"量身定制的折扣(discounts that are tailored to your interests)"(46%)、人群的比例(61%)。

64%的美国人说,如果他们获悉他们倾向投票的候选人在竞选过程中购买他们(选民)的上网行踪(online activities)以及他们邻居的在线行踪等数据,并依此向他们推送不同类型的政治信息的话(这些行为在2012年的大选中已经很普遍),37%的人说这会大大降低他们的支持率,27%的人说无论如何都会降低他们的支持率。

70%的成年美国人说,如果他们获悉他们倾向投票的候选组织在竞选过程中运用脸谱网(Facebook)向他们的链接朋友发送包含朋友的文件照片以及表示支持候选人的"声称"广告的话,50%的人会大大降低他们的支持率,22%的人说无论如何都会降低他们的支持率(而这样类似的行为在2012年大选中也已发生)。

77%的美国人同意(其中35%的人严重同意)如果一个网站将我浏览该网页的信息分享给那些政治广告人,我将再不会返回这个网站。(实际上,很多网

---

[1] Joseph Turow, Michael X. Delli Carpini, Nora Draper, Rowan Howard-Williams, *Americans Roundly Reject Tailored Political Advertising: At a Time When Political Campaigns are Embracing It*. Report in PDF: http://www.asc.upenn.edu/news/Turow_Tailored_Political_Advertising.pdf, access date: July, 24, 2012.

站，或者自主、或者通过第三方都在分享类似的数据。）

85%的人同意（其中47%的人严重同意）如果发现脸谱网（Facebook）用我在账户中已经设置为私人信息的东西制作并推送给我政治候选人广告的话，我会很愤怒。

主持这项研究的Jeseph Truow教授说，2012年的大选标志着在线广告推介的一个分水岭。空前的途径和范围，全美政治大选组织运用几百件细碎的、有关个人在线和离线的生活信息以确保他们认为的"正确的"人被"正确的"信息所命中。"但是我们也发现，与市场营销人员所宣称的迥然不同的是，大多数成年美国人不希望根据他们的个人兴趣来制造和推送政治广告"。

这个案例似乎是很专业地分析了"定向广告"（Targeting advertising），即就个体数据的分析来决定"谁"应该接到劝说性的信息，"如何（how）、何时（when）"以及"为了什么原因"（for what reasons）。"量身定制性广告"（Tailored advertising）意味着给某个独特的个体打造某种劝说性的信息——这个定向的过程基于对这个独特个体兴趣和价值的分析结论。但是，这个所谓专业化的案例直指大数据的政治传播实质，从批评的声音我们也看到，人们认为这样的行为威胁了隐私权并侵蚀民主价值观。市场营销人士以及政治竞选活动顾问们则辩护说，这样做可以给美国人他们实际想要的东西：与他们的关注焦点密切相关的政治广告以及其他形式的内容。

从中国现实来看，以往每个个体，无论从事什么工作，都具有很强的地域性、个体性、阶段性，社会关系也或者类似"山药蛋"——一个圈层一个圈层各自独立，类似费孝通先生所总结的乡土社会格局。每个人在自己交往能力、经济能力以及权势所能辐射的范围内活动，顶多再配上一些"烟花"——比如远方亲戚、外地工作亲属、外地同学等弱关系。尤其每个人的社会活动都比较相对封闭。

但是，大数据联网背景下，每个人都触网、上网，成为社会大网络上的一个物理性节点。在全国乃至全球物理性一张网的概念下，个体的任何活动都具有了可追溯性、可复原性，最重要的是可分析性。大型信息网站通过多维数据源来进行人的跟踪和定位，精确把握用户信息，并进行赤裸裸的掠夺式使用。除了GPS进行物理定位外，通过个人消费行为和习惯也可以进行人的性格乃至行为取向定位，比如浏览网页、收发电子邮件、搜索关键词和关键信息、手机号码、网吧频率等。

由此激发人们思考,每个人的个人信息都有哪些机构在搜集,都有可能被用于何处?比如买手机有不同的公司,上网实名制,银行、学校、单位、超市会员等等,都在进行着大众个人化信息的搜集和汇总。

那么,再进一步思考,又有多少外国机构、利益集团乃至犯罪机构等通过这些渠道进行跨国的中国国民信息的搜集和分析,并且已经将这样的信息用向何方了呢?

三、政治边界内涵改变和重组揭示大数据的国际传播意义

毋庸置疑,大数据将为人们认识世界和改造世界提供新的强有力工具,使人们能更加容易地把握事物规律,更准确地预测未来。因此亟需更宽大、长远的顶层设计,以之来调适数据规模以及计算模式的革命给既往思维、管理模式带来的挑战。

美国已经将大数据提升到国家战略层面上实施。美国是最先提出"大数据"概念并开展应用的国家,依靠其先进的信息技术以及数据科学的研究水平逐步建立起了系统的"大数据"基础理论和应用模式,并在实际应用中积累了丰富的经验。2012年12月10日,美国国家情报委员会发布了名为《2030年全球趋势——不一样的世界》(*Global Trends 2030*：*Alternative Worlds*)的报告。这是全美情报界最高层级战略评估性情报分析产品,提交给总统,意在为其提供未来20年内的全球趋势预测,为白宫和情报界远景战略政策提供思考框架。报告反映了美国政府16个情报机构对未来20年世界局势的预判,其中提到的四类技术将影响2030年前全球经济、社会和军事发展,它们信息技术、制造和自动化技术、资源相关技术、卫生保健技术。在信息技术领域,大数据存储和处理技术、社交网络技术以及智能城市技术等将改变人们的生活和经营方式,社交媒体和网络安全会成为新兴市场。大数据的存储和处理会协助政策制定者有效应对经济和治理的难题。

大数据概念和实践提示我们,在信息化时代,国家和机构的权力半径在一定程度上取决于风险预警和信息获取的半径。大数据技术提供了这样一种可能,那就是物理和行业的边界已经被信息重新划定,包括信息的获取、处理和分

析能力重组了国家的实际权力的发挥以及发挥的实质性内涵。举例来说,一个国家的领土规模可能很大,但如果其信息无障碍传播和获取分析处理的能力低下,有可能决定了这个国家或地区的权力延伸物理半径很是狭小,至于权力延伸和发挥影响的心理和生理半径则会呈现一种疑窦重生和肢端萎缩的趋势;相反,一个国家和另外一个国家的距离可能很远,可是通过信息传感器的充分布设以及信息处理能力的提升,另外一个国家可能会沦为信息强国的一个节点和包围,丧失任何的信息主动权而深度为奴。

余 论

20世纪著名的三论——信息论、系统论、控制论,在大数据时代充分得以验证。

20世纪初的政治家思考用议会政治取代暴力革命,将一个带有很强科幻色彩的名词"领导权"(hegemony)引入国内、国际政治场——幻想通过话语权的建设和博弈赢取利益。但一个世纪的实际情况是,政治、经济和军事的强权集团用"霸权"(hegemony的另外一个翻译)方式不断截断、阻隔话语博弈的流淌。

当前中国的国际传播能力建设,从总体上看来,与葛兰西当年国内政治斗争中,工人阶级通过议会政治夺取权力的思维模式如出一辙,只不过是将这样的行为置放到了国际舞台,在国际范围内建设中国的"话语权"以试图消解"霸权"。但是,从2013年爆发的"棱镜门"事件所反映出来的国际信息传播现实已经足证一个事实:"领导权"概念在国际范围内因为其过于科幻,只能恰切、优雅地局限在政治书面话语中;而现实的斗争,却是信息搜集、分析、整理、对策的真刀真枪的争战。同时,从"棱镜门"事件后续的辩解又足证另外一个现实:国际政治的虚伪以及对这种虚伪的忍耐已经濒临边界,大数据概念、计算能力、理念的普及已经在"嘶啦—嘶啦"地扯去最后的面纱,后台的博弈已经不仅走向前台,并且逐步在消解、销蚀最后的伦理、尊严边界的过程中,将更大的危险逐步带到人类社会。个中深意,岂是人类单纯的理性所能鉴查。

[作者为中国社科院新闻与传播研究所研究员]

中国传播能力建设创新格局

关于媒介转型的五个论点　　　　　　　　　　　　　　　黄升民
全球化背景下跨文化思维的重新审视　　　　　　　　　　单　波
当前电视城乡传播格局与社会转型　　　　　　　郑维东　张天莉
中国人口问题及其传播战略　　　　　　　　　　　　　　张许颖
论群体传播时代的莅临及其对传播格局的影响　　　隋岩　曹飞

关于媒介转型的五个论点

○ 黄升民

十八大赋予了现阶段"改革开放"的全新理解,也开启了2013年对于中国社会来说颇为重要的"转型"年:在国民经济发展的层面,GDP增速目标回落到了7.5%这样一个范畴之上;政治层面则在进一步加强民主、法制社会建设的进程,社会转型步入了一个新的阶段。这些变化也不可避免地影响到了媒体产业,成为媒体产业进入激烈转型期的外部推动因素。媒体转型,事关生死。在此,笔者将从五个方面来论述媒体产业的转型。

讨论一:报业生死。在2013年初,笔者关注到了当时对于报业生死存亡的讨论。早几年前,就有人开始讨论"报业将亡"这样的话题。到了2013年,这种声音有增无减,那么我们到底应当如何看待这一问题?笔者认为,报业是否能够生存,需要这一媒体行业回答四个问题。

第一是对于报业的数字化转型,有无清晰的战略认识。作为报业生存根基的内容、渠道、商业模式,三者缺一不可,都需要重新适应新媒体环境下的游戏规则,都需要具体的、明确的转型方案和进度规划。大家都在说,报业需要数字化、平台化、数据化、全媒体化,然而没有立体化的网络架构,没有完善的数据库体系,就无法支撑这三者进行改变,就无法摆脱与市场需求脱节的窘境,一切就只能是空谈。可以说,在现阶段报业的转型缺的不是宏观战略上的重视,而是需要将这些大战略、大口号逐层细化、步步落实,以内容、渠道和商业模式作为三大抓手,制定出具体的、可行的、清晰的调整与改革方案。

第二是对于报业的生存,是否准备了一个足够腾挪跳跃的转型空间。这种空间主要体现在三个层面：一是媒介融合发展带来的业务空间——报业已经可以摆脱"纸"的束缚，进入"屏"的领域，和"网"的舞台，这是一个巨大的飞跃，也可以给报业带来极其广阔的生存舞台。二是资源的空间。我们已经拥有了一个相对开放的资源环境，可以较为轻松地实现对社会资源的取用和调度，也就是可以争取到足够的资金、技术、人力、物力去支撑自身的转型，获得更大的发展潜能。三是市场经营的空间。媒体的可经营领域已经在这些年中获得了极大的拓展，这意味着报业也能够构建起更加完善、多元、立体的商业模式。

第三是问问自己是否有一支可以完成转型任务的专业团队。报业要想在眼前的转型中获得成功，对自身团队的要求就绝不可放松，任何一个环节拖了后腿，都会让整体受到影响。报业的团队不但需要能"写"的人才，还需要能够进行内容策划、内容组织的人才，需要懂得在新媒体环境下重建营销体系、重构商业模式的人才，需要明白如何构建平台的人才。

第四是问问自己有无适应数字化转型的文化。在报业转型的生死赛跑中，文化就是这种精神力的体现。报业是人类工业生产时代的产物，在其血液中就铭刻着大生产时代的文化与基因，也是最难改变的一项。伴随着社会物质生产的极大丰富，人类对于精神文化产品的追求也在网络化、终端化的环境中展现出全新的面貌，形成一个全新的虚拟帝国，成就了一场新的权力争夺的游戏，是对报业文化传承王座的颠覆。能否容忍前行道路上的错误，能否接受来自底层的、外部的对自身权威的挑战，能否重新建立各项体制机制，都是对文化二字的体现，也是决定着报业能否在当下的转型期中获得生存希望的重要因素。

这四个问题成为了笔者在2013年里思考媒体转型与生死问题的起点。虽然最初拷问的对象是报业，但是如今看来，这些问题其实适用于任何一个处于转型当口中的媒体机构，尤其是所谓的传统媒体。

讨论二，电视兴衰。2013年7月，一则关于北京地区电视开机率下降到30%以下的新闻在媒体产业内部引起了不小的轰动。因为这一消息的来源之一竟然是国家新闻出版广电总局发展研究中心的《中国广播电影电视发展报告（2013）》，也就是我们通常所说的《广电蓝皮书》——这无异于是广电自己的权威出版物在宣布自己的"死亡"。我们都知道这一数字其实被做了误读，但经不住互联网上的大肆宣传，硬生生地形成了一片关于电视将死的舆论。笔者当时的研究团队在对整个电视产业各类参与力量进行了实地走访之后却发现,电视不但未死,而且仍然强大。

一来,从国际视野来看,电视媒体并未"将死"。通过对国外电视业的梳理,我们可以看到,无论是公共电视台还是商业电视台,无论是内容影响力、营销创新性还是用户粘着度,海外电视媒体都给我们呈现出了一种与新媒体博弈过程中的胜利者姿态。不是没有冲击,不是没有影响,只是海外电视业的同仁将冲击与影响转化为新生与希望。这对于我国的电视媒体来说无疑是一剂强心针,成为了重要的参考依据与榜样。

二来,电视媒体并不像外界所想象的那样,与新技术绝缘,始终保守落后。事实上,从数据到案例,从政策到实践,从规划到目标,广电力量在技术创新上的实力其实都很强大。OTT TV掀起了电视智能化的热潮,赋予了电视终端全新的生命力,也给了广电派参与到新终端平台打造之中足够的空间与机会。电视,本身就是新技术的产儿,隐含了创新的DNA,只是,能否意识到外来的压力与危机,而不是坐井观天、无知无畏,在一定的层面上决定了广电派在未来的道路上还能走多远。

三者,电视收视表现、内容创新以及广告经营其实都未显颓势,而是成绩稳定。无论是央视—索福瑞还是尼尔森网联,在其收视率的监测中,我国电视媒体近年来的收视表现其实都相当稳定,甚至略有上升。其实,在我们诟病中国电视媒体内容时,却没有意识到,即便是"拿来主义",电视屏幕上能够看到的好节目、好内容是越来越多了,内容形式也越来越丰富了,能够造成极大话题的剧集、节目也多半首播于电视台——这些内容保障了电视媒体的收视成绩,也带来了广告经营的相应回报。在不少广告主尝试将电视广告投放预算转移至新媒体之后,现实回报却并不乐观,于是又不得不再将投放转回至电视媒体。虽然电视媒体在发展的过程中确实面临着一些问题,但是其在主流受众中的影响力没有变,在整体广告市场中的媒体之首地位也没有变,在应对新媒体冲击时的既有优势更没有变,反而拥有了更多元的辅助传播渠道。

笔者虽然认为电视媒体活着且坚强,但并不否认电视媒体正处于一个异常危险的生存境地中。要走出这一境地,首要任务就是不可以自我"定义"为将死。

论点三，制度重设。延续电视未亡的思路而下，自然而然地会将目光投射于数量众多的城市台之上。在中央台和省级台的夹击之下，城市台的处境岌岌可危，上下充满焦虑。城市电视台还能不能活下去？该怎么活下去？最终能活成个什么样？热烈讨论之下，其实蕴藏着对于媒体制度重设的需求。

城市自诞生至今，始终存在两个生存的支撑点：其一，在行政城市的所有运行和传播中，城市台都扮演着不可或缺的重要角色。统计显示，我国现有县级以上城市近3000多个，地级以上城市300多个，这些行政建制的城市发展，需要一个政情下达、舆论引导的传播载体，需要一个号召力量疏导舆论、化解风险的媒体平台，城市台无疑是首选。倘若这一渠道缺失，就可能出现受众无法获知政令动态遭遇信息盲区，行政缺乏舆论监督形成权力真空。其二，从商业信息传播的角度来看，城市台的市场价值不可低估。中国的各级城市中存在着近4000万个企业，近10亿消费者，且随着三、四级市场消费的激活，企业纷纷开始以渠道为龙头的营销下沉。这些企业的信息发布、品牌建构、市场开拓需要本地媒体的服务，这些消费者也需要通过本地媒体获悉商品信息，指导购买消费。

公共服务和商业服务，构成了城市台生存的两个支点。上个世纪围绕所谓的"四级办台"有过种种争议，出自强化中央声音和公共服务统一管理的考虑，1999年颁布"82号文件"，取消"四级办台"，改为"三级办台"，然而，这种突出"公共服务"、强化中央弱化地方的管理政策，并没有充分考虑到地方媒体与地方政府、地方经济的依存关系，也没有妥善考虑到中央与地方的利益平衡，最终导致政策走样而无法落实，反而造成基层公共服务系统的弱化。那么，忽略公共服务而偏重商业服务，一切以商业逻辑行事的话，媒体的逐利性就会日益凸显，从而进一步加剧市场竞争。这样一来，马太效应也会更加凸显。对于大多数城市台来说，被淘汰是一种显而易见的命运。然而，城市台所承担的"公共服务"的职能却又是不可替代的，只是其重要性目前还未获得足够的重视。

所以，如果城市电视的管理者明晰自身的生存逻辑，就需要从个体组织到行业整体自下而上进行新的制度设计，不仅调整现存的"三级办台"管理制度，而且重新设计电视台内部的体制机制，在"总台"的组织框架之下，实行"一台两制"或者"一台多制"，让公共服务和商业服务各自归位，公共部分或将并入电视网，保留和强化本地新闻的制作播出；商业部分则考虑引入"辛迪加"式内容发行商,共享优秀节目的广告收益。

笔者以为,这条道路也许是更加适合我国电视媒体整体发展,尤其是能够保证区域城市台生存活力,甚至催生出县级台、乡镇台来进一步完善媒体公共服务功能的重要路径。

论点四,产业化的必然性。不管是大台还是小台,都与"产业化"这个词有着极为密切的联系。笔者大约是在17年前探讨过媒体产业化的问题,2008年在香港中文大学发表过题为《中国广电媒介三十年变迁轨迹解析》的论文。在接近2013年底时,笔者发现,我国媒体的产业化已经伴随着时代的发展被赋予了新的含义与要求,并成为其下一步发展中的重大命题。

首先,我们需要明确的是媒介产业化的概念——这是一种巨大的市场化行为,初始动因是利益的驱动,而其发展,受制于市场的诸种因素。最初,我们把这些要素梳理成"媒介产业化变动的三个主要动因":一是媒介大市场的形成,意味着巨大的市场规模;二是对应大市场的存在,媒介内部规模化的趋势,这也是打造媒介航母的驱动力;三是作为纽带的大资本的需求作用,资本是媒介生存发展的支撑点,也是最为活跃的领域。当广电媒体的发展走到了今天,这三个要素虽然仍然是其产业化运作的重要推动力,但是,产业化的任务发生了新的变化。我们将其归纳为:解决广电媒体的"不适应"状态。在今天,这种"不适应"状态主要是指技术的不适应,如何让广电的媒体技术融入当下的新媒体技术浪潮中;市场的不适应,如何满足多样化、多元性的需求市场,而不是将市场理解为利益的获取;政治的不适应,如何让广电媒体的喉舌功能符合国家转型与过渡时期的特殊需求;文化的不适应,如何让传统媒体文化适应现下的互联网思维。

第二是厘清产业化对于广电的意义,同时正确认知产业化的内涵。关于产业化将导致广电媒体发展失控,产业化就是简单地为了盘活广电已有的资源,产业化会让广电重视商业、轻视内容从而忽视本职专业,只要捆绑做大就是产业化,产业化会对广电现有体制机制带来全方位的颠覆等等论断其实都并不正确。事实上,产业化并不是为了解决制度问题而存在的。过去有声音认为"媒介通过产业化改革将解决原先的制度体制问题,引发新的格局"的观点需要重新审视,媒介"一体两面"的特性从未被真正动摇过。即使是在产业化过程中,媒介自身调整所引发的来自文化、制度上的冲击,也是间接造成影响。与其说媒介产业化改变了环境,不如说环境加速了产业化的进程。根据新闻出版广电总局所公布的数据显示,广电行业在30年间收入规模增长129倍。1982年,行业收入为9.8亿元,100%为国家拨款。到了2002年,产业规模为514亿元,国家拨款的比例下降到15%(75.64亿元)。到了2012年,行业总收入达到1270亿元,国家拨款的比例下降到12.11%(395.68亿元)。虽然,政府拨款比例下降,但绝对值却上涨了40倍。产业化的必要性不言而喻。

下一步,大传媒产业中,通信的、网络的、终端的,各个领域都将发生爆发性的融合,一个巨大的产业即将诞生。

论点五,帝国结局。结合前四个论点,媒体产业目前的发展方向究竟是什么?笔者认为产业化是一个事实,也是内在逻辑,不管承认与否。既然如此,其发展路向与国际的传媒巨头是一样的,应当是媒介帝国主义:在"最快"、"最高"和"最大"的成长逻辑引导之下,垄断与寡头必然出现,是为媒介帝国主义。我们不妨从三个角度把握这个媒介帝国的成长逻辑:

成长逻辑之一:效率最优的技术逻辑。当价格不变时,集成电路上可容纳的晶体管数目,每隔18个月便会增加一倍,性能也将提升一倍。"摩尔定律"用最直观的对比,诠释了数字时代人类对效率的追求和技术提升的辩证统一。从3D到4K,从1G到4G,从光纤到热气球……技术的逻辑起点就是更高的效率,越快越好,越高越好。然而技术对于媒介而言,只是搭了一座桥,铺好一条路,而推动媒介生态向前发展的还在于另外两个动因。

成长逻辑之二:利润最高的商业逻辑。自古以来,商人们为了以更低的成本获取更多的客户、更高的利润,不得不用尽各种方法去竞争、抢夺,通过不断拉大差距与压缩成本从同业者手中掠取资源与空间。了解了这一点,我们对国内的三网融合路径也就不难理解了。2009年,我国国内六家上市的网络公司的平均市盈率曾一度高达62倍,而国外有线网络的平均市盈率也在33倍左右。除了技术、产值等各种原因之外,这种差距产生的一个重要原因就在于国内网络公司所面临的政策壁垒。终于,2010年初,国内三网融合重提,产业的融合步伐在尘封数年之后再次破冰。过去,我们每每讨论融合问题时,总是止步政策、囿于监管。但事实上,政策往往是平面的,政府的管制常常是滞后的,顶层设计的缺位、指导思想的不足才是常态。然而政府管制、行业壁垒最终都会被商业的力量摧毁,"管控"从来不是根本性的解决方法。所以,今天的三网融合破冰于商业成长,表现为各家的跑马圈地之争。

成长逻辑之三:规模最大的产业逻辑。当广电、通讯、互联网产业的定义越来越模糊的时候,过往拟定的政策、方针、战略也同样面临着严峻的挑战。融合的概念如此彻底地横扫全球,渗透到每一个角落,这是媒介历史上前所未有的。经济、文化的全球化发展加速了这种规模最大化的产业逻辑。在这三个逻辑的支撑之下,无数媒介组织以全新的方式进行了重组,融合成为新的角色,加速了这个产业内部垄断与寡头的出现。

由以上的讨论可以看出,2013年是媒介转型愈加迫切的一年,甚至关乎媒体的生死。我们看到了报业转型之痛楚,剖析影剧业战场之惨烈,不得不为彷徨无主的电视业站台撑腰,再为节节败退的城市媒体当头棒喝。十八届三中全会正开,为我们打开一个尘封多年的主题——媒介产业化。在2013年行将结束时,我们蓦然回首,一个庞然大物已渐露雏形,也就是我们所讨论的媒介帝国。2014年的开启,未来将会怎样,还需静待。

[作者为中国传媒大学教授、广告学院院长]

全球化背景下跨文化思维的重新审视①

○ 单　波

跨文化传播作为一个过程,它使每一个人怀着乡愁走向全球,迫使思想从文化转向跨文化,一路与后殖民主义、文化帝国主义、东方主义话语理论、文化相对主义、后现代主义等思潮相互激荡,有时也与全球化同行。20世纪60年代全球化概念首次出现,并表达出时空压缩与人类关系结构和范围改变、文化同质化、价值观聚合等意义,跨文化传播思维开始留意这一背景,霍夫斯特德(Geert Hofstede)在20世纪70年代进行文化价值观的调查研究时认为,在全球经济一体化中,世界各公司的策略都着重发展如何能够满足最大市场、最多顾客的产品及其服务,而对不同文化及价值观的研究,是此类策略成功的关键②。自20世纪90时代以来,全球化携带着资本的力量和政治、文化的力量,把这样的场景拉到我们面前:世界终将会沦落为美国化的"地球村",在这个地球村里,众人所讲的英语都带有美国口音,人们穿的都是李牌牛仔裤、蓝哥牌衬衫,喝的是可口可乐,吃的是麦当劳,浏览互联网时,电脑使用的都是微软的软件,听的是摇滚或乡村音乐,收看的是美国音乐电视台的综艺节目、美国有线新闻网的新闻、好莱坞电影以及肥皂剧《豪门恩怨》的重播,大家在喝着百威或米

---

① 本文是国家社科基金重点项目"国家形象建构与跨文化传播的理论创新与路径选择研究"(12AXW006)的研究成果。
② 参见 Hofstede, Geert, Culture's Consequences: Comparing Values, Behaviors, Institutions and Organizations Across Nations, Thousand Oaks CA: Sage Publications, 2001. 此为1980版的更新版。

乐啤酒、抽着万宝路香烟时,谈论的是那些带预言性标题的世界性系列节目①。此时,全球化成了跨文化传播必须面对的问题。

一、乐观地想象全球化的前景

按照一种比较中性的表述,全球化包括两个层面:一个是物质层面的,一个是精神层面的。前者主要是指世界时空的压缩,运输、传播技术等因素的变化使时空建构出现麦克卢汉所谓"内爆",世界越来越"小"了;后者则是全球意识的加强②。在跨文化传播理论之中,文化的全球化已经作为一个术语构成了一种研究的视角。全球化虽然是一个与跨文化相异的视角,但它试图以强大的力量把跨文化传播纳入全球化的轨道,使其遭遇了这样几种模式:征服、转化、吸收与适应,部分的吸收与文化借取,自由主义与最小限度的参与,冲突与阶级斗争,对话式参与③。

在这种情况下,很自然地出现顺应全球化的逻辑的"合奏"。有些跨文化传播理论向全球化靠拢了,比如跨文化市场营销与管理、跨文化组织管理等,它们迎合了全球化的需要,促进着消费主义的地域的流动性、社会的流动性、想象的流行性和促销的流动性④,使人们只知道交流技术的价值,而不再理解文化和跨文化的价值。而有一些学者对全球化赋予乐观的想象,其中,比较引人注目的是,约翰·贝利(J. W. Berry)从文化适应的角度反对一种比较流行的观点,即文化适应和全球化过程更多颠覆的是非主流人群,其最终结果是非主流群体成员文化和行为特质的丧失,趋附于与主流群体如出一辙的同质化社会,以及文化适应的长期结果是全球同质化,社会结构以及人们的信念、价值观、消费倾向趋同。他基于文化适应的理论框架提出,除了非主流群体被文化同化的可能性外,亦存在其他可能:融合有助于人们既维系其传统文化和行为方式,又在不

---

① 约翰·斯道雷:《英国文化研究中的文化与权力:对全球化等于美国化观点的一些疑问》,载单波、石义彬主编:《跨文化传播新论》,武汉大学出版社 2005 年版。
② R. Roberson. *Globalization: Social Theory and Global Culture*. Sage: London,1992.
③ Dallymayr. F, *Beyond Orientalism: Essays on Cross-Cultural Encounter*. State University of New York Press,1996.
④ 格雷姆·默多克:《疆域与十字路口:全球市场时代认同与团结》,载单波、石义彬主编:《跨文化传播新论》,武汉大学出版社 2005 年版。

断演进的公民框架中参与日常交流;分离的结果为群体和个体尽可能规避与主方国民接触,以此维系其传统文化和心理;边缘化的后果是非主流群体的文化失落以及因遭受排斥而无法全面、公平地融入更广泛的社会。因此,他认为,全球化背景下的跨文化交流的结果不是文化同化和同质化,而更可能是融合(文化和心理延续与新社会结构的建构)或分离(抵御他文化,复兴传统文化)[1]。金洋咏(Young Yun Kim)从开放体系的视角强调人类具有很强的适应能力,认为个体经过长期积累的跨文化经历,通过循序渐进的心理上的演进过程,能够超越传统文化的边界,获得"跨文化人格"。而"跨文化人格"的获得是个体文化身份取向在全球化的语境下日趋彰显个性的渐进发展过程,而这种发展经历着"压力—适应—成长"的动力过程。她称"跨文化人格"是使自身熟悉、适应新环境中文化陌生人的颇具建设性的方式,亦是在全球化进程中谋求心理和功能性适应的人类发展模式[2]。重点关注跨文化培训的兰迪斯(Dan Landis)甚至认为,文化同化(culture assimilation)是传授另一种文化的一种学习编程技术,同化者可以帮助一种文化里的人们更好地理解另一种文化的观点[3]。在他们这里,本土与全球、主流与非主流、强势与弱势的辩证关系全然失去,完全偏向于单一线性逻辑的思考,也就是落入全球化的思维中去了。

在这种思维之中,跨文化传播研究与其说是建构新的文化,不如说是寻求调适文化差距或文化冲突的策略,将跨文化的一系列理论转化成为一种自我管理调适技术、人与人沟通的技巧、不同的国家或组织之间的协商谈判策略;转化成跨国促销的形象设计和诉求方式等实用型研究,从宏观回归微观。在这个意义上,最典型的概念是从日本产生的全球本土化(glocalization)概念,按照罗伯森的解释,它意味着普遍化与特殊化趋势的融合[4]。持这一理念的人认为,文化差异是推行全球化战略的致命问题,可以通过"全球化思维,地方化行动"(think globally, act locally)加以超越,即通过适应特定的文化偏好去推行标准化产

---

[1] Berry, J. W. Globalization and acculturation, *International Journal of Intercultural Relations* 32 (2008) 328 – 336.

[2] Young Yun Kim & Dharm P. S. Bhawuk, *Globalization and diversity: Contributions from intercultural research*, International Journal of Intercultural Relations 32 (2008) 301 – 304.

[3] Landis, Dan. *Handbook of Intercultural Training*, 3rd. ed. Thousand Oaks, CA: Sage, 2004.

[4] 〔美〕罗兰·罗伯森:《全球化:社会理论和全球文化》,梁光严译,上海人民出版社2000年版。

品①。于是,人的跨文化生存问题就转变为一个跨文化传播能力(cross-cultural communication competence)问题,鲁本(Brent Ruben)在20世纪70年代末提出这一概念时,囊括了七个要素,即向对方表示尊敬和对其持积极态度的能力;采取描述性、非评价性和非判断性态度,最大限度了解对方知识和个性的能力、移情能力、应付不同情境的灵活机动能力、轮流交谈的相互交往能力、能容忍新的和含糊不清的情景并从容不迫对其作出反应的能力②。如今,围绕这一概念的思考越来越呈现这样的状况:过于强调效率型的跨文化能力,而忽视了有效人际互动的重要性;把跨文化传播能力缩小为达到实际目标的手段,不可避免地依赖于所有可能的行动能力(action competence);将跨文化传播能力界定在不同国家与个人的相关场景下,忽略存在于国家内部的文化间问题;注重描述"微小层次"的个体之间的互动,削弱了对群体间文化互动(Inter-collective interaction)的思考③。这从另一个方面体现了"全球化思维,地方化行动"的逻辑。

二、以科学的名义修正全球化的危机

跨文化传播的起点是对社会流动的关注。进入全球化阶段以前,文化基本上被看作是一个民族或地区所在地人们的"生活方式总和",是一种有地理疆界的,向内发展的概念。但是在全球化背景下,人们所接受的文化信息已经远远超越了他们的物理空间,传播技术和运输技术的发展带来人口流动、信息流动,跨地区的文化交流从而突破空间对文化的限制,成为跨文化传播的一个主要特征,"不同因素构成的跨地区文化逐渐成为历史舞台的新宠"④。人们已经感觉到,建构自己的认同和理解其生活的民族框架遭遇严峻挑战,身份要么变得越来越模糊和不确定,要么因感受到某种威胁和恐惧而走向原教旨主义。这样一

---

① 〔美〕保罗·赫比格:《跨文化市场营销》,芮建伟等译,机械工业出版社2000年版,第56页。
② Ruben, Brent D. & Kealey, Daniel J., *Behavioral Assessment of Communication Competency and the Prediction of Cross-cultural Adaptation*, Pergamon Press Ltd., 1979.
③ Stefanie Rathje. Intercultural Competence: The Status and Future of a Controversial Concept. *Language and Intercultural Communication* 2007. Vol. 7, No. 4. pp. 254-266.
④ J. Pieterse. Globalisation as hybridization, in M. Featherstone, S. Lash and R. Robertson (eds) *Global Modernities*. Newbury Park, CA and London: Sage,1995.

来,跨文化传播面对的最紧迫的问题便是文化认同(身份)的危机。一般说来,从社会学、心理学等角度的探寻总是试图用科学方法修正危机,使全球化具有科学、丰富的内容,就像音乐创作上的变奏,在原旋律的基础上加上一些修饰或者围绕原旋律作一些变形,使乐曲具有更丰富的表现形式,听起来更多变。

在关注身份问题的学者中,迈克尔·赫克特(Michael L. Hecht)是有代表性的一位。他在1993年提出身份传播理论(communication theory of identity),建立了关于身份的八种假设:身份有个人、社会和他群体特性;身份都是持久的和不断变化的;身份都是情感的、认知的、行为的和精神的;身份都有内容和解释层面的关系;身份涉及主观和赋予意义;身份是代码,这表现在谈话并确定社区成员上;身份有语义属性,这表现在核心符号、意义和标签上;身份标明适当和有效的沟通模式。在此基础上,他阐明了身份的四种框架:第一,个人的身份即个体的自我认知和自我形象,它存在于个人层面,作为个人特征的分析;第二,表现化的身份,指个人表现的或者表达的身份,人们在传播中表现他们的身份并且交换表现的身份;第三,关系的身份,即身份是交际双方社会关系的一部分,是双方互动协商的结果。第四,群体身份,即集体是定义的身份,群体身份超越个人,是群体或者集体的一个特征[1]。这一理论的显著特点是以科学的名义修正了全球化的身份偏向,寻求在互动中形成身份的动态平衡。

一般理论认为旅居者应尊重东道国文化,并鼓励他们适应东道国的道德准则("入乡随俗"),或在尊重东道国规范的同时保持自己的道德伦理。理查德·伊万诺夫(Richard Evanoff)认为在跨文化对话中采取一种替代模式,其间有着不同道德伦理的人们可以积极建构他们的共同基础,批判现存的规范,形成新的规范,即创造出协同的"第三文化"(third cultures)。其最终目的是融合不同文化的规范,指导跨文化情形中个人的交往。这一观点明显吸收了班尼特(Bennett)的"跨文化敏感"(intercultural sensitivity)理论,该理论把个人应对跨文化差异过程中获得融合视角的过程分为六个阶段,即否认(在早期"种族中心主义"阶段简直没认识到差异)、防御(承认差异但认为一种文化比另一种优

---

[1] Hecht, M. L, A research odyssey: Toward the development of a Communication Theory of Identity. Communication Monographs, 1993, 60, 76—82.

越)、最小化(采取表面的普遍主义把差异估计得最小)、接受(在后来的"种族相对主义"阶段,以一种简化的相对主义的方式接受了差异)、适应(个人能够以其他文化作为参考框架)、融合(个人采用了双文化的视角,利用多种文化框架为参照)[1]。而伊万诺夫认为,还应超越班尼特所说的六个阶段,达到第七个阶段——"生成"阶段,即新的文化形式创造性地产生出来。生成阶段超越了班尼特的种族中心主义和种族相对主义阶段。其目的并不是简单地说现存的文化是最好的(种族中心主义)或每种文化都一样的棒(种族相对主义),而是产生出一个不同的、更好的文化观。生成阶段使个人和社会都可能产生变化,它所生成的新的选择,有些或许失败,有些或许行不通,但它们将同样有价值,因为我们需要不断地实验[2]。其理论逻辑在于,融合并不是一种价值观完全取代另一种,也不是把两种文化并置调和,它伴随着对两种文化的批评。融合并不是旅居者适应东道国文化的规范而是一个相互改变的过程,旅居者和东道国文化在彼此适应。许多跨文化交流者都遭遇到价值观念的失范现象。因为指导他们行为的规范还未存在,而它必须在对话的过程中创造出来。

在拥有全球化视角的跨文化传播研究中,一些新的概念正在取代过去跨文化传播研究中常见的文化适应(acculturation)、同化(assimilation)、整合(integration)等旧有概念。这些新的概念包括[3]:

接触区(contact zones),即地理和历史都分隔的人们彼此接触对方的一个空间。"在这个空间里,人们建立了往前发展的关系,通常都是在强迫、不平等和难以处理的冲突中进行的。……接触区是使过去在地理和历史上都分隔的主体在同一时空并存的尝试,这些主体的发展轨迹现在相交了。"[4]而处于这个接触区的人最重要的特征就是在一段时间内在文化上的"背井离乡"(displacement)。

散居海外者(diaspora),它包括这样几种内涵:(1)"移居海外的少数群体",

---

[1] Bennett M. J. Toward ethniclativism: A developmental Model of Intercultural Sensitivity, in Paige R M. Education for the intercultural experience. Maine: Intercultural Press Inc. 1993:21—71.

[2] Richard Evanoff. Integration in intercultural ethics, International Journal of Intercultural Relations, July 2006, Volume 30, Issue 4, pp.421—437.

[3] Lie,R. (2003), Space of Intercultural Communication: An Interdisciplinary Introduction to Communication, Culture, and Globalizing/Localizing Identities, New Jersey: Hampton Press.

[4] Pratt, M. L. (1992) Imperial Eyes: Travel Writing and Transculturation. London: Routledge.

他们从原有的"中心"位置分散到至少两个边缘位置。(2)他们怀有"对祖国的记忆、印象或梦想";(3)他们"相信他们也许不能再完全地被自己的祖国接受";(4)他们将祖先的家园视作最后的归宿,只要时机成熟;(5)他们怀有保护或者重建祖国的心愿;(6)作为一个群体,他们的意识和凝聚力都受到与祖国所保持的关系的重要影响。[①]散居海外的人并不将自己定位在一个特定的地方,他们在各个不同的地方重建自己的文化。但是他们文化的根与所在地分离了(delocation)。

多元文化主义(multiculturalism),它本身被看作是对同化政策的一种积极替代的方案,意指那种承认少数族群的公民权和文化认同的政策,或更宽泛地说,是对文化多样性价值的肯定。

世界主义(cosmopolitanlism),它具有更多个人特征,而不是群体过程和群体特征。汉纳斯提出这个概念有以下特点:(1)有与他者交往的意愿;(2)有与他者交流的跨文化能力。它表现出一种对世界的开放,但又是一个比较精英的概念,总是出现在较高的社会阶层中,因为只有他们才有能力经常旅游,成为国际公民。

从跨文化传播的这些概念新宠中,我们可以看出跨文化传播研究者已经更多地将研究视角由帝国主义传播的单向流动转向世界范围的文化流动。对已经普遍出现的由移民等带来的文化的混合和共存有了更清醒的认识和更深切的关注。英国媒介研究学者斯拉伯里(A. Sreberny)通过对散居海外者的媒介研究发现,在全球化的新范式下,旧的研究范畴被新的所取代。例如过去对"少数族群的研究"和"移民研究"现在越来越被"散居海外者研究"所取代。过去的研究是围绕文化适应的那些议题,以及在新的国家文化空间里新的文化身份形成问题,而新的研究则更关注双重国家文化空间——过去祖国的文化空间和新到国家的文化空间。"少数族群"是一个更抽象的、更与统计联系到一起的范畴,而"散居海外群体"则更强调文化的连续性。在欧洲,"少数族群"更多的是指欧洲内部流动的人口,例如在英国的希腊人,在奥地利的克罗地亚人等。而"散居海外群体"意味着对来自欧洲以外的人的

[①] Lie, R. (2003), Space of Intercultural Communication: An Interdisciplinary Introduction to Communication, Culture, and Globalizing/Localizing Identities, New Jersey: Hampton Press

关注：印度人、中国人还有非洲人等。在对这些群体的研究中，研究重点向电视和互联网等媒介倾斜，尤其是互联网。因为互联网是散居海外群体最好的传播工具，散居海外者可以通过这种不受地理约束的传播技术，建立和维护跨国的散居海外者的共同意识，在网络的虚拟空间中实现文化的重新本土化，从而使他们在新的居住地依然拥有传播自己民族文化和保持原有民族文化身份的文化空间。此外，在媒介受众研究方面，已经有不少研究开始关注这些"散居海外者"的媒介消费习惯和文化品位。研究已经注意到，散居海外族群建立的频道和主流媒介针对他们制作的媒介节目之间有很大的差异。[1] 这些研究都表明欧洲在媒介中对移民群体和其他非主流群体的重视加大，并意识到要在尊重各群体文化身份的基础上满足所有群体的信息和文化需要，而不再是一味地为他们重建欧洲的文化身份。

三、以自由的名义揭示全球化反人性的内容

进入 21 世纪以来，全球化浪潮构成了对跨文化传播的更猛烈的冲击，2001年发生的"9·11"恐怖事件突出呈现了全球化的内在矛盾，也使跨文化传播所内含的价值遭遇空前挑战。文化多样性的价值观在理论与行动上发生着严重冲突。一方面，欧盟抱持着"在多样性中联合"的政策，开始抱持一个更为多样的文化方法。另一方面，在这个文化政策下的基本理论不是鼓吹"差异"，也不是拥抱"多元文化主义"，而是要通过多样性来提高欧洲的整体统一，民族的和亚民族的文化差异尤其被表述为同一"文明"的分支，它们的根被看作是来自古希腊、罗马和基督教地区[2]。欧洲委员会的文件在描述欧洲文化遗产时基本没有提到任何非欧洲后裔的作家、学者的贡献，同样将欧洲身份建立在希腊、罗马、犹太教和基督教的根上。对文化多样性文化政策的其他研究还显示，即使在"文化多样性"的鼓动之下，欧洲委员会的欧洲中心主义话语依然非常明显，其重要表现是"恐伊斯兰症"，以及右翼对穆斯林原教旨主义者、非法移民和避

---

[1] Sreberny, A. The Role of Media in the Cultural Practices of Diasporic ommunities. In Bennett, T(ed) Differing Diversities: Cultural Policy and Cultural Diversity. Council of Europe, 2001.

[2] Shore, C. The Cultural Policies of the European Union and Cultural Diversity In Bennett, T(ed) Differing Diversities: Cultural Policy and Cultural Diversity. Council of Europe, 2001.

难者对欧洲的威胁的鼓吹。

此外,不仅黑人、亚洲人、穆斯林或第三世界国家的人被排除在了欧洲文化之外,美国人也是一样。欧洲委员会的官员认为美国电视和好莱坞电影表现了一种文化帝国主义的形式,威胁到了欧洲文化的完整。因此,在官方的欧洲文化概念中,流行文化、多元文化主义、文化杂交都不是欧洲文化。只有莎士比亚戏剧、贝多芬的音乐才是欧洲的文化遗产。

对于欧洲委员会的文化政策的这种双重性,学者的研究和批评是非常必要的。肖尔(C. Shore)认为,文化多样性现在存在于欧洲越来越多元的文化社会中,要让欧洲在共同的文化身份中整合,就必须注意不能边缘化或者排除那些在欧洲委员会的欧洲文化概念中"非欧洲"的人和文化。欧盟不能通过加强带有成见的"我们"和"他们"的二元对立,来巩固一种欧盟公民的爱国主义和归属感。要提高欧洲的文化多样性,还必须认识到欧洲文化不是静态的,它是一系列沟通、交流和汇合的过程,新的文化形式和身份从中形成。欧洲的印度人、穆斯林、亚洲的散居海外群体等都是欧洲丰富文化的一部分。他们对欧洲文化多样性的贡献应该被承认。欧洲的文化民主就是要让少数族群和多数人都发出自己的声音,提高宽容和鼓励差异。

与此同时,文化帝国主义和媒介帝国主义以更猛烈的势头损害着文化多样性。根据麦奎尔的观察,美国输出的文化产品在情节剧方面(电影、电视连续剧)占有绝对份额,研究者总是强调这种输出对欧洲带来的负面文化影响;受众是倾向于观看自己民族的文化产品的,现在也有很多这样的产品被制作并在黄金时段播放;但是在情节剧方面,美国的文化产品依然比其他欧洲产品更受欢迎。这样的结果之一就是电视根本就不是欧洲跨文化交流的媒介。大量研究证明,受众可以清晰分辨出本土的和外国制作的文化内容,并对外国文化内容保持一定的距离,从而使其对"自己的"文化的影响力减少。欧洲出现了更多的模仿美国模式的娱乐和情景喜剧片,不过在文化上更接近欧洲类型。欧洲肥皂剧倾向于更真实,也更以社区为中心。语言成为各种跨文化媒介产生影响的主要障碍。国际卫星频道因而无法与本土的频道形成强有力的竞争,泛欧洲频道也没能产生文化统一的影响。为此,国际频道的地方语言版不得不退出,以应付与本土频道的竞争①。

美国学者波因廷与梅森(Scott Poynting & Victoria Mason)发现,"9·11"之后,特别是那些以美国为首的英语国家入侵阿富汗和伊拉克后,少数穆斯林以"他者"的方式进入"西方国家",起诉他们的"反恐战争"。社区的穆斯林都被作为"邪恶"的刑事犯和"第五纵队"的敌人,成为媒体、政客、安全机构和刑事司法系统眼中的异类族群。他们发出疑问,在国家的反恐怖主义措施和日常生活中的种族主义中,是否还存在"宽容、自由、正义与和平"?② 这里体现出关于人类文化共同体的理想,关于文化对话、理解直至达成共识的浪漫期盼。

给这一疑问以深刻注解的要数 20 世纪 80 年代以来的一个重要理论发现,即群体成员在陈述群体内人员或者群体外人员的行为时所采用的不同的具体客观或者抽象评价的语言倾向,这便是所谓"群体间语言偏见"(linguistic intergroup bias)。美国学者戈勒姆(Bradley W. Gorham)重新进入这一理论,研究了 208 个成年白人是如何对待一个电视犯罪新闻中嫌疑人的种族身份的,并探讨了种族身份如何影响用于描述嫌疑人的语言提炼③。他的研究证实了犯罪新闻引起群体间语言偏见,并表明媒介使用与群体间语言偏见的出现有着显著的关联。具体说来,即成年白人对非裔嫌疑人更可能使用更多的抽象描述,对白人嫌疑人更可能使用更多的具体描述。而且,这一倾向与新闻媒介使用有关,更频繁地看电视新闻、阅读报纸的人更可能呈现群体间语言偏见。而且实验结果证明,与种族相关的新闻报道将先入为主地主导种族刻板印象。而且这些刻板印象一旦触发,就会以可能帮助涵化占主导地位的种族观念的方式支配新闻理解。尽管这一研究不能说明长期的媒介使用与社会群体感知之间的因果关系,但是它的确发现了涵化的一个必要条件:媒介使用变量与支持占主导地位的意识形态的回答之间的关联。经常使用本地、网络和有线电视新闻,以及经

---

① McQuail, D. The Consequences of European Media Policies and Organizational Structures for Cultural Diversity. In Bennett, T(ed) Differing Diversities: Cultural Policy and Cultural Diversity. Council of Europe Publishing, 2001.

② Scott Poynting & Victoria Mason. Tolerance, Freedom, Justice and Peace: Britain, Australia and Anti-Muslim Racism since 11 September 2001. Journal of Intercultural Studies, Nov., 2006, Vol. 27 Issue 4, p365-391.

③ Bradley W. Gorham. News Media's Relationship With Stereotyping: The Linguistic Intergroup Bias in Response to Crime News, Journal Of Communication, March 2006, Vol. 56, p289-308.

常使用地方报纸,都与群体间语言偏见的出现有联系,其方式是支持负面的对非裔美国人的刻板印象。而且,所有电视使用都与群体间语言偏见有联系。这也许意味着,不管在今天的媒介环境中频道和选择是否过剩,认为非裔美国人是暴力性的符号化讯息仍难避免。社会心理学家经常认为,社会领域充满对非裔美国人的刻板化再现。这种观点得到了媒介内容分析(特别是新闻)的证明。比这种理论更为复杂的是,人们可以维持有同情心的、低度偏见的少数群体观念,同时他们又对少数群体怀有不安的感觉;或者,人们可以自觉地坚持平等主义的信念,同时又做出符合刻板印象的解释。既然存在这样的复杂性,那么就应揭示媒介影响我们的种族思想的微妙方式,逐步干涉媒介的负面影响过程。只有通过理解观看者赋予媒介种族内容的多种方式,我们才可以希望使用大众媒介来促进社会正义和平等。

大众传媒研究者和社会心理学家经常指出,大众传媒是刻板印象的重要来源之一,经常看电视的人容易相信现实社会与电视上描述的世界是类似的。涵化理论的许多内容分析已揭示媒介文本可能扶持对种族、权力和社会的占主导地位的看法,但没有揭示这些信息是否真正在观众中产生影响,是否真正发挥了他们所说的意识形态的作用,也没有详细说明从接触电视到产生影响的具体的运作机制,甚至这一重要的研究流派遭到欺世盗名的质疑。为了更好地理解媒体协助维护刻板印象和偏见的方式,戈勒姆指出,需要仔细地考察人们在种族问题上是如何与大众传媒之间相互影响。他运用了社会心理学方法来揭示人们与有关种族的媒介内容互相作用的不同方式。考虑到人们会对符合刻板印象的含糊不清的信息作出反应,他认为关注观众如何加工处理媒体信息尤为重要,即便观众是在有意识地抵制偏见。再者,虽然在美国公开的偏执态度有了普遍的好转,但一些研究表明,它已被一种更为隐蔽的现代种族歧视所取代,其特点是白人对非裔美国人的困苦既表示同情又对黑人表示不安和不屑。这样,在一个大众传媒互相抵触地呈现非裔美国人形象的社会里,人们在新闻广播中既看到成功的新闻主播形象又看到危险的犯罪分子形象,他们就会对少数民族持相互冲突的看法,甚至受众本身并未意识到媒体形象使他们怀有微妙的种族歧视。按照戈勒姆的逻辑,群体间语言偏见在语言上以不同程度的抽象性为特征,并取决于这个人是否在谈论内群体或外群体成员,取决于这个成员在某种程度上是否与群体的刻板印象相符。正是在这个意义上,他提醒学者,只有更好地了解人们对种族问题相关新闻的不同诠释,我们才能想出办法使新闻制作人和受众避免加深负面的刻板印象。

与此同时,一些学者的研究发现,文化同化的作用并不能消除彼此的仇恨①;充斥在博客日志中的对"他者"的谈论,以语言符号为载体进行"文化的排他"和种族主义行为一样加深着彼此的误解,引发彼此的敌对;它依然反映了种族的不平等系统,并由社会内部成员共享的话语体系来维持、复制和巩固②。另一方面,由于全球化的快速发展,人们正在日益走向一种混合型的、拼接性的、多面性的文化依存,对于交往中亲密关系结构、情感心理依恋、意象和意义分享、仪式和习俗效应、宗教或其他信仰的情怀、代际传承关系的探讨日益增加,努力为超越跨文化传播的内在障碍寻找出路。如何应对这种矛盾,把学会欣赏和容忍多样性、复合性和文化差异真正落实到人的生活层面,这依然是摆在西方学者面前的一个重要问题。

如果说,前面所讲的全球化的"变奏"是以科学的名义从方法上修正全球化,那么,全球化的反思则是以自由的名义揭示全球化反人性的内容,提供资本主义的内在修正机制和大众的反抗路径。在这方面,英国文化研究的代表性人物斯图尔特·霍尔(Stuart Hall)把反思推向了思想和日常生活实践的深处。从20世纪80年代末到现在,这位牙买加人以其特有的个人体验长期投注于民族、种族、身份与文化表征等问题的研究,其核心而又连贯的工作是分析了以一种独特权力形态出现的"复杂统一体"。在他那里,这意味着权力会通过接合,通过连接众多不同的领域,通过一种用协商、妥协,有时用策略性退却战术达至共识等方式来巩固权力的弥合过程,进而取得权力的最大化效果。由此,他更为深刻地呈现了全球化过程中的权力支配现象的形成。但是,他又没有完全像福柯那样局限于从一个总体框架内观察权力,而是能够敏锐觉察到出现在强权

---

① Seth J. Schwartz, Hilda Pantin, Summer Sullivan, Guillermo Prado, and José Szapocznik, Nativity and Years in the Receiving Culture as Markers of Acculturation in Ethnic Enclaves, Journal of Cross—Cultural Psychology 2006 37: pp. 345—353.

② Lena Karlsson. The Diary Weblog and the Travelling Tales of Diasporic Tourists. Journal of Intercultural Studies, Aug., 2006, Vol. 27 Issue 3, pp. 299—312.

范围之内和之间的缝隙,以及从这一缝隙中可能涌现出的反抗与抵制力量①。因此,他一方面能认识到,文化表征是一种复杂的意识形态关系的最集中的再现,拥有支配权力、垄断生产体制并对大众审美情趣加以物化导向的社会机构关系往往可以在某一历史时段中,依据自身的需要,决定文化表征的内容和形式。另一方面,他又意识到,特定的族群在特定的西方文化语境下,唯有进行某种"反表征",才能有效地彰显其作为"他者"或"族裔散居族群"或"边缘族群"的文化诉求,实现这些族群在文化认同上的主体性。同时,他从笛卡尔的"我思"的主体性转变为去中心化的主体性,使其具有互动性和对话性,从以自我为中心的"我"走向互动与对话的主体,把追问"我们是谁"、"我们从哪里来"、"我们到哪儿去"等传统的认同观变成"我们会成为谁"、"我们是如何被表征的"以及"如何影响到我们怎样表征我们自己"等反表征的文化认同诉求的认同观②。与爱德华·霍尔一样,他也导入精神分析学的观点,但他的关注点不再仅仅是潜意识,而是对话的主体性如何可能的问题,即"他者"是根本性的,无论对自我的构造,对作为主体的我们,对性身份的认同都是如此;我们的主体性是通过向来不完整的无意识与"他者"的对话,才得以形成的③。文化研究曾过分强调人的抵制能力,不能对应于少数族群的基本要求,即全面真诚的种族公正、主要社会经济过程的相同收益和对差异的认可,也使跨文化传播的可能性成为疑问,这种偏失在他这里得以扭转。他使人们领悟到一种辩证逻辑:每一个人都会参与到"文化归属"的形式中去,由此就有了寻求解决不同文化群体间冲突的框架问题,而这一点并不需要通过同化来达到更宽泛的一致性;同时,假如不考虑他者,差异性就不能得到绝对保护,因为"我就是由与我相关的他者的缺失而构成的"④。

四、跨文化传播的思想处境

回首半个多世纪的思想历程,最能表达跨文化传播的思想处境的事情还是

---

① 参见[英]安吉拉·麦克罗比:《文化研究的用途》,李庆本译,北京大学出版社2007年版,第4、36页。
② Hall, Stuart. Conclusion: the multi—cultural question, in B. Hesse(eds.), Un/settled Multi—culturalisms: Diasporas, Entanglements Transruptions. London: Zed Book, 2000, pp. 209—241.
③ [英]斯图尔特·霍尔:《表征——文化表象与意指实践》,徐亮、陆新华译,商务印书馆2003年版,第239—240页。
④ 参见[英]安吉拉·麦克罗比:《文化研究的用途》,李庆本译,北京大学出版社2007年版,第39页。

发生在两个"霍尔"身上。1951年,年近不惑的爱德华·霍尔刚刚进入美国国务院外国服务所,负责选拔和培训去与异文化打交道的美国人。此时,年方十九的斯图尔特·霍尔从牙买加移民到英国,后来加入到文化研究行列,并引领了这一领域的研究。前者试图帮助美国人克服傲慢与偏见,改善与其他文化群体的交流,但这种努力不仅改变不了美国霸权的实质及其灾难性的后果,相反被收编到美国全球化战略之中,以致霍尔当年的培训方法被扩展到各种商业培训,使美国人更懂得玩弄全球化的游戏。后者力求指点强权范围之内和之间的缝隙,呈现文化抗争的希望,同时也通过建构去中心化的主体性,使人类能生活在互动与对话之中。可是,被全球化抛弃、压迫的人们常常是本能地选择冲突、暴力,把排斥他者作为抗拒全球化的方式,或者在文化自恋中独自疗伤,走向自我封闭;而英国政治家们则不断地以不同形式呼吁民族团结,暗中寻求办法来消除和抵制文化多元主义政治的出现。到头来,理论依然被大众与政治家的喧嚣无情地淹没。

随着思想的发展,难以把握的不再仅仅是跨文化传播的活动与现象,而是跨文化传播思想本身。思想在左冲右突之中总是想寻找可以遵循的跨文化传播之道,可老子的"道可道非常道"分明启示我们,可因循的道都不是永远的道。这其实也表达了"霍尔"们的艰难处境:他们所提出的"道"都不是完全可因循的道,只是从某种角度解决了某个问题,而跨文化传播问题是一个结构性的问题,解决了这个问题,就等于挑起另一个相冲突的问题,因此,思想本身永远都是未成之道。比如,解决了文化差异问题,就呈现出利用差异权制造种族隔离的问题,解决了多元文化问题,却又难以面对文化自恋、文化分裂问题,诸如此类。从积极的角度而言,探索永无止境,而从消极的角度讲,我们得忍受思想的局限与不完善。因此,"跨文化传播如何可能"就成了一个永远在创造过程中的、没有完善答案的问题。

[作者为中国传播能力建设学术咨询委员会委员、武汉大学新闻与传播学院特聘教授、新闻与传播学院副院长]

当前电视城乡传播格局与社会转型

○ 郑维东　张天莉

我国正处在由传统社会向现代社会转型和发展的进程中。在社会转型过程中,基于中国社会城乡二元结构的核心特点,以城镇化为推手的结构转变成为社会转型的主体,与之相配套的是政治经济领域的机制转轨、利益调整,[①]文化领域的个体的现代化以及技术领域的信息化转型。

电视作为社会化大众传播平台,以其环境监测、信息传递等社会功能的实现,见证、参与并推动着作为国家战略的社会转型的进程。作为联接个人生活与社会生活的纽带,电视传播一方面接受着转型期间文化、市场与技术等领域变迁对其要素与过程的影响,另一方面,通过节目内容吐纳、受众触达及选择,耦合从城乡社会到城乡个体的变化脉络与节点,并由此传递出转型期传播视野中的城乡图景。

一、电视传播高渗透缩小城乡数字化差距

依托于技术革新的信息化是社会转型的技术性推动力。信息化虽然起始于技术,但其影响远远超越了技术层面本身。它不仅改变着生产力结构、社会交易与交往方式,还深刻改变着人们的生产生活方式[②]。"数字鸿沟"是信息化

---

① 李培林:《另一只看不见的手:社会结构转型》,社会科学文献出版社2005年版,第7页。
② 林毅夫、董先安:《信息化与我国的经济增长及社会转型》,http://business.sohu.com/2004/04/23/05/article219930531.shtml

进程中一个显著的社会问题,在数字媒体应用上,突出表现在互联网的不均衡扩散应用所产生的数字鸿沟。这个鸿沟不是单纯的设备使用差距,而是其背后个体在自我发展、资源享有、财富创造及阶层流动等方面的能力与权利的差异,是技术导致的影响社会公平的问题之一。城乡之间因互联网使用而产生的数字鸿沟问题为大众所关注。

电视正经历着从传统电子媒体向数字化的转型。作为渗透率高、接受度高、具有使用传承性的大众媒体,电视有望在缩小城乡数字化差距上发挥作用。

经过上世纪后二十年的经济发展,电视已成为覆盖城乡的大众媒介。生活水平的提高及电视传播技术的进步,进一步推动电视媒体的广泛渗透,电视的"可接近性"、"可用性"大幅提高。城乡家庭的生活水平也都有了不同程度的提高。CSM 媒介研究的基础研究数据显示[①],2004－2013 年十年之中,家庭月均收入在 5000 元以上的城乡电视家庭比例增长明显,城市从 3.9% 上升至 44.3%,乡村由 1.1% 增加至 22.0%。电视机的家庭拥有率由 94.7% 增至 98.1%,乡村电视机拥有率较十年前增长了 5%,达到 98.5%。近 1/3 的城乡家庭拥有 1 台以上电视机,2013 年平均每百户家庭拥有 138 台电视机,与 1978 年每 300 人拥有 1 台电视机、1997 年每 4 人拥有一台电视机相比,[②]电视已成为家庭生活基本配置。与此相伴的是电视观众规模持续增长,由 11.69 亿增加到 2013 年的 12.78 亿。

表 1 2013 年不同电视信号接入方式的家庭比例(%)(多选题)

接入方式	2009 年		2013 年	
	城市	乡村	城市	乡村
普通有线网/村/厂/小区闭路	53.9	54.4	28.9	28.1
数字有线网/村/厂/小区闭路	29.5	2.9	58.4	30.5
IPTV 有线网/村/厂/小区闭路	0.2	0.3	3.3	2.2
碟型卫星天线	9.0	23.6	14.1	37.9
无线数字电视	1.0	0.0	1	2.0
一般室内/外天线	9.6	20.1	4.1	7.4
其他	0.1	0.1	0.1	0.1

数据来源:CSM 全国基础研究

[①] 在 CSM 媒介研究的收视率调查及基础研究中,城市指地级市及以上的区域,农村指城域以外的区域。本文中引用的 CSM 媒介研究关于城市和农村的数据,均为基于上述城乡界定的调查研究数据。

[②] 张国良:《社会转型与媒介生态实证研究》,上海交通大学出版社 2007 年版,第 3 页。

电视传播数字化转型及多渠道传输同时扩容城乡观众可接收频道数量。2004年城乡电视观众可接收频道分别为29个和16个，而在2013年，这组数字改写为69个和53个。在电视数字化建设中，由于公共资源和服务向城市倾斜的配置惯性，作为国家基础设施建设组成部分的数字化传输渠道及平台建设，无论在整体布局或其推进步伐上，仍存在城乡差距，但从发展进程看，虽然农村滞后于城市，但也逐渐进入了高速发展期。模转数的渠道传输改造在城市中推进较快，60%的城市电视用户通过机顶盒接收电视的数字化信号（包括数字有线网、无线数字电视、IPTV数字电视），并由此享用到更为多样化、人性化的媒体服务。而在观众庞大的农村，数字化建设明显滞后，通过机顶盒等数字化渠道接收电视信号的家庭只占1/3，但与2009年相比提升幅度可谓惊人。此外电视的数字化传输还为电视用户提供了数字广播、视频点播等多样化信息与娱乐服务。

表2　2013年城乡机顶盒电视家庭户接通的部分服务比例（%）

开通的数字电视服务	城市	农村
原模拟频道的数字化播出	98.4	96.4
数字广播	88.1	74.5
电子节目指南（EPG）	77.5	63.2
公共信息、生活信息	70.3	46.2
政务信息、党建宣传	56.9	32.6
证券、财经信息	42.7	24.9
非互动电视游戏、博彩等娱乐服务	39.5	26.9
准视频点播（NVOD）	29.1	5.0
境外频道	25.6	11.4
国内标清付费专业频道	21.7	13.6
回看已播出的电视节目	15.0	7.5
数字高清频道	14.3	4.8
视频点播（VOD）	12.2	5.8
回看正播出的电视节目	11.2	5.8

数据来源：CSM全国基础研究

虽然城乡数字电视服务在普及度上还有一定差异,但它为城乡受众开辟了通过电视终端接触数字化媒体的通道。新兴的互联网媒介对用户媒介使用能力的要求阻碍了其在农村和特殊人群中的渗透,这在城乡之间划出了一条因媒介"易用性"而形成的数字鸿沟。CNNIC发布的第33次《中国互联网络发展状况统计报告》显示,截止到2013年12月,我国网民规模6.18亿,农村网民仅1.77亿,在非网民中,58.1%的受众因"不懂电脑/网络"而不上网。

相比之下,数字电视不是以一种全新的媒体形式进入用户家庭的,而是在既有的高使用率基础上的技术革新与服务拓展。电视在日常使用上的传统性与传承性为观众接受数字电视新功能提供了一个适应过渡期,在使用上没有"不懂"的接受门槛。在此意义上,随着互联网扩散速度下降,城乡数字鸿沟的广度与深度短时间内难有质的扭转性的变化;而电视在城乡间几无差异的高渗透和零门槛的"可接近性",使之在数字媒体的应用扩散上,成为缩小甚至弥合城乡数字鸿沟的大众媒介。在电视的传播领域中,世界是平的。

二、城镇化进程驱动城乡收视的结构性消长

资源配置和行政力量共同主导的城镇化进程重构城乡人口分布,也对城乡电视观众格局产生持续的动态影响。CSM基础研究数据显示,过去十年,农村观众虽然仍是电视观众的主体构成,但其规模呈现持续下降,由2004年的9.20亿下降到2013年的7.92亿,总体占比由78.7%减至61.8%;而城市观众规模

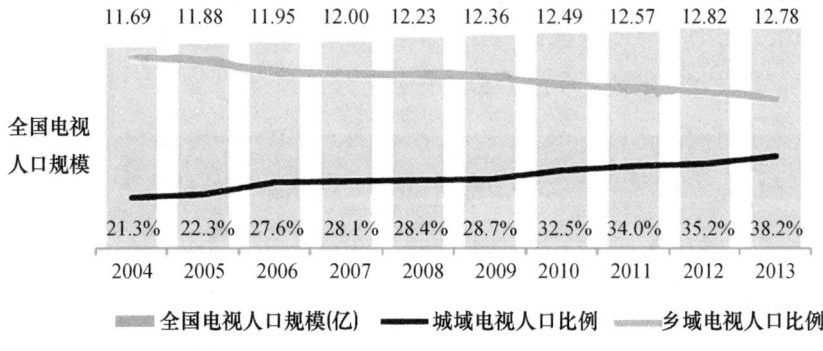

图1 2004—2013年城乡电视观众规模及比例

数据来源:CSM2004—2013年全国基础研究

则从2.5亿增至4.9亿,十年间增长了近一倍,占到电视观众总体的38.2%。

作为实现农业社会向现代社会转型的重要环节,城镇化被认为是转变经济增长方式的一条主线。据国家统计局数据,2012年,我国常住人口城镇化率为52.6%,2013年为53.7%,乡村常住人口比例降至46.3%。但也有专家指出,高企的中国城镇化率,包括了打工半年以上的人等,是虚拟城镇化、泡沫城镇化,按户籍人口计算,实际城镇化率仅35%左右。中国社会科学院2013年《城市蓝皮书》根据"能够享受市民待遇人口"发布的完全城镇化率为42.2%。无论各方统计口径如何,在行政主导、快速推进的城镇化进程中,农村人口及观众规模的降低是一段时间内社会转型的持续表征之一。

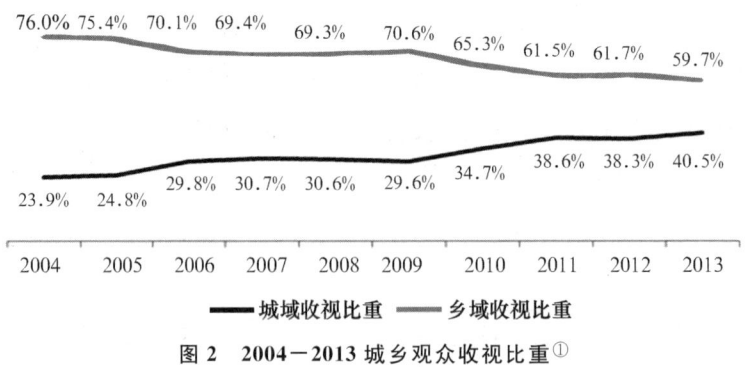

图2　2004—2013 城乡观众收视比重①

数据来源:CSM媒介研究

作为电视传播的终极接收者,城乡观众的结构变化直接映射于城乡间电视收视总量的格局变化。收视总量是观众收看电视的时间总花费。随着观众结构的变化,从2004年城乡间的2/8分配变化为2013年的4/6格局,城市观众的电视总收看时间占比2004年的23.9%上升至2013年的40.5%,而农村则从76.0%下降至59.7%。2004—2013年是互联网新媒体快速发展的十年,网民从7950万发展到6.18亿,互联网在城市中的高普及率使之对城市受众的电视时间的分流影响更为显著,尤其是2010年后的三年里,城市观众人均收视时间从185分钟下降至169分钟,但是由于城市观众规模的增长,填补了人均收看

---

① 收视比重是一定时期内特定观众收看电视的总时长占该时期内所有观众收看电视的总时长的百分比。

时间下滑的缺口,并使其总量仍呈现出上升的趋势。而在农村,融入城市化的进程中,人均收看时长的波动性增长仍未能阻挡观众规模下降带来的收视比重下滑趋势。由此可见,城市化进程中的城乡观众规模变化是引起收视比重结构性消长的主要原因。

三、农村观众结构快速老龄化折射乡村空心化

改革开放以来,基于长期封闭的户籍制度产生的城乡结构从原来的隔离状态转变为有限开放。城市的比较利益优势促使农民离乡进城务工,大规模农村青壮年人口的流出与流失,加速了农村观众的老龄化步伐。由于人口结构老化及生育率的降低,电视观众结构已同步表现出老龄化分布格局,城市观众的老龄化程度高,但在生育率较高的乡村,观众结构的老龄化速度却尤为迅速。

CSM 全国基础研究数据表明,2004 年至 2013 年,全国 55 岁以上的电视人口比例从 16.2% 增至 20.4%。从实际电视收看的情况看,65 岁以上农村电视观众比例从 6.7% 上升至 10.7%,增幅高达 59.7%;而在城市,虽然这个年龄段的观众占比在 2013 年达到了 16.3%,显示出较高的老龄化程度,但增幅仅为 34.7%。与此相应的是年轻观众的萎缩,15－24 岁、25－34 岁观众比例在城乡发生了大幅下滑,城市中从合计占比 32.1% 下降到 21.5%,乡村中从 33.4% 下降到 21.3%,城乡减幅分别达到 33.0% 和 36.2%。此外,4－14 岁城市电视观众比例从 15.0% 下降到 9.6%,这部分乡村观众比例仍保持在 20% 左右。城市电视观众的老龄化,除了严格的独生子女政策导致的低生育率外,还在于日益丰富的休闲生活选择及快速普及的新兴媒体转移了城市年轻观众的注意力,使之不同程度地疏离电视。而在乡村,一个更为重要而深刻的原因则是乡村社会空心化。

农村空心化是指农村中的有文化的青壮年劳动力不断流向城市工作,农村常住人口逐渐减少,从而造成农村人口在年龄结构上的不合理分布,人口老龄化趋势明显。根据国家统计局《2012 国民经济和社会发展统计公报》,2012 年,全国农民工总量为 26261 万人,其中,外出农民工 16336 万人,本地农民工 9925 万人;农民工以青壮年为主,21－30 岁占 31.9%,31－40 岁占 22.5%。2014 年 2 月发布的统计公报显示,2013 年,全国农民工总量比上年增长 2.4%;外出

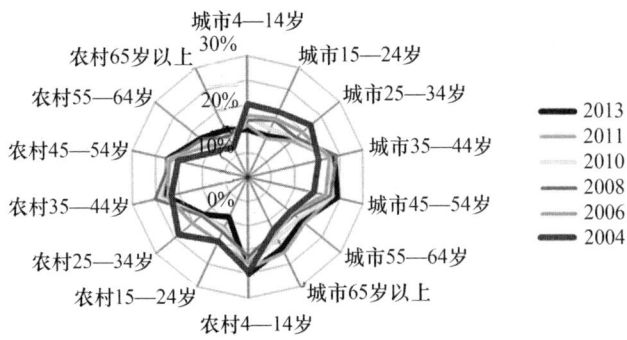

图 3　2004—2013 年城乡电视观众结构变化

数据来源:CSM 媒介研究

农民工增长 1.7%;本地农民工增长 3.6%。① 农村劳动力流失日进。随着社会转型加速,农村空心化已从人口空心化逐渐扩大到土地、产业和基础设施整体空心化。从乡村电视观众的结构变化可以看到,25—34 岁乡村观众在十年间的占比降幅高达 35.1%,而这一年龄段的受众是农村劳动力流向城市的生力军。

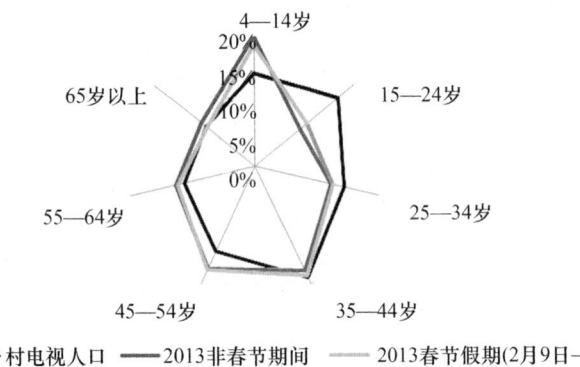

图 4　2013 年春节假期与非春节时期乡村电视观众构成

数据来源:CSM 媒介研究

春节期间乡村观众的结构变化,从另一个侧面反映出农村空心化的现状。作为中国最具文化传承力与家园情怀的传统节日,春节团聚是最朴素的信仰,

---

① 2013 年国民经济和社会发展统计公报,http://www.stats.gov.cn/tjsj/zxfb/201402/t20140224_514970.html

尤其对于从乡村走出来的外出务工农民。在春节的集体回归在一个时间剖面上暂时舒缓了乡村社会的人口空心化状态,也使乡村的电视观众结构在这个特殊的时间节点上刹那间显现出某种弹性,青壮年农村电视观众比例增加,并在观众结构上更接近于乡村电视人口的实际图景。

四、农村儿童电视高依赖代偿缺失的家庭生活

在乡村空心化程度加剧的趋势下,乡村社会结构失衡问题不仅体现在老龄化上,还包括存在大量的农村留守儿童。在城乡文化设施建设不均衡、电视高渗透的背景下,农村观众对电视的依赖似乎成为一种必然,而对于缺少完整家庭生活的留守儿童,娱乐的电视正成为家庭生活的伙伴。

电视媒体在城乡观众日常生活中已成为不可缺少的一部分,也是使用率最高、接触时间最长的媒体。但是,在媒体接触多元化、日常生活休闲选择多样化的过程中,观众对电视的日常依赖有所下降,在全国范围内,每天看电视的观众比例从2004年的75%减少到65.6%,呈现下降趋势,这种变化在城市中表现得更为明显。城市观众每天看电视的比例从74.6%下降至63.7%,十年之中下降了近11个百分点;而在广大的农村观众中,这种变化幅度略显平缓,从75.1%下降至66.7%,显示出对电视媒体更强的日常依赖性。

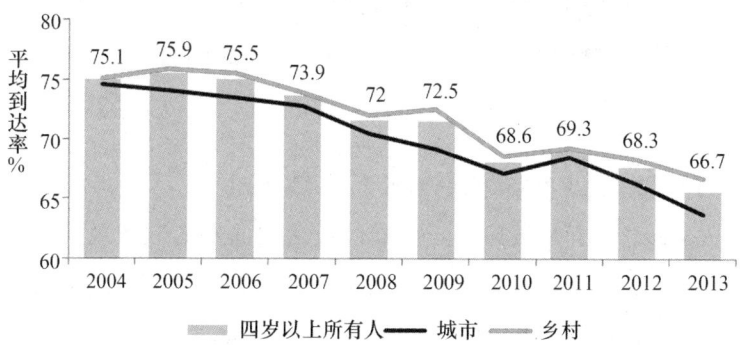

图5　2004—2013年城乡观众平均每天看电视的比例

数据来源:CSM媒介研究

农村观众对电视的疏离程度及进程较城市观众缓慢,这也反映在城乡观众电视收视的全天走势变化中。社会转型过程中生活水平的提高,公共文化设施的丰富改变了城乡观众闲暇时间的分配,但并未改变日常的时间节律,因此电视收视的全天大格局未变,传统的黄金时段依然保持着既有的格局。但由于城乡间在公共资源配置上的差异,农村观众更少休闲选择的替代活动,在电视收视黄金时段上,或表现出上升,或表现出较为平缓的下降。在晚间8:30前后的峰值时段,城市电视收视率下降幅度达8%左右,而在乡村,仅下降了3%左右。此外,在城市电视收视出现下降的中午11点后的近三个小时中及晚间18:30—20:00时段,农村观众的收视率均出现不同程度的增长,平均涨幅接近10%。

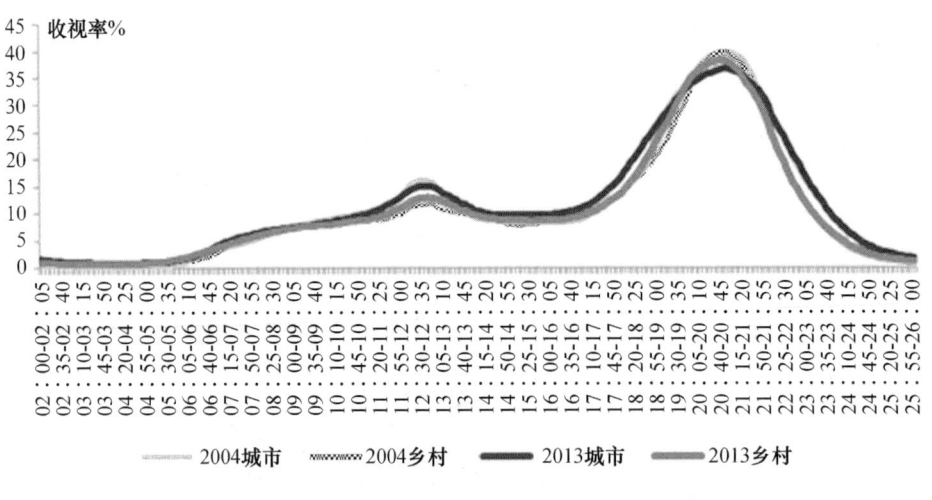

图6 2004、2013年城乡观众全天收视率走势

数据来源:CSM媒介研究

从节目类型收视上看,在全国电视市场,新闻/时事、综艺、电视剧是电视收视的三驾马车,十年之间,虽然由于不同阶段宏观面上的政策规制与行业内部的节目竞争,使三类节目在十年中各有消长,但整体上,三轮驱动的收视格局仍在城乡领域持续存在。在城市,三类节目的收视比重占到57.2%,较十年前增长1.3个百分点。但是在农村收视市场,新闻/时事类节目不再是构成收视格局的一极,青少节目取而代之,与综艺、电视剧的收视比重合计占到58.7%。十年之间,青少节目的收视比重增长至11.5%,甚至微胜综艺类节目(11.4%)。

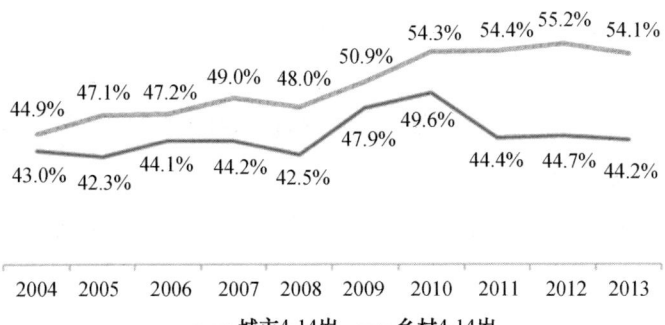

图7 2004—2013年4—14岁观众在青少节目城乡观众中的占比变化

数据来源:CSM媒介研究

4—14岁儿童是青少节目的主体观众,2013年4—14岁观众占青少节目观众总体的51.2%。在青少节目的乡村电视市场中,这个年龄段的观众比例接近55%,比城市儿童比例高出10个百分点,且十年以来呈持续上涨趋势。与之相呼应的是4—14岁农村儿童的电视收看量呈现高位水平。4—14岁儿童在农村电视人口中的占比由2004年的18.1%下降到2013年的14.3%,但其电视收看时间在农村电视市场占比已高达20.0%,远远高出城市同年龄观众的9.6%。

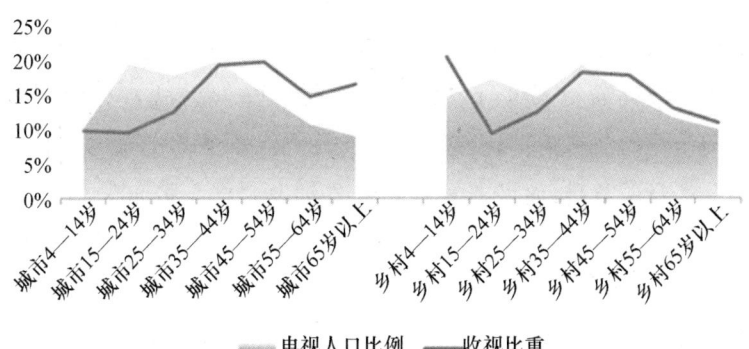

图8 2013年城乡不同年龄段观众的收视比重

数据来源:CSM媒介研究

在农村电视观众的电视依赖上,老年人和儿童是两个突出的构成群体。中央电视台2012年全国电视观众抽样调查数据显示,在以低学历和处在年龄两极为特征的"无明确收视目的"的观众中,"无聊,打发时间"是最主要的收视状态,这种现象在农村的 50 岁及以上和低学历观众中尤其突出。① 大量留在农村的老年人多不具备农业以外的经验、知识和技术,信息来源及休闲娱乐选择少,因而电视成为他们重要的生活陪伴。农村儿童对电视的依赖背后,留守儿童问题引人关注。留守儿童是社会转型过程中城乡二元体系松动而产生的"制度性孤儿",2000 年农村留守儿童有 1980 万人,2011 年初中、小学阶段留守儿童高达 2200.32 万人。② 由于父母外出务工,家庭生活缺失,电视成为留守儿童代偿性的家庭生活方式。

五、城乡观众节目内容偏好显现乡村代际差异

乡村社会是城市的"后视之镜",在现代化的社会转型过程中,"城市化"的发展逻辑实际上将城市作为了现代化发展的标准范式,在这种发展顺序和目标下,承载着深厚传统的乡村的现代化进程必然迟滞于城市。但是,现代化的核心是人,传统与现代在文化、制度与技术层面的交流与冲突,促使个体自我调整与转型,并使社会发生分化与重组。因此,转型时期的社会经济和文化发展不仅表现为城乡差异显著;还表现为代际差异明显,即不同代际间的观念与生活方式在传统沿袭与现代化等方面的差别明显。

电视作为城乡生活的日常参与者,见证了个体在现代化进程中的群体差异与群体间的分化。将电视节目内容收看作为一个进点,以 2013 年城乡观众收视率排名前十位的节目为例,可以看到,乡村观众收看前十位的节目包含九部电视剧和一档音乐节目;而城市观众收看节目类型更为多元化,除了三部电视剧外,还包括四档综艺节目及音乐与专题节目,城乡收视取向差异明显。

从各年龄段观众收看的电视剧来看,45 岁以上城乡观众对战争、历史传奇题材的电视剧显示出更多的关注;而 45 岁以下观众则对现代都市生活与爱情题材电视剧表现出更多热情,这在农村年轻观众中表现得尤为明显。进一步观

---

① 徐立军、王京:《2012 年全国电视观众抽样调查报告》,张宁等主编:《中国电视观众现状报告》,中国传媒大学出版社 2013 年版,第 49 页。
② 《农村空心化:困局如何破解》,《人民日报》2013 年 2 月 3 日,http://news.xinhuanet.com/politics/2013-02/03/c_114594500.htm

察可以看到,在25－34岁农村观众中,收视率最高的10个节目中有8部电视剧,基本为现代都市爱情与生活题材;而55－64岁农村观众收看的8部电视剧则集中在战争与历史传奇故事方面。对城乡观众内容收看取向的片断分析,反映出城乡两代人之间的代际差异,农村年轻观众对现代生活观念具有高接受度,对都市生活充满向往;老年观众更留恋已熟知的生活记忆。

表3 2013年乡村观众收看的收视率前十的节目

25－34岁乡村观众		55－64岁乡村观众	
节目名称	节目类型	节目名称	节目类型
因为爱情有晴天	电视剧	寻路	电视剧
天天有喜	电视剧	马永贞	电视剧
因为爱情有多美	电视剧	花木兰传奇	电视剧
百万新娘第二部之爱无悔	电视剧	因为爱情有晴天	电视剧
最美的时光	电视剧	决战江南	电视剧
花非花雾非雾	电视剧	零炮楼	电视剧
贤妻	电视剧	战火大金脉	电视剧
盛世少儿春节大联欢	青少	圆梦中国 德耀中华——第四届全国道德模范授奖仪式	专题
开学第一课	综艺	启航2014新年特别节目	综艺
咱们结婚吧	电视剧	因为爱情有多美	电视剧

数据来源:CSM媒介研究

CSM在2009年开展的城乡受众生活形态研究显示,城市受众更具开放性和消费意识,农村受众则更传统并期望个人成功,表达了一种求富或求变的心理。研究同时表明,15－39岁农村受众较父辈更关注外部世界的变化,包括对科技及信息在实现现代化生活中的积极意义;同时在生活形态上也显现出现代化进程中的消费主义文化特质,如追求个人事业成功、注重时尚消费、信赖品牌;15－29岁城市受众与父辈保守、追求稳定的生活态度不同,更富于冒险精神、乐于尝试挑战、追求新奇而有变化的生活。

代际差异的形成一方面源于个体所处的生命阶段的不同,另一方面则在于社会变迁与文化转型对传统生活方式与价值观的影响。

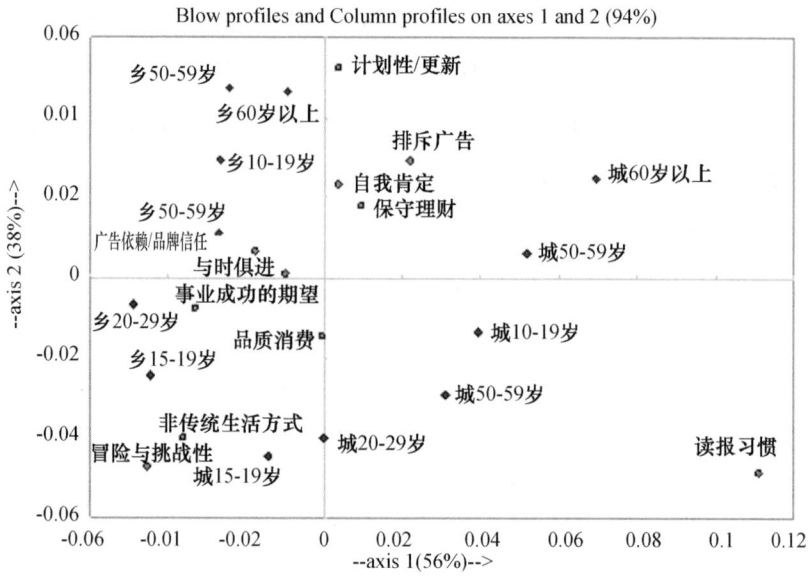

图 9　生活形态因子与不同年龄段城乡受众的对应分析

数据来源：CSM2009 年全国观众生活形态研究

伴随着家庭结构类型趋向小型化，家庭内部传统文化传袭渠道的断裂，使电视在乡村社会中传播现代文化拥有了深度空间。根据 CSM 全国基础研究的数据，电视观众户均规模由 2004 年的 3.3 人下降至 2013 年的 2.9 人。家庭规模小型化使家庭成员之间的关系简单化，家庭内部的权力结构也发生了变化，包括电视收看的选择权。同时因为电视机拥有量的增加，收视选择权具有了更多个人性。CCTV2012 年全国电视观众抽样调查报告显示，在电视家庭中，收视的决定权 33.6% "由自己决定"，而通过 "协商解决" 和 "少数服从多数" 的方式与家人共同决定的合计占比不到 25.0%，比 2005 年下降了 7.5 个百分点[①]。

在文化传播上，当前电视媒体对传统文化传播不足，乡土文化传承与发展缺乏有效载体，因此城乡之间的文化交流主要表现为城市文化与价值观向乡村的输出。而以外出务工的青壮年为主体的农村新兴精英群体的集体迁徙，又为农村观众带来了城市现代生活的鲜活示范。年轻人天性中的活跃与开放，使之更易与现代文化结合，年轻一代的乡村观众由此借以在传统性与现代性之间重

---

① 徐立军、王京：《2012 年全国电视观众抽样调查报告》，张宁等主编：《中国电视观众现状报告》，中国传媒大学出版社 2013 年版，第 31 页。

建价值观,并反映到其电视收看的内容取向上。

结　语

在过去十年转型进程中,电视在城乡的传播图景发生着不同程度的从量到质的变化。城镇化进程不断重塑城乡边界,电视观众的城乡分布空间越来越向城市聚集。信息化过程中,新媒体非均衡应用而形成的城乡数字鸿沟,在电视数字化转型中获得缩小差距的技术性支持。社会转型既为社会与个人创造了新的发展可能,也在突破原有结构的同时引发了过程中的失衡和紧张关系,如农村精英的出走催生乡村社会空心化,引发村落人口失衡,代际差异增大。这些既是电视内容映照的现实,也在城乡电视收看上得以印证,农村电视观众结构快速地老龄化,留守儿童观众对电视形成高度依赖,代际分化出不同的内容与价值取向等,社会变迁在媒体传播与个体选择身上都留下了或深或浅的印记。

事实上影响电视对受众传播的因素非常多元,但基本可以归入媒介结构因素、受众结构因素和社会背景因素三大类。本文所讨论的城镇化和老龄化进程既是社会背景因素,也体现为受众结构的变化,本文重点分析了这两方面分别对城乡观众电视收视的影响,特别是城镇化和老龄化引致的乡村家庭结构和代际结构变化对电视传播的适应性改变。同时本文也讨论了电视传播在信息化进程中的特征以及电视自身因应市场竞争和受众需求改变而作出的节目供给调整,这两方面作为媒介结构因素变化指征,对城乡电视观众的收视行为变化也起到重要影响。

反观电视的收视情况,十年间收看电视的日观众规模下降,但观众收视时间增加。在以上多种因素中,通过控制城镇化(即城镇化人口比例)与老龄化两个变量,可以发现,在影响日均观众规模下降的变量中,城镇化与老龄化的贡献率分别为0.9%和−1.4%;在影响观众人均收视时间增加的变量中,城镇化与老龄化的贡献率分别为12.7%和4.0%,而结构性因素(指城乡人口结构变化之外的社会和个体结构因素以及媒介结构因素)对上述收视指征变化的贡献率分别高达100.5%和83.3%,是影响观众收视变化的决定性因素。

社会转型过程中,观众的身份标签发生持续变化,从个体经济背景到文化需求、观念与生活形态的现代化等。在技术领域的创新应用、经济与文化领域的转型推动下,媒介结构因素在主动性变化过程中形成新的生态,表现为电视服务与频道多样化、节目多元化与内容提升、收看渠道多元化等。媒介结构因素与社会转型过程中的社会经济因素相耦合,对城乡不同收视群体形成差异化影响,而其中影响最大的是对电视具有高依赖特征的老年和少儿群体。观众习惯性收视行为在与上述结构性因素的互动中逐渐产生分化与行为重塑,也因此造就了转型期电视传播城乡格局复杂的变迁过程。

[郑维东,央视—索福瑞媒介研究有限公司副总经理;张天莉,央视—索福瑞媒介研究有限公司市场总监]

中国人口问题及其传播战略

○ 张许颖

一、中国人口问题的五个方面

从世界范围来讲,发达国家面临的人口问题是两个方面,一是人口老龄化,二是低生育率。发展中国家面临的人口问题主要有三个,一是人口规模膨胀,二是人口与资源环境的矛盾日益尖锐,三是失业率居高不下,贫困人口继续增加。中国作为最大的发展中国家,目前人口问题主要表现在五个方面。

(一)人口总量持续增长,但增速趋缓

《中华人民共和国 2013 年国民经济和社会发展统计公报》数据显示,2013 年末的中国的人口是 13.61 亿,总量接近 14 亿人,预计 2030 年前会出现总人口峰值,但不会超过 15 亿。

人口增长从历史角度来看,不同时期增长是不一样的。新中国成立前的人口增长态势见图 1。

改革开放前中国人口总量呈现快速增长态势(图 2)。

实施计划生育基本国策,中国人口总量增长速度在不断放缓。1949—1969 年,平均每 8 年增加 1 亿人,人口总量连续突破 6 亿、7 亿、8 亿;人口总量从 9 亿到 10 亿延长到 9 年;从 12 亿到 13 亿延长到 10 年;2010 年普查数据年末总人口 13.41 亿,2013 年末,总人口 13.61 亿(图 3)。

年净增人口从 20 世纪 60 年代到 70 年代中期超过 2000 万,逐步下降,目前

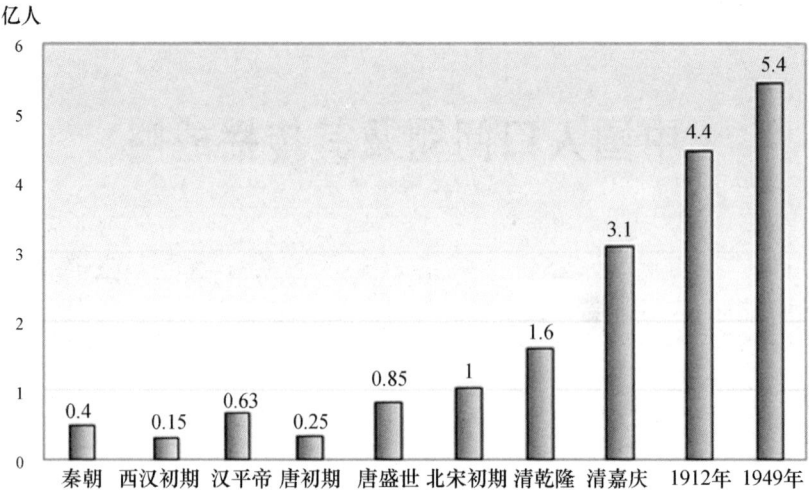

图 1　新中国成立前人口数量增长态势

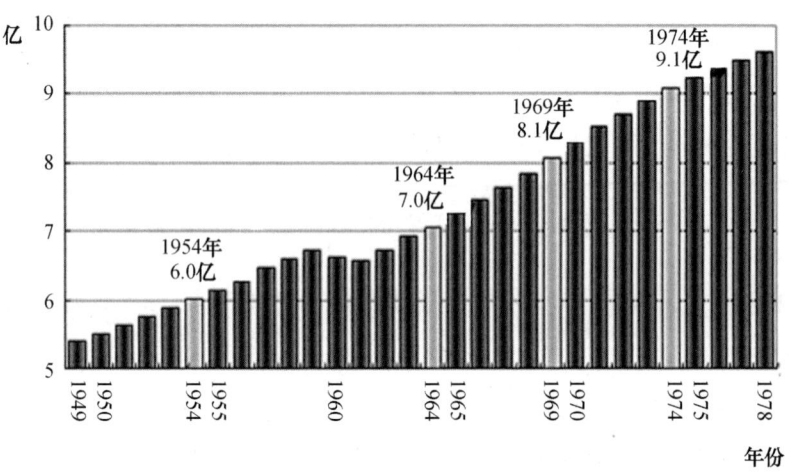

图 2　改革开放前人口数量增长态势

每年净增人口在 700 万左右，2030 年后人口总量会进入负增长阶段（图 4）。

(二)人口素质总体不高,劳动生产率较低

肉眼可见先天畸形和出生后逐渐显现的缺陷儿有 80 万左右,约占年出生人口总数的 4%至 6%。全国各类残疾人为 8296 万,占全国人口的 6.34%。劳

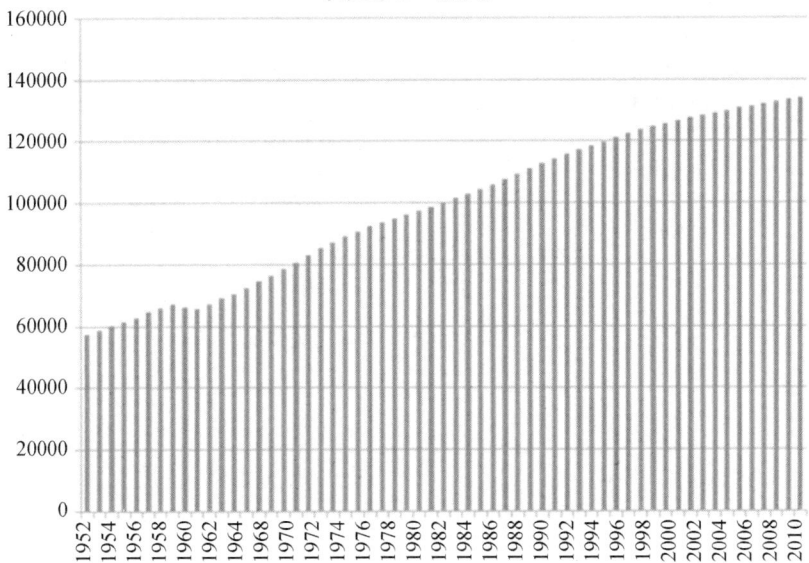

图3　1952－2010年人口数量增长态势

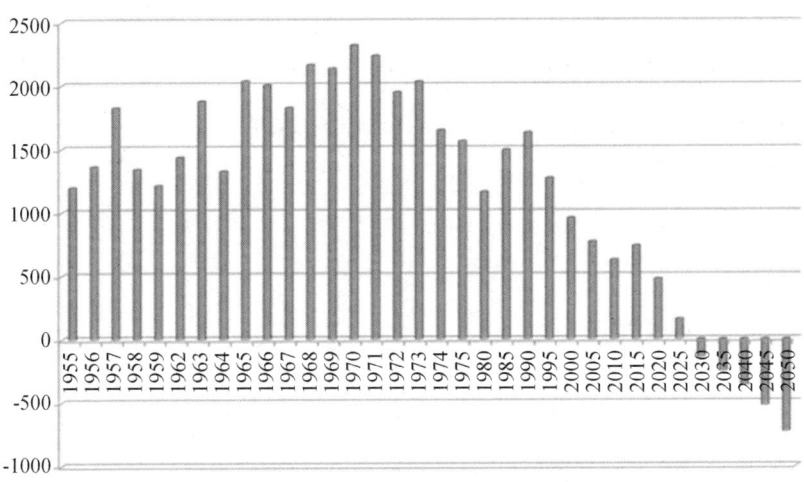

图4　年净增人口数量变动情况

〔2010年后为中国人口与发展研究中心（CPDRC）人口数据实验室预测数据〕

动年龄人口受过高等教育的比例仅为12％。每个就业者创造的GDP与发达国家差距很大(图5)。

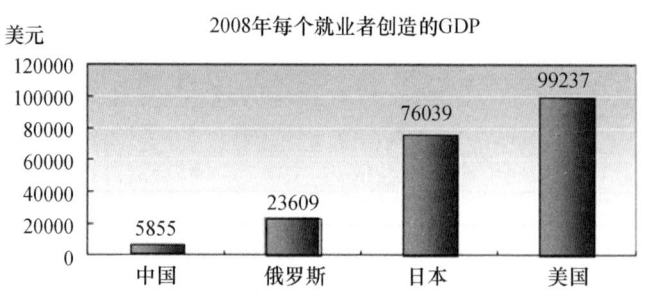

图 5　劳动生产率国际比较情况

根据国家统计局最新发布数据计算,2013 年中国每个就业者创造的 GDP 为 10852 美元,仅相当于美国的 1/9。着力提高人口素质,建设人力资源强国是一项长期的任务。

(三)人口结构性问题凸显

首先,出生人口性别比[①]从 1990 年代起持续偏高。目前,出生人口性别比为 118 左右(图 6)。即每出生 100 名女婴,对应出生 118 名男婴。出生人口性别比长期偏高,会引起婚姻挤压,特别是经济落后地区贫困男青年婚姻挤压问

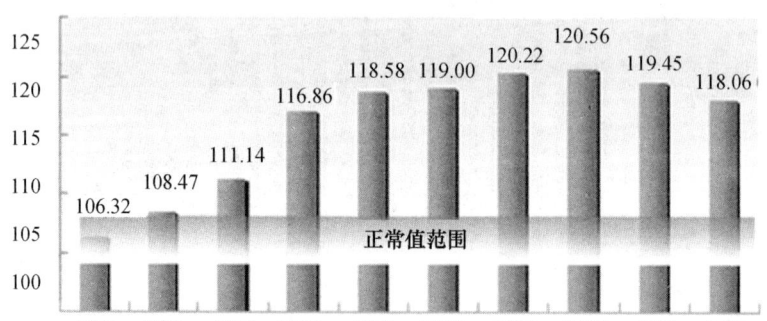

图 6　出生人口性别比变动情况

---

① 是指一定时期(通常为一年)内出生的男婴总数与女婴总数的比值,通常用每 100 名女婴相对应的男婴数表示。正常情况下,出生性别比是由生物学规律决定的,保持在 103～107 之间。

题,加剧拐卖妇女儿童、性犯罪等社会问题。

第二,劳动年龄人口已经达到高峰,开始出现下降趋势(图7),未来人口总负担系数①呈现快速上升趋势(图8)。

劳动年龄人口数量2012年达到高峰10亿,2030年下降到9.5亿,到2050年是8.3亿,劳动年龄人口下降速度加快。

人口总负担系数现在处于比较低的时期,未来会上升得非常快,分子是被抚养人口,分母是劳动年龄人口,将来被抚养人口如何负担,这个问题与是否会延迟退休年龄密切相关。

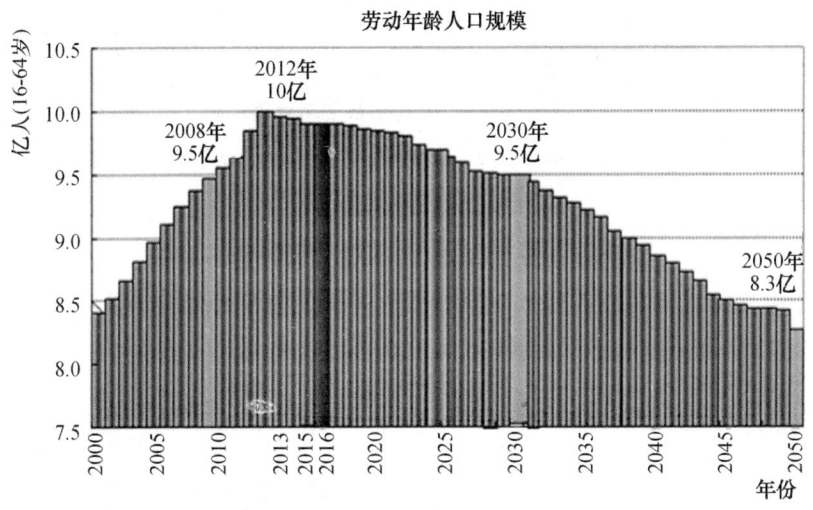

图7 劳动年龄人口变动趋势

〔2010年后数据为中国人口与发展研究中心(CPDRC)人口数据实验室预测数据〕

第三,人口老龄化速度加快,老年人口规模世界第一。

2010年,我国60岁及以上老年人口总量达到1.78亿,占总人口的13.26%。老年人口从"十一五"年均净增600多万提高到"十二五"的800万左右,2050年左右,老年人口达到4.8亿左右的峰值,约占总人口的1/3(图9)。

高龄趋势明显,2010年80岁及以上的高龄老人占老年人口的1/10,超过2000万,预计到2050年,这一比例将提高到1/5,总数超过1亿。

---

① 也称总抚养系数,是指少儿人口与老年人口之和与劳动年龄人口的比值,通常用百分比表示。

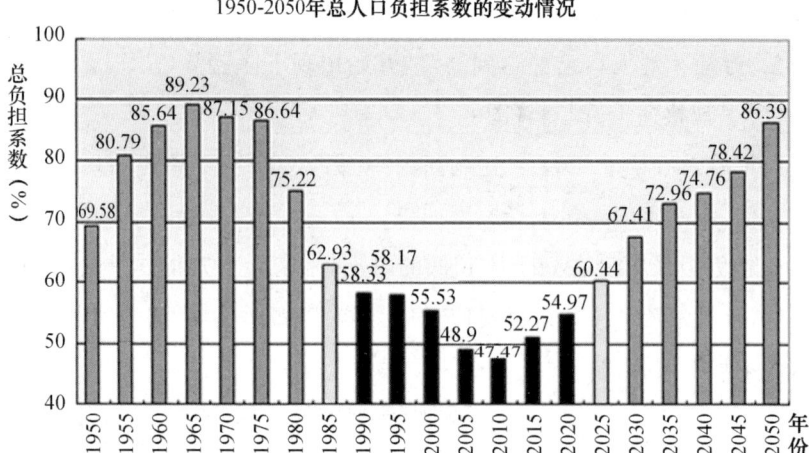

图 8　总人口负担系数变动趋势

〔2010年后数据为中国人口与发展研究中心（CPDRC）人口数据实验室预测数据〕

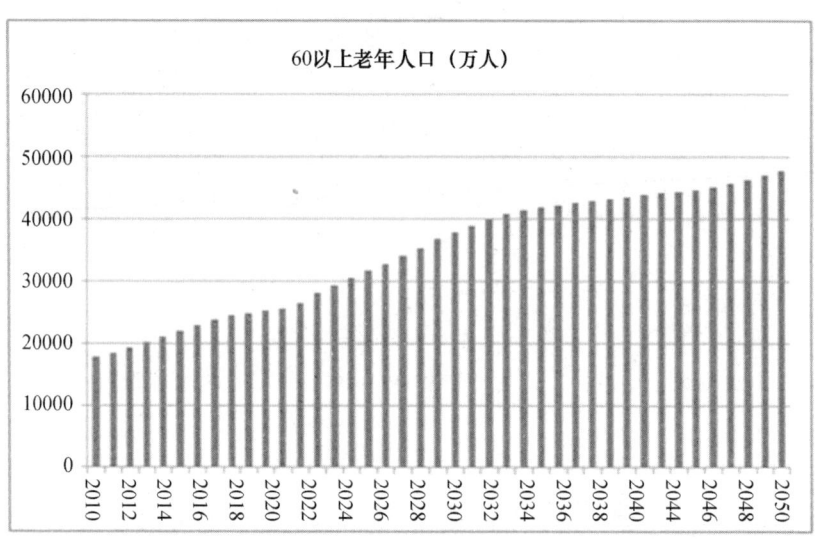

图 9　老年人口变动趋势

〔2010年后数据为中国人口与发展研究中心（CPDRC）人口数据实验室预测数据〕

(四)人口迁移流动日趋活跃

目前,人口流动非常频繁。人口流动特点之一是规模大、增速快,2010年全国流动人口为 2.21 亿,2013 年流动人口为 2.45 亿;人口流动特点之二是以农民工为主体人群,占 80%;人口流动特点之三是短期流动向长期迁移转变,目前流动人口在流入地居住时间平均超过 5 年。

2013 年底,中国城镇常住人口为 7.3 亿,占总人口的 53.74%(图 10)。构建"以人为核心"的新型城镇化应当以人的需求为导向,以人的素质为基石,以人的就业为关键,以人的保障为支撑,以人的居住为重点。

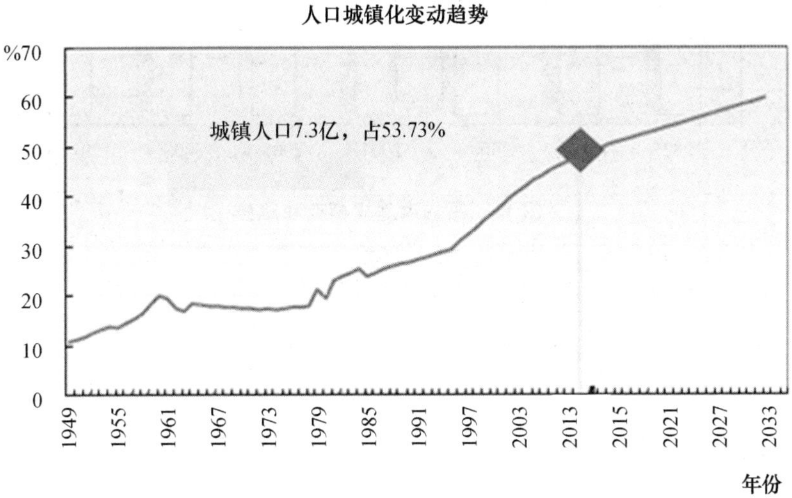

人口城镇化变动趋势

图 10 城镇化变动趋势

〔2013 年后数据为中国人口与发展研究中心(CPDRC)人口数据实验室预测数据〕

(五)家庭传统功能呈弱化趋势

具体表现在家庭规模不断缩减;家庭结构多样化;离婚率明显上升;家庭成员居住离散;家庭的生产、婚姻、生育、养老等传统功能弱化等方面。

中国平均家庭规模不断下降,1982 年为 4.43 人,2010 年为 3.1 人,未来会下降到 3 人以下(图 11)。家庭小型化对消费、居住安排等会产生较大影响。

离婚率近 10 年呈倍增态势,目前超过 1.8%。家庭成员居住分散,农村留守妇女超过 4700 万,留守儿童超过 5800 万。

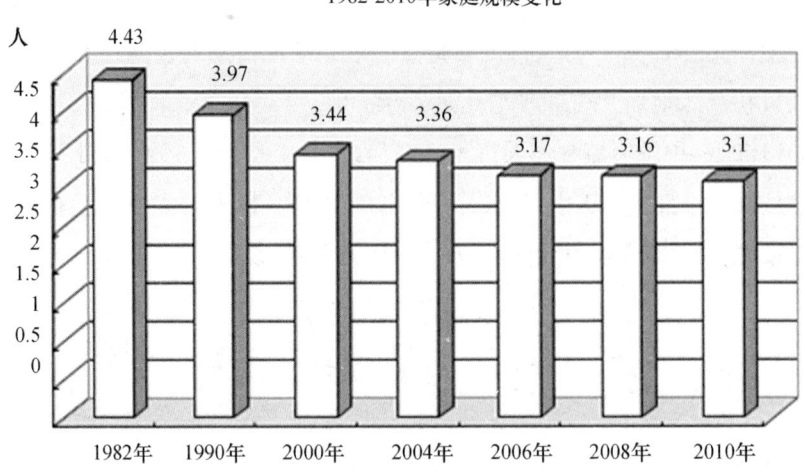

图 11　平均家庭规模变动趋势

二、人口问题与传播的热点

上述人口问题会涉及许多社会关注的领域,也构成一系列传播的热点。

(一)关于人口数量的传播热点

1. 中国人口峰值是多少?
2. 适度人口规模是多少?
3. 人口政策特别是生育政策如何调整完善?

上述三个问题直接与人口数量相关。从目前的发展态势分析,实施单独两孩、二孩等政策情景,中国的人口总量突破 15 亿的可能性在降低,人口峰值在 2030 年前出现,低于 15 亿(图 12)。

适度人口规模一直是个有争议的话题,现在没有定论。

生育政策将是社会热点问题。改革开放 30 多年来,人口多、资源环境约束紧、人口与各种公共服务供给的关系紧张等基本国情没有变。目前,人口发展进入低生育水平时期,人口结构性矛盾开始凸现,与人口相关的各种经济社会矛盾不断变化。中央做出坚持计划生育基本国策,启动实施一方是独生子女的夫妇可生育两个孩子的政策,逐步调整完善生育政策,促进人口长期均衡发展

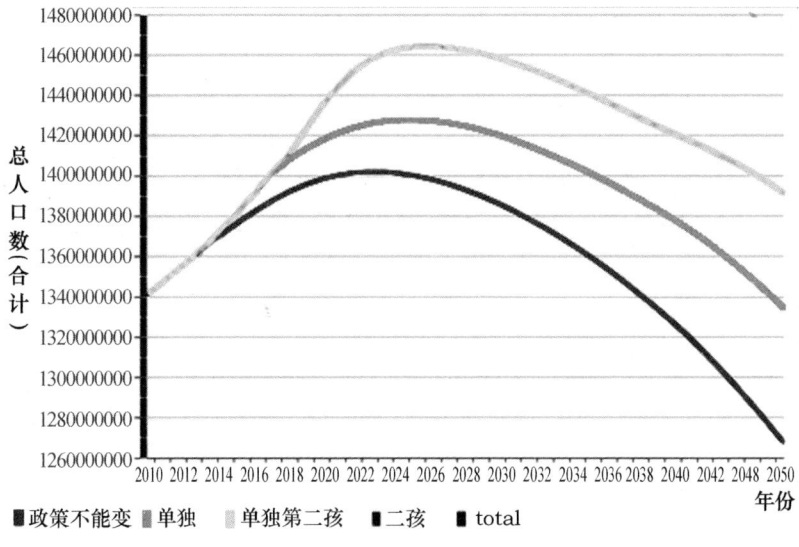

图 12　多情景总人口变动趋势

（中国人口与发展研究中心（CPDRC）人口数据实验室预测数据）

的重大决策,标志着"十二五"我国从"稳定生育政策"进入"逐步完善政策"的阶段。未来一个时期,生育政策因为涉及千家万户,会得到持续关注。

(二)关于人口素质的传播热点

提高人口素质,建设人口资源强国,是一项长期的任务。

1. 出生缺陷及其防治,残疾人口保障。
2. 教育与教育公平。
3. 转变发展方式与劳动生产率。

上述三个方面都将成为传播的热点问题。

(三)关于人口结构的传播热点

人口结构性矛盾凸显,使得以下问题都有可能成为传播的热点话题。

1. 社会性别平等(婚姻挤压、拐卖妇女儿童、性犯罪等)。
2. 人口红利与劳动力结构性矛盾。
3. 延迟退休与代际关系。
4. 老龄化及其应对。

5. 高龄化与健康。

(五)关于家庭传统功能弱化的传播热点

家庭是社会的细胞,也是基本生产和消费单元。未来,许多经济社会政策都将与家庭直接相关。以下三个方面都将成为传播的热点问题。

1. 如何促进家庭发展,特别是贫困家庭发展?
2. 生育政策向家庭福利政策转变。
3. 增强家庭发展和抗风险能力。

三、促进人口长期均衡发展传播战略

十八大报告提出:坚持计划生育的基本国策,提高出生人口素质,逐步完善政策,促进人口长期均衡发展。十八届三中全会《中共中央关于全面深化改革若干重大问题的决定》又指出:坚持计划生育的基本国策,启动实施一方是独生子女的夫妇可生育两个孩子的政策,逐步调整完善生育政策,促进人口长期均衡发展。

促进人口长期均衡发展成为全面建设小康社会,实现现代化重要保障。人口长期均衡发展,就是发展中注意把握人口各要素之间、人口与经济社会及资源环境之间的互动关系,构建规模适度、素质较高、结构优化、分布合理的人口条件。

未来一个时期,促进人口长期均衡发展将是解决人口问题的关键。我们建议:第一,在传播研究和实践中需要重视中国人口长期均衡发展的传播。人口长期均衡发展是一个新话题,需要理论研究,需要实践推动,更需要传播宣传,达成社会共识。促进人口长期均衡发展对传播研究和实践来讲有很多的课题值得挖掘;第二,重视人口问题动态变化带来的传播热点。例如生育政策调整、劳动力供求、老龄化、劳动生产率与人口素质、流动人口与城镇化、社会性别平等之类的社会热点问题;第三,重视人口年龄结构变化对传播媒介的影响;重视人口结构的变化对传播媒介的影响。什么样的群体需求什么,适合什么样的媒体,值得关注。例如,根据中国互联网统计调查数据显示,2013年底我国网民数

量 61758 万人,其中 10—49 岁占 91.3％,为 56385 万人。2013 年 10—49 岁总人口为 83486 万人,上网人数占比超过 67.5％。这部分人群中又有 2 亿多流动人口,很多会选择互联网、移动互联网等传播媒介,移动互联媒体对他们的影响就会比较大。因此,针对人口年龄结构变化所产生的传播对象对传播媒介的偏好,开展传播活动,这对于提高传播效果和能力具有重要价值。

［作者为中国人口与发展研究中心研究员］

论群体传播时代的莅临及其对传播格局的影响

○ 隋岩 曹飞

中国人口数世界第一,但不必担忧,因为不是人人都掌握说话的媒介,都有说话的能力和机会;印度人口数世界第二,也不必担忧,因为也不是人人掌握说话的媒介,都有说话的能力和机会。值得担忧的是 Facebook——8.5亿用户,还有中国的2.8亿用户的微博和6亿用户的微信,关键是这8.5亿用户、2.8亿用户和6亿用户人人都能发声,都很容易说话,都能通过 Facebook、微博、微信这种群体传播的方式把自己正确或不正确、理性或非理性的声音群体化、阶层化,乃至社会化。2012年5月18日,Facebook(脸谱)正式登陆纳斯达克,当天高达1152亿美元的市值似乎在暗示我们:一个人人想说话,并相信人人都能说话的时代到来了——互联网和其他新媒介传播已经使世界历史迎来了一个新的发展阶段——群体传播时代,并对其他社会传播形态和传播格局产生了深刻影响。

一、产能过剩是新型群体传播的社会土壤

如果要证明一个新时代莅临的断言不是空穴来风,首先要从社会发展的角度进行历史演变层面的考察。对于二战结束后的60、70年代以来的这段历史时期,很多学者都从不同角度做出过论断:英国历史学家汤因比首先使用"后现代性"[①]一词,宣告了后现代社会的到来;加拿大学者麦克卢汉在60年代以"媒

---

① 斯图亚特·西姆著,王昆译:《德里达与历史的终结》,北京大学出版社2005年版,第44页。

介即讯息"、"地球村"等论断预言了信息社会的到来;70年代,美国社会学家丹尼尔·贝尔在《后工业社会的来临》一书中,用后工业社会来定义和分析当前的社会形态;法国哲学家鲍德里亚则在1970年发表的《消费社会》一书中,从消费拉动生产的角度,提出当今是消费而不是生产占主导的消费时代。

其实,无论是后现代社会、后工业社会的说法,还是信息社会、消费社会的论断,都是对同一历史时期从不同侧面、不同角度、不同社会领域所进行的描述,都因其捕捉到了这一历史时期的某些显著特点而被广泛认同。而本文认为,这段历史时期在21世纪的第二个十年正逐渐显露出新的历史特征和发展趋向,即伴随着互联网技术的拓展,大众传播独尊的时代正被群体传播、大众传播、人际传播、组织传播并行的时代所取代,其中群体传播的特征尤为凸显,并对其他传播形态发生影响。群体传播正推动着媒介传播方式、互联网商业模式乃至人类生存模式的新一轮发展和变革。对于这样的历史时期,如果称之为"新媒介时代"、"自媒体时代"、"微传播时代"、"移动互联网时代",从作为传播工具的媒介角度去定义一个时代,就远不如从作为传播主体的人的活动的角度更能把握这个时代的本质,而群体传播恰恰是从传播主体的角度,即人的社会活动的角度,对传播形态的认知。而从人的社会活动角度来认知,会发现产能过剩是我们正在经历的这个时代的最大特征。

20世纪80年代,姜昆、李文华的相声《尊重人》为我们展现了一幅今天看来颇不可思议的场景:顾客去商店买东西,没有见到售货员,却看见柜台上放着两只皮鞋,仔细一看,"原来是售货员的两只脚丫子!"这个原本旨在讽刺售货员工作态度的相声,在当时引起了广泛影响和共鸣。因为在商品短缺的计划经济时代,商品独尊,卖方独大,售货员的服务态度恶劣是司空见惯的事。以至于有些商店为了表明自己的服务态度好,贴出了"本店绝不打骂顾客"的告示。[①]

今天的商场,展现在我们面前的,则是另外一幅画面:整洁的购物环境、琳琅满目的商品、精美的广告、销售人员热情的介绍、导购人员逢迎的笑容,构成了另外一种购物体验。

对比以上两个画面,从卖方的霸权到买方被尊崇,其背后反映出的是从"买难"到"卖难",不难得出结论,从商品短缺到商品过剩,商品供需关系的逆转是

---

① 米格:《粮票:本店绝不打骂顾客》,《合肥晚报》2011年6月24日。

信息传受关系变迁的深层原因。

每一种传播形态的勃兴,都是社会变迁、经济变革和技术进步的共同结果。群体传播亦是产能过剩和互联网技术普及共同作用的结果,换言之,群体传播崛起的社会土壤是产能过剩。

从20世纪中后期开始,世界经济就进入了产能相对过剩时代。20世纪以来,生产技术和管理方式不断改进,二战又动员了全世界的生产潜力,战争结束后,巨大的军工生产能力被释放到民用市场上,商品供应极大丰富,供给大于需求成为了影响社会结构变化的根本性因素。

"物以稀为贵"是生活的常识,也是经济学中决定商品价值的一个基本原则。稀缺性资源或主体在市场交换中占有天然的优势。在产能不足的情况下,生产者和销售者就成为买卖双方市场博弈中的优势者。而当产能过剩时,最重要的问题就不再是如何组织生产,而是如何销售和拓展市场。买卖双方的地位和角色也同步发生了变化甚至是逆转。20世纪中后期开始的产能相对过剩时代,使"本店绝不打骂顾客"的告示被"顾客就是上帝"的标语所替代,柜台上售货员的"脚丫子"变成了露出几颗牙齿都有规定标准的"微笑服务"。以前消费者"跑批条"买产品变成了现在的生产者"跑市场"卖产品。消费者有了选择权、自主权,也就有了相应的话语权。

产能过剩,既是实体经济的总体特征,也是信息文化产业等虚拟经济的产业现状。到处可见的广告、不断增多的电视频道、蓬勃发展的网络媒体、能够随时接收信息的即时通讯工具,已使大众处在一个信息过剩乃至泛滥的空间。社会经济的基本特征由供应短缺变为商品过剩之后,媒体的运行自然也就要从"传播为主导"的模式转换为"接受为主导"的模式。观众不再是"魔弹论"时期应声而倒的受众,他们在电视机前不停地切换着频道,在网络上主动搜寻自己感兴趣的信息,或者自拍自演、自娱自乐。在经济生产领域和媒介传播领域,生产者和消费者的关系同时在变化、逆转和模糊。

大众由被动接受的受众转变为能够主动选择的消费者之后,也渴望能够参与到传播过程之中,在获取信息的同时,放松身心、展现自我。主动参与传播,是产能过剩时代媒介领域的必然结果。如此,每一个消费者都成为潜在的生产者,以货币作为选票把自己的喜好传递给生产者,从而选择或"定制"自己感兴趣的产品;每一个"受众"都是潜在的"传播者",用遥控器和注意力选票告知传播者自己的需求,从而选择或"定制"风格各异的媒介内容。一句话,消费者手里的货币、观众手中的遥控器、网民食指下的鼠标,都使群体传播成为可能。

网络的发展为大众直接参与传播进一步提供了技术条件。网络在为大众提供海量信息的同时,也为普通消费者提供了参与媒介传播的最有效路径。一个人、一台电脑、一个相机或摄像头、一部手机,就可以发布图文并茂的新闻报道。所以说,产能过剩是群体传播的社会土壤,网络技术应用则是群体传播的直接动力。

二、互联网是群体传播无时不在的"物理空间"

所谓群体传播,是群体进行的非制度化的、非中心化的、缺乏管理主体的传播行为。传播的自发性、平等性、交互性,尤其是信源不确定性及由此引发的集合行为等是群体传播的主要特征。群体传播之所以活跃,正因为其传播主体的群体性——不被约束、自发、平等、匿名,而它的弱点,也恰恰在于它的传播主体是一群没有中心、没有管理主体的群体,群体的盲从性、群体的感染性可被利用。

传统的群体传播需要物理空间,如广场、校园、街头等。但是,并非有了物理空间就一定有群体传播,还要有引发群体聚集的缘由。在没有值得群体共同关注的事件时,群体不会无缘无故聚集在一起,而是你在广场中看你的风景、我在校园里赶我的路、她在大街上逛她的商场,群体虽然同在一个物理空间,却各自做着各自的事情。没有缘由,不会聚集,也就没有传播行为。因此,传统的群体传播往往是在一个物理空间中围绕一个话题进行的主题传播。由于传统社会地理空间的障碍和传播手段的限制,群体传播呈现出传播范围小、效率低、效果不显著等特性,因此并未引起传播者和研究者的足够重视。

今天,随着信息技术的进步,互联网为群体传播提供了一个新型的成本低廉却又无时不在的"物理空间"——信息聚集、交流的互联网平台。当有突发公共事件发生时,这个"物理空间"所提供的信息交流平台远远大于广场、校园、街头,其病毒式传播而引发的类似核爆炸的传播力也就远非传统群体传播可比拟。而在没有突发事件时，人们在这个新型的"物理空间"中仍然似聚非聚——在微博上寻找发布最新信息、通过点评类网站发表自己对某种商品的好恶评判、在QQ群组里讨论问题、在论坛里展示着自己的独特见解，这些已经成为民众的生活常态。所以说，无论是在突发事件之时，还是社会处于正常状态之下，群体传播所需要的这个新型的"物理空间"都无时无刻不"摆"在那里，换句话说，我们每个人都已不可避免地生活在群体传播的"物理空间"中，自觉不自觉地进行着信息接收与传播的聚集，换句话说，今天的群体传播已经日常化了，也即，我们俯仰生息的这个社会已经不知不觉地进入了群体传播的时代。

正如《网络社会的崛起》的作者曼纽尔·卡斯特所言，经济行为的全球化、组织形式的网络化、工作方式的灵活化、职业结构的两极化是当前新的社会形态——网络社会的典型特征。网络不仅成为新的媒介形式，而且还是当前社会的组织形式。在网络社会中，传统的家庭规模越来越小，家庭成员的共同时间也逐步减少。工作流动性、电子办公、专业分工和弹性工作时间，使得同事之间彼此需要却日益疏离。城市化进程打破了传统的生活空间，防盗门后面的邻里对面不相识，是城市生活中的正常状态。

按照美国心理学家马斯洛的需求层次理论，在生理需求和安全需求被满足后，人们就会转向归属与爱的需求、尊重需求和自我实现需求。人是社会化的动物，离不开群体生活。群体既能让我们找到归属，也能为我们审视、展现自我提供社会空间。由于交通工具和媒介的限制，传统社会的群体传播空间和地理空间是重叠的，群体成员只能在有限的地理空间范围内参与既有的群体生活。而互联网则为群体生活提供了技术上的便利，也构建了群体传播的新型"物理空间"。网络媒介营造的电子空间，是大众逃避压力、保护自我、寻求身份、进行表演的一种重要渠道。

在网络发展初期，我们通常称互联网为虚拟空间，因为网络上五花八门的内容看得见摸不着，近在眼前又远在天边，让初接触网络的人有虚无缥缈之感。在十多年前，"上网"还是一个新奇、陌生的词汇，现在网络已经成为和吃饭、睡觉、工作一样自然的生活状态和生活方式。互联网的空间不再是虚拟的，而是变成了和剧场、公园、办公室等一样的物理空间，共同构成了我们这个社会的

"自然环境"①。

网络媒体尤其是社会化媒体,使基于地理空间的群体传播发展为基于互联网物理空间的群体传播。大众可以通过网络方便地加入一个或多个群体,体验并满足多种身份和角色。网络物理空间既可以和地理空间相联系,又可以突破地理空间的障碍,迅速地建立起传播速度快、范围广的群体传播环境。

依托于网络技术的社会化媒体成为群体传播的重要平台。社会化媒体提供便捷的共享空间,用户可以方便地创建群组、分享信息和沟通交流。社会化媒体领域有两个关键词:UGC(用户创造内容)和CGM(消费者产生的媒体),它们无不在说明用户使用社会化媒体是典型的群体传播行为。网络用户就是群体传播的参与者,对他们来说,重要的是参与传播的过程,建立关系,而分享的信息内容则是次要的。

基于地理空间的传统群体,成员之间彼此熟悉并相对稳定,传播的内容也大都是与群体内部相关的,因此属于"强连接关系"。网络群体成员之间的关系往往具有临时性、匿名性和脆弱性等特征,属于"弱连接关系"。因此,网络群体传播的可靠性降低,风险性增大。

三、时政新闻成为大众传播与群体传播的博弈

2012年4月8日,中央电视台《新闻联播》一则新闻评论指出:"互联网为生活带来了便捷,但是客观上也给一些人造谣、传谣提供了空间和渠道,一些人只需轻点鼠标就诋毁他人名誉、破坏稳定,甚至危及国家安全。"这则评论在播出当晚就引发热议,有些网民认为其夸大了网络传播的负面影响,纷纷通过网络进行了反驳与嘲讽。姑且不论这则新闻评论是否有失公允,但其引起的热议就已经充分说明,网络媒体已经撼动了传统媒体的统治地位,以时政新闻为代表的大众传播正在遭到群体传播的审视、解构,乃至抵抗。

新媒介时代,大众传播面临的挑战之一就是群体传播的兴起。大众传播是

---

① 鲍德里亚在《消费社会》一书的开篇也表达了同样的忧虑:当商品的过度丰盈成为下一代人与生俱来的社会环境时,人们将视丰盈的商品如窗外的鲜花绿树一样是自然环境的一部分,这种麻木将使得人类放弃对历史进程的思考。

中心化的单向传播,它将信息的接受者看作是面目相似、只能被动接受刺激而产生反应的无差别个体。群体传播则是去中心化的传播,它消除了传播的权力中心,消除了传受双方的阶级差异,让大众能够平等地参与到传播过程中来。在群体传播中,个体对信息的接收,通常都是主动订阅与搜寻的结果。2012年4月26日,人民网官方微博的一条博文引出众多转发和热议:"微博女王"姚晨让人民日报人有了强烈的"危机感"。一位年轻编辑在社内培训时举出姚晨粉丝1955万的事例,这意味着姚晨每一次发言的受众,比《人民日报》发行量多出近7倍。

在大众传播与群体传播的博弈中,时政新闻处于焦点。时政新闻的目的在于塑造社会认同与生产一致舆论,是中心化的传播,是信息的辐射。群体传播则强调内容的多样性、冲突性和戏剧性,是去中心与分散化的传播,是信息的传递与分享。时政新闻通常以告知、宣传、鼓动的形式,用不容置疑、居高临下的语态来叙事,这种多年不变的新闻报道方式在网络传播时代无疑会受到质疑、挑战和反抗。如网友总结的中央电视台《新闻联播》的"三段论"——"前十分钟领导人很忙,中间十分钟人民很幸福,后十分钟国外很乱",已成为网络中广为流传的段子。"三段论"的出现,一方面说明《新闻联播》受到了质疑,另一方面也说明,缺乏变化的模式化传播,在群体传播时代势必引发大众的审美疲劳和习惯性抵触。

时政新闻是个体"缺场"的传播,而群体传播则是个体"在场"的传播,每个人都可以是传播过程的参与者,而不仅仅是被动的接受者。在一定程度上,群体传播消除了个体的阶级差异,是对大众传播与主流文化的反抗。在网络传播中,"爱心接力"、"求助转发"、"网络声讨"、"紧急警告"等真假混杂的内容随处可见。很多不明真相的网友抱着"宁可信其有"的态度,认为举手之劳也许就做了一件好事,而纷纷加以转发。因此这类传播内容常常一呼百应,动辄形成一波声势或大或小的"网络传播运动"。

从信息编码、解码角度来说,时政新闻要求大众对新闻作顺从式的解读,而群体传播对新闻的解读往往是协商性或对抗性的,它阻碍了时政新闻的意义传递。群体传播是群体公共空间内的传播,而非哈贝马斯所谓的"公共领域"。群体传播具有内容琐碎、意义多样、组织无序等特点,在信息传递和意义解读的过程中常常充满了情绪化和非理性。而恰恰由于时政新闻的重要性,能够引起群体成员的注意和共鸣,自然成为群体传播中调侃的谈资和颠覆的对象。

2008年10月8日,凤凰网等媒体发布新闻《英商务大臣曼德尔森上任当天肾结石发作接受手术》①。这本是一条中性的国外时政新闻,然而,当网友把10天前(2008年9月28日)的一条国内时政新闻《温家宝:在凤凰电视上看到曼德尔森喝中国牛奶很感动》②并列、拼贴放在一起时,一种戏剧性的、颠覆性的效果就产生了。在"三鹿奶粉"事件刚爆发不久的情况下,这样的两条新闻组合产生的效果不言而喻。

很多时候,群体成员质疑某个时政新闻,并非新闻本身存在事实或视角上的问题,而仅仅是因为群体传播中需要一个被颠覆的权威对象,以此来表明群体成员的批判精神和对自身权利的主张。2012年3月8日,一条时政新闻《申纪兰:我们是民主选举 我不跟选民交流》③引起了网友的热议,有些网友纷纷指责人大代表脱离群众。仔细阅读该篇报道,申纪兰的本意是说,人大代表就要给人民办事,"我们这是靠民主选举的,你交流就不合适",有拉选票之嫌。同样一则新闻,之所以会产生不同的解读,一方面是因为阅读者理解能力和信息接受情境的不同,另一方面也与一些阅读者预设了对大众传播和权威的颠覆性立场有关。

大众传播与群体传播,由于传播主体截然不同,传播立场、传播内容、传播风格势必大相径庭,差异甚至对立是自然的事情。时政新闻作为大众传播中的核心节目形态,在大众传播时代具有绝对的权威性,而要在群体传播时代保持这种权威性,不仅需要新的形式、新的技巧,更需要新的理念和胆识。

四、媒体的网络营销是大众传播借力群体传播

大众媒体网络营销的本质是大众传播借力群体传播。网络时代,大众不再迷信传媒机构的权威,而是注重自我感受,主张自身权利,不愿再当被动的"看

---

① http://finance.ifeng.com/news/hqcj/20081008/173686.shtml
② http://phtv.ifeng.com/phinfo/200809/0928_45_810365.shtml
③ http://news.163.com/12/0308/20/7S3PQLJB0001124J.html

客",渴望成为广播电视等媒体节目的参与者、表演者。因此,大众媒体网络营销首要的一点,就是要提供网民参与节目的机会与平台,通过群体传播激发网民的参与意识,变被动宣传为主动吸引,这样既丰富了节目的内容,提高了节目品质,也能吸引更多的网民关注节目。

微博兴起之后,网络群体传播的影响进一步扩大。微博的传播速度快,参与性强,微博用户对所关注内容的阅读率也更高。主流电视媒体及品牌栏目,纷纷在新浪和腾讯等网站开通了微博。电视节目利用微博进行营销宣传,用户通过微博关注自己喜爱的节目与主持人,已经成为网络传播和电视营销中的一种常态。

2012年4月14日,周播综艺节目《谢天谢地你来啦》在央视综合频道首播。节目在播出的过程中就通过CNTV微博、新浪微博等与观众进行直播互动。在节目播出后的当晚,主持人崔永元还在微博上与网友互动,探讨如何进一步办好节目。他坦言这个节目就是试图做到让电视机前的观众一边笑一边跟着动脑筋。这句话道出了电视节目能够吸引观众的一个重要原因,就是让观众参与到节目中来,并且得到乐趣。

2012年5月8日,《人民日报》刊文严厉批评最近热播的《后宫甄嬛传》等宫斗剧。文章指出这些宫廷剧"既无益于认识历史,也无益于思考人生。因其所谓对当下职场状态的映照,而受到一些年轻观众的热捧。"[①]我们先不讨论娱乐节目是否一定都要有益于"认识历史"和"思考人生",《人民日报》这番言论至少道出了《后宫甄嬛传》热播的两个原因:其一,对历史的解构。媒体和大众解构历史,有时也是在解构的过程中重新认识历史,在颠覆权威的同时,肯定自己、娱乐身心。这种解构与颠覆,是当代年轻人的一种普遍心态。因此,假如大众媒体在网络营销时,主动提供可供解构的内容和视角,与群体传播的解构心理契合,必然会引起大众尤其是年轻人的广泛关注和普遍参与。其二,"因其所谓对当下职场状态的映照",是《后宫甄嬛传》热播的另一原因。实际上,除了从职场生存角度解读,剧中涉及的古典诗词、饮食医药、礼仪服饰等相关内容,在网络媒体中都受到了不同程度的热议。在群体传播时代,碎片化阅读、选择性注意、协商式解读和从众心理是网民的普遍心态。当大众传播主动而巧妙地为群

---

① 转引华网 http:自新/news.xinhuanet.com/society/2012—05/08/c_111903733.htm

体传播提供可以从不同角度消费的内容时,势必会起到比传统的广告营销更为明显的传播效果。

除了电视媒体,报纸、杂志、广播等传统媒体近年也纷纷开始运用微博进行营销。有的在自家网站开通微博功能,更多的则是借助门户网站开展网络传播与营销。截至 2012 年 5 月 11 日,已有数百家报纸、杂志和电台以及更多的媒体人入驻新浪微博。列举一下影响力居前几位的传统媒体的微博"粉丝"数量就可以看出,微博营销已经成了一种普遍策略。如,《新周刊》"粉丝"476 万,《三联生活周刊》270 万;《南方都市报》255 万,《南方周末》240 万;《中国之声》238 万,《经济之声》203 万;《环球时报》总编辑胡锡进的粉丝数量是 209 万,《新周刊》执行总编封新城的则为 181 万。这些传统媒体和微博共享资源,优势互补,从而吸引更多的关注。

五、网络推广、文化营销是组织传播对群体传播的利用

互联网群体传播的准入门槛很低,只要能上网,就能利用微博、QQ 群组等平台参与群体传播。进入门槛低也意味着传播竞争的空前激烈。因此,在网络推广、文化营销的过程中,要在充分发掘被传播对象特性的基础上,巧妙策划,合理组织,抓住易传播点,找准切入点,发挥群体传播的优势,才能真正实现低成本、高效率的传播。

2012 年 3 月,众多想象奇特、充满创意与童趣的杜甫画像涂鸦作品吸引了大批微博用户的转发、评论与效仿,形成一股被网友戏称为"杜甫很忙"的旋风。杜甫之所以"很忙",就是因为它的趣味性和新奇感,尤其是陌生化的传播方式——让杜甫时而舞刀弄枪,时而手拿篮球,时而脚踏摩托——与民众心理既有的对杜甫的认知天壤相别,从而产生奇观效果。这种"熟悉的陌生"或者说"陌生的熟悉",勾起了网民的回忆和共鸣,缓解了大众的心理压力,成为众多网民紧张工作之余的消遣。

尽管成都杜甫草堂博物馆否认其策划了这次微博营销,但在杜甫诞辰 1300 周年之际的这次"杜甫很忙",着实让杜甫草堂成了直接受益者。它也使我们进一步认识到,混乱无序的群体传播一旦被有效地组织起来后,将可能产生巨大

的传播力。

2012年3月底,天涯论坛上一篇名为《来看一下一些画风滑稽的敦煌壁画和藏经洞遗画吧》①的帖子,将多幅敦煌画作和与其造型相仿的现代摄影作品排列在一起。其中最吸引网友注意的是一幅被称为"梦露捂裙"的壁画。画中的女子用手压住裙子、双腿合拢,跟电影《七年之痒》中玛丽莲·梦露经典造型异常相似。千年前的伟大艺术和当代影星的剧照并列摆在一起,形神惊人地相似。在惊讶这种搞怪式的东西方文化"偶遇"的同时,别出心裁、妙趣横生的智慧也赢得了网友们的会心微笑,甚至引发外媒的关注和报道。

敦煌壁画是人所共知的古代壁画艺术的典范。而正是因为这种人所共知、耳熟能详,才会熟视无睹,常规旅游广告宣传很难见效。这次传播事件恰逢国内外旅游高峰来临之际,可旅游景点"人多票贵、花钱买累"是普遍的现象,快节奏的生活又使民众长期紧绷的状态必须得到舒缓,选择犹豫之时,一幅搞怪的拼贴触动了网友,网友的关注从"捂裙"壁画转向敦煌艺术再转向敦煌旅游。不少中外网友表示,要利用假期去敦煌实地考察这些壁画、考察敦煌的"捂裙梦露"。如果这真的是一次敦煌旅游的网络文化营销,那么它无疑是巧妙的,至少是一种更适合传播的叙事角度。

对于网民来说,参与群体传播很多时候并没有明确的传播目标。以微博为例,140个字的信息含量是很有限的,它更多传递的是一种情感和情绪。用户使用微博,既是通过分享信息来进行社会交往的一种手段,同时更是展示自我、传达情感的需要。因此,利用群体传播进行网络推广时,一定要研究并满足网民的心理需求,用新奇、趣味、有意义的焦点内容和陌生化的方式吸引大众,触动其疲惫、麻木的内心。

如果提起"小米"两个字,在一般人看来,是通常和大米并列的一种谷物。然而,在"米粉"心中,它的真正含义却是一种特立独行的手机。小米公司CEO雷军在2011年11月演讲时说,"我们去年4月从零开始,现在(一年半之后)价值达到10亿美元,这是在几乎还一部手机都没有卖的情况下。""我们最大限度地利用了社区(指网络社区——笔者注)的力量,靠口口相传,到2011年11月

---

① http://www.tianya.cn/publicforum/content/funinfo/1/3223770.shtml

有 70 万用户。"①

小米手机主要针对手机发烧友，它的魅力和口碑来自于网络群体传播。在运营初期相当长的一段时间内，小米完全依靠网络推广进行市场营销，除了一次新闻发布会，几乎没有主动进行过任何的广告宣传。小米公司建立了官方的社区论坛、QQ 群组等作为"米粉"互动交流的网络空间。在手机正式发售之前，很多"米粉"在微博或 QQ 签名中写下了"等待小米"、"准备抢米"等心情短语。组织隐藏在幕后，发挥营销作用的却是群体传播，每个"米粉"都成了不自知的"水军"，成了不拿五毛钱的"五毛党"。

对于缺乏资金与媒体资源优势的一些企业或机构来说，利用微博的"微"力量，在网络推广中以小搏大、增强传播效果，是有效的手段。微博的传播力量来源于"长尾效应"（Long Tail）②。所谓长尾效应就是指，将统计曲线长长的尾巴上足够的非主流的市场份额累加起来，有时会比主流市场还大。长尾效应是网络兴起后的一种规模经济效应。在传播领域，它给我们的启示就是：群体传播时代，不能忽视数量众多的个体，多个微博用户的影响，有时会远远大于一个传统媒体，产生"1＋1＞2"的合力传播效果。

网络改变了社会经济运行和信息传播的方式，过去被我们认为微不足道的群体传播和传播中的个体已经不再可有可无。在网络推广中，充分利用群体传播的优势，影响微博用户这条"长尾"，不失为促进传播效果从微弱到显著的一个智慧的选择。当然，正是因为具有这一传播优势，这种传播形态也被某些组织利用来进行一些或牟取暴利、或突破道德底线、或引发社会危机的负面传播。

六、群体传播与人际传播的交织是谣言产生影响力的根源

谣言是一种广泛存在的社会现象，从古至今未曾绝迹，在网络传播时代反而愈演愈烈。群体传播是谣言滋生的温床。群体传播的基本形式是群体成员之间的自发的、非制度化的传播。群体传播中大多信源不明，"群体成员身份的匿名性带来信源的不确定性。集合行为中的群体，通常是联系松散、自发形成

---

① 雷军:《用互联网的思想重造手机》，http://tech.qq.com/a/20111215/000231.htm
② 长尾效应是 Chris Anderson 在 2004 年首先提出来的概念。

的偶然群体,群体成员彼此大多不认识,群体成员的身份被人群淹没,又不受任何主体和机构管理,处于不受社会约束的'匿名'状态。在法不责众的心理下,群体成员往往会不假思索不顾后果地将流传到自己这里的信息传播下去,甚至做出种种冲动举动。这样,信源与信宿都具有不确定性,也即信息是谁发布的,向哪里流传,会引发什么样的效果,都是不确定的。这就为谣言、流言的滋生提供了天然的温床。"①所以群体传播是风险性最高的传播形态。

群体传播为谣言提供了滋生的土壤,但谣言能够产生影响力,则是因为其和人际传播交织在一起。首先,人际传播为信源不确定的群体传播确定了信源。谣言之所以会得到信任,就是因为这些信息是来自我们熟悉的人,"人家说得有鼻子有眼,不得不信"。如"同学的邻居亲眼所见","同事的妹妹亲身经历"等。在信源确定性和可靠性的提示下,我们自然就容易认同其所传播的内容。如此,"在群体传播到人际传播的过程中,谣言、流言就由'黑户'摇身变为有'户口'的'合法人士',并在新媒介帮助下从人际到人际地快速传播。"②

其次,网络时代群体传播中的"意见领袖"效果更加明显。在微博等网络传播中,人际传播和群体传播交织在一起。比如,众多用户对同一个名人微博的关注,就既是一种群体传播,也是一种人际传播。如果有影响力的某个微博发布或转发了一条"谣言",那么对于众多关注者来说,他们会认为这条来自人际传播中意见领袖的信息较为重要和可信,从而就会加以评论和转发。因此,在网络群体传播中,谣言产生的概率更高,影响也更大。

微博是人际传播和群体传播交织的典型。微博包括但不限于人际传播。微博用户关注的人,绝大多数都是信源明确的个体,或是我们的亲朋好友,或是明星、学者等。微博中有影响力的、粉丝多的几乎全部都是微博官方"认证"的确定性信源。从信源确定性的角度看,微博具有人际传播的特征。但是从传播过程来看,微博更多的则具有群体传播的特征。比如,一个有影响力的微博用户发布一条信息后,其他众多用户转发或点评了这条信息,虽然技术上有据可查,但对于关注者数量几十万、上百万或更多的微博用户来说,这些"信宿"构成的是个规模不定、面目模糊的群体,每个具体的"粉丝"都只是一个不确定的个

---

① 隋岩、李燕:《从谣言、流言的扩散机制看传播的风险》,《新闻大学》2012 年第 1 期。
② 同上。

体。"粉丝"的转发、评论又可能被再转发再评论。而且,微博中的信息转发、评论也是自发的、非制度化的,这些都是群体传播的特征。

于是在焦点事件引发的集合行为中,微博产生了巨大的影响力。在社会常态下,微博更多地发挥人际传播的功能,甚至成为我们进行社会日常交往的手段之一。但是在一些热点事件发生后,微博则会引发集合行为,大量网友对同一主题的关注、参与,构成了一种"网络群体景观"。这时候的微博群体是临时聚集的、分散的、数量众多的当事者、参与者与"围观者"。他们缺乏秩序与制度的约束,在群体心理的感染、暗示和压力下,常常做出盲目的、冲动的、非理性的行为。尽管这些群体成员大都是确定性的或实名用户,但在"法不责众"的心理下,逻辑与理性就陷入了人民群众的汪洋大海。正如鲍德里亚所言,"大众寻求的不是意义,而是景观"。[①]

瑞士心理学家荣格从心理学层面对群体行为进行了深入的分析。他指出,"当众人聚集在一起分享某种情感时,从团体中生发出来的整体心理低于个体心理的层面。如果是一个很大的团体,集体心理就会更像一个动物的心理,这就是大组织的伦理态度始终让人怀疑的缘故。大团体的心理学不可避免要堕落至'乌合之众'心理学的层面。比如,倘若某个建议得到了整个团体的支持,必然就会发生点什么;即使这个建议有失道德,我们大家同样会赞成。在团体中,我们既不会感到责任,也不会有恐惧"。[②] 荣格的分析针对的是普通的团体,既包括有纪律的组织,也包括无秩序的群体。当这种"乌合之众"的心理学现象发生在缺乏制度约束的微博群体中时,产生的效果就会更为明显。微博中谣言的多发性、传播的风险性,也正是根源于此。

综上所述,随着网络媒介技术的广泛应用,网络化群体无处不在,一个全新的群体传播时代已经到来,并对其他传播形态和传播格局产生影响。产能过剩是群体传播的社会土壤,互联网则为群体传播提供了新的"物理空间"。群体传播挑战了传统社会大众媒体的威权,对时政新闻的质疑和抵抗,对谣言的传播,

---

[①] 道格拉斯·凯尔纳著,陈维振、陈明达、王峰译:《波德里亚:一个批判性读本》,凤凰出版集团、江苏人民出版社2008年版,第14页。
[②] 卡尔·古斯塔夫·荣格著,徐德林译:《原型与集体无意识》,国际文化出版公司2011年版,第100页。

就是群体传播与大众传播的博弈。群体传播打破了大众传播的垄断地位,为个体、群体和机构参与传播竞争提供了机会和平台。在网络推广、文化营销中,充分利用群体传播能够实现"四两拨千斤"的效果。传统的电视节目营销,也要借力群体传播,把群体传播和大众传播深度融合,才能在网络时代实现可持续发展。

1949年新中国的建立意味着一个新时代的莅临,1830年法国推翻复辟波旁王朝意味着一个新时代的莅临,但是本文这里所谓的新时代,并非上述这些新政权、新型社会制度的确立,而是指在社会和平发展中,某些新现象、新特征、新趋势强烈地凸显出来,并对社会各个领域,乃至对社会整体发展,都产生很大的影响。群体传播在推动着社会民主化进程的同时,也给社会管理带来新问题。这种新现象、新特征、新趋势所预示的新时代,尤其是由此给社会各方面带来的影响,既值得关注和欢呼,又需要警惕和理性对待。

[隋岩为中国传媒大学电视与新闻学院教授;曹飞为中国传媒大学实验教学中心讲师,博士研究生]

中国传播能力建设实践策略

大型国有企业形象现存问题及对策分析
　　——以某国有企业为例　　　　　　　　　　　　　段　鹏
电视主流媒体承载重大时政报道的新思维
　　——基于 CCTV 两会、党代会"走基层"典型报道的分析　赵淑萍
传统媒体如何应对微博传播风险　　　　　　　　张燕　王丽婷

大型国有企业形象现存问题及对策分析
——以某国有企业为例

○ 段　鹏

近年来,我国大型国有企业面临诸多挑战,除自身生产效益等硬实力外,企业与社会之间的关系也促使其更加重视以企业形象、民众口碑等为代表的软实力的发展。在社会转型的大背景下,民意多元、舆情多变,如何改变大型国有企业在国际、国内的固有形象,实现经济效益、社会效益的统一,已经成为企业发展不得不面临的课题。

2013年8月以来,笔者承担了一项关于大型国有企业形象现存问题及其对策的研究项目,以某大型国有能源企业为例,旨在通过相关实证研究,归纳总结当前我国国有企业的形象危机原因,并就普遍存在的问题给出建议和对策。

一、研究设计与思路说明

本次调研对象为某国有企业各层领导负责人和内部员工,分为问卷调研和深度访谈两部分。其中,问卷调研共计发放问卷1918份,回收有效问卷1827份,有效率为95.26%。同时,先后访谈了总部和地方子公司主管领导和相关人员,录音时长近40小时。

问卷的设计主要涉及四个方面:(1)了解目前企业所面临舆情的整体情况和影响因素;(2)评估目前企业应对负面舆情的现状和能力;(3)考察企业现有应对负面舆情的机制建设情况;(4)结合企业特点提出监测、研判、应对负面舆情的建议。深访部分问题设计思路与问卷相似,但更加突出对相关经验案例的收集,目的在于从已有事件中总结出共性问题和一般规律,最终给出科学的建议。为了突出重点,在保证深访风格一致的情况下,课题组做出了三版深访提纲,各有侧重,分别对应总部高层领导、中层干部和子公司具体负责人等,务求做到层次分明,针对性强。

二、研究发现

根据问卷调研和深度访谈收集到的定量、定性数据,笔者总结了该国有企业的舆情态势、舆情管理机制、企业形象现存问题,以及企业员工对于舆情管理和企业形象塑造的认知与态度,并对其分别作出理性评价,具体内容如下。

(一)舆情外部影响因素多元,企业发展环境复杂

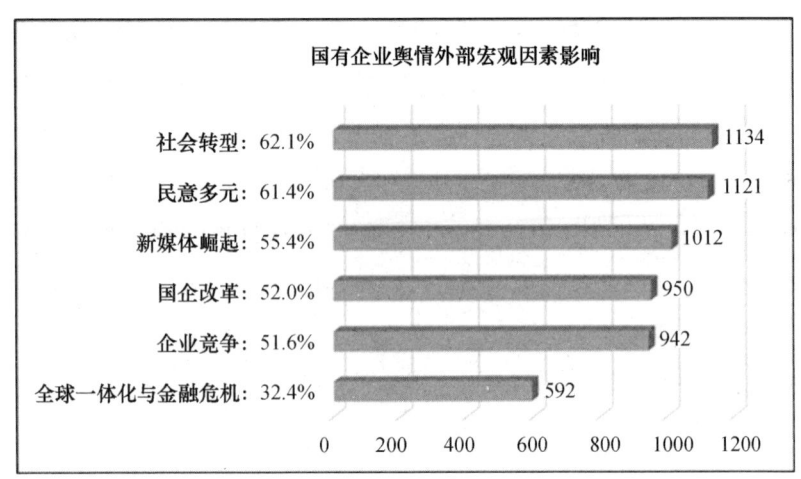

注:左侧类目百分比表示受访者中选择该选项的百分比,下同。

我们知道,近年来国企热点舆情事件频发确实不是一个孤立的现象,这与转型期中国的社会背景息息相关。通过调研发现,社会转型(62.1%)、民意多元(61.4%)、新媒体崛起(55.4%)等成为首要的三大影响因素。同时国企改革、企业竞争等都成为受访者关注的影响因素。这里传达出两层意义,一是国企近来面临的压力越来越大,压力来源更加宽泛;另一方面也说明对于控制外界影响因素的难度越来越大,且没有形成共识,影响因素的多元意味着应对方

式的多样化。

(二)危机舆情类型分布广泛,企业发展遭遇多方考验

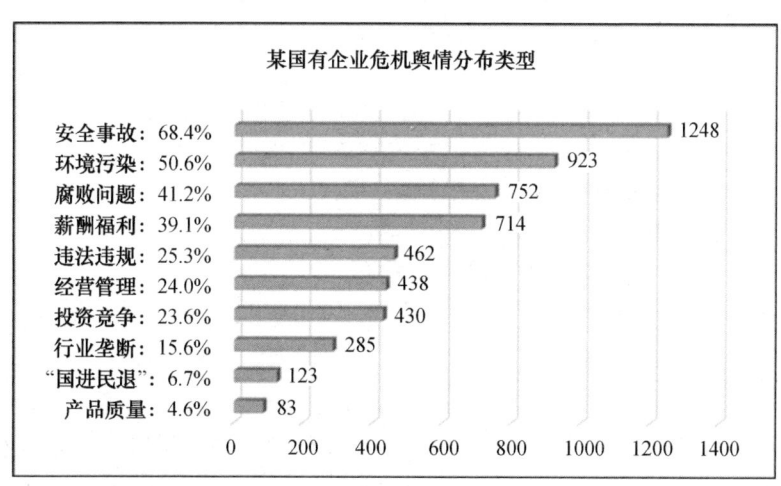

受访者认为该国有企业最容易引起危机舆情的领域主要集中在安全事故、环境污染和薪酬腐败等问题上。其中,安全事故以68.4%的比例高居榜首。另外,环境问题越来越受到民众的关注。人民网的研究报告指出,仅2013年上半年,能源领域就发生了环境污染、环境违法等负面舆情事件多达20起,甚至超过"安全事故"而居于各大类别首位。舆论对环境问题的关注度高企,有力地说明了公众对环境问题的"零容忍"态度。

其他方面,如薪酬腐败等涉及金钱和权力的问题,也不是该国企所面临的孤立情况,而是大型国有企业都面临的挑战。至于行业垄断、产品质量、与民争利等问题,可以说始终都存在,但从未被解决,尽管比例不高,但因为涉及几乎所有各方的实际利益,故仍需引起主管部门的高度注意。

(三)企业负面舆情来源多元,媒体、利益相关方和员工成为爆料主体

负面舆情的源头集中在媒体机构、从业者以及利益相关方,占比均在3/5左右。近些年随着民众对企业社会责任的要求逐渐升高,媒体对企业的关注尤其是负面新闻的关注度不断增加。另一方面,负面舆情也来自于利益相关方,企业之间的竞争、投资的协调、对于一些民众利益的侵犯等,都会导致类似冲

突,成为负面舆论层出不穷的推手。

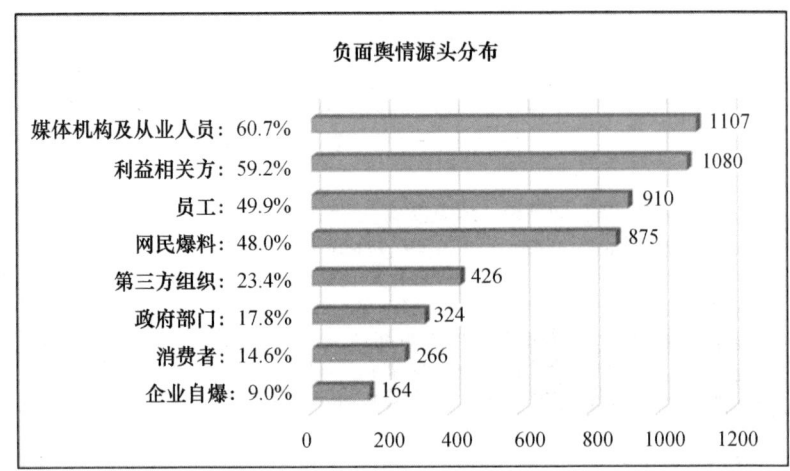

作为负面舆情爆发源头的第二梯队,员工爆料和网民爆料也成为重要的来源。这涉及员工与企业的关系,尤其是福利待遇等基本权利的保障问题,如果处理不当、协调不合理,都有可能引发员工不满,成为负面情绪积累的诱因。值得注意的是,近年来政府和第三方曝光也成为负面舆情的主要源头之一。

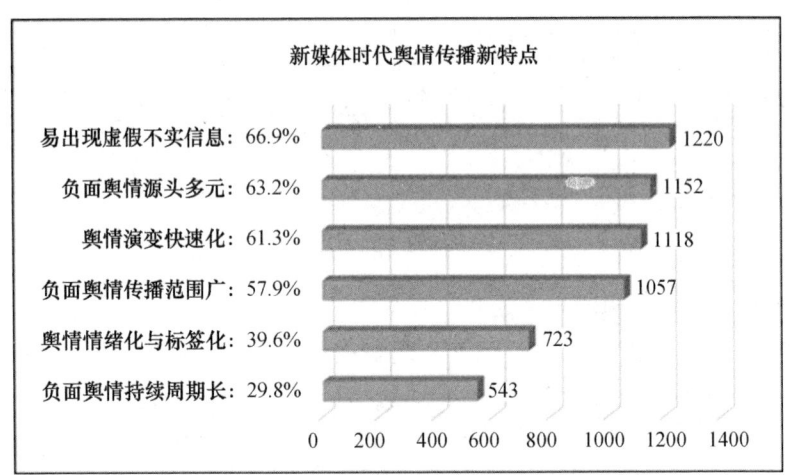

(四)新媒体为舆情管理带来新挑战

受访者对新媒体时代舆情传播的主要批评集中在传播过程中的虚假信息(66.9%)、负面舆情的源头多元(63.2%)、舆情的演变速度加快(61.3%)方面,其他的诸如传播范围、情绪化表达和周期等,都成为大家警惕之处。网络的信息发布门槛低,缺乏把关人,导致信息的质量参差不齐,尤其是当爆发出负面事件时,如果被竞争对手或利益相关者利用,从而操纵话题的走势,就很容易发生诸如恶意传播虚假信息对企业形象造成损害的情况。多种元素的相互交织,共同促成了网络传播中的复杂状态,也给舆情应对带来巨大的压力。

(五)监测渠道日渐完备,自媒体监测有待完善

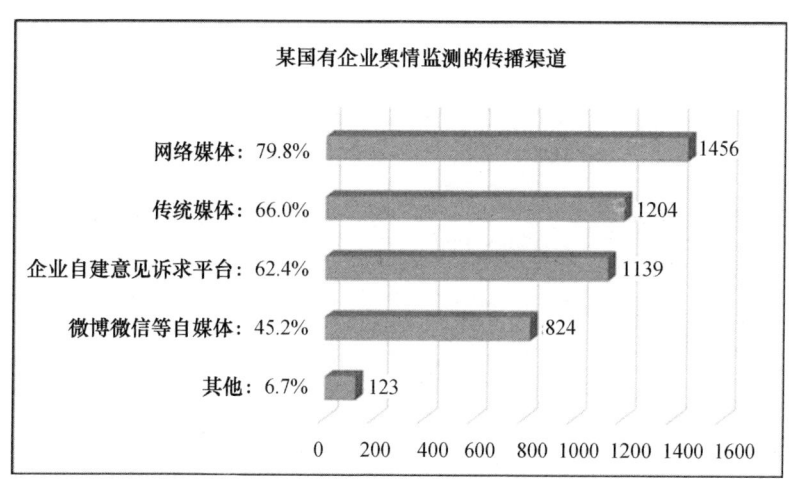

该国有企业目前已经对多种渠道进行了舆情监测,其中网络媒体占据比例为79.8%,说明企业对网络舆情的重视。传统媒体不容否认地依然存在较强的影响力,尤其在信息的深度和权威性等方面。一般来说,当舆情事件被传统媒体曝光时,意味着已经从潜在舆论变成了显性舆论,其各方面的影响已经开始,需要及时迅速联动以应对危机。

有报告显示,近年来,从传播渠道来看,传统媒体仍是能源领域负面舆情事件曝光的主要力量,自媒体在群体性事件中的舆论导向作用越来越明显。但我们看到企业对自媒体的监测虽然已经起步但程度远远不够,还需要进一步加强。随着网民媒介使用习惯的改变,自媒体的社会影响力将越来越大,可以说,对自媒体的监测是未来企业舆情监测应对的重要窗口。

(六)负面舆情处置流程分歧较大,内部未有共识

负面舆情的处置是否得当直接影响到事件的应对效果。受访者认为,企业

目前的舆情处置流程以层层上报(33.7%)和成立应急小组(37.8%)为主,说明大家对于如何应对负面舆情没有共识,且差异较大。层层上报是传统的思维,但可以确保应对舆情时更加权威有效,但是效率较低,且在层层上报的过程中信息质量容易下降;立即成立专项应急小组在及时性和时效性上有优势,但需要有专门的机制保障,比如舆情应对的权限规范等,如果没有较好的机制保证,应急小组的模式反而容易犯下过错,留下口实。

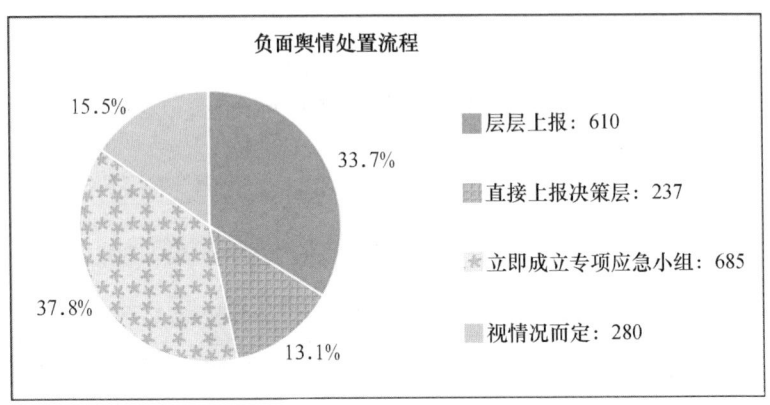

(七)舆情反应周期相对滞缓,时效性和能动性有待提升

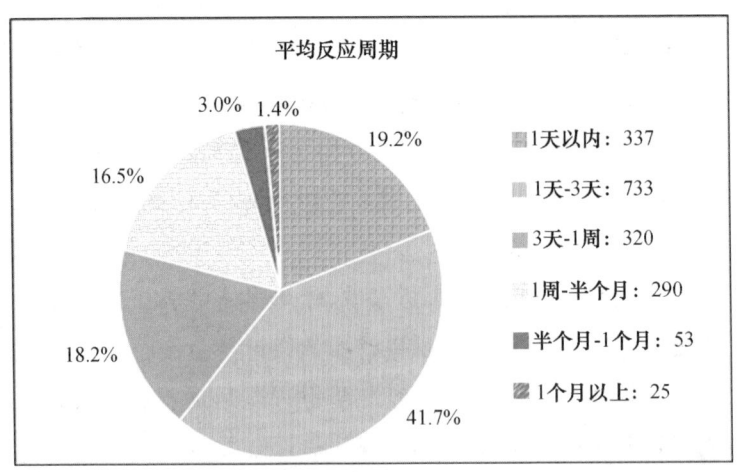

从负面舆情的反应周期可以看出企业在应对舆情时准备的有效性情况,调查结果发现,平均反应周期在1—3天的较多(41.7%),这个反应速度算不上迅速,在新媒体时代甚至显得有些滞后。

当负面舆情爆发时,首先要遵循一些原则,例如真实性、真诚性、及时性、权威性等。负面舆情的爆发需要疏导,最好的方式就是供给信息,也正是由于短时间内缺乏有效信息才使得负面舆情得以裂变传播。因此,对于反应周期,一个基本的态度就是在保障处理有效的前提下,尽量缩短反应时间,通过压缩反应时间来争取更多的信息发布的主动权。

(八)信息发布和舆论引导渠道广泛,但新媒体和自媒体相对缺位

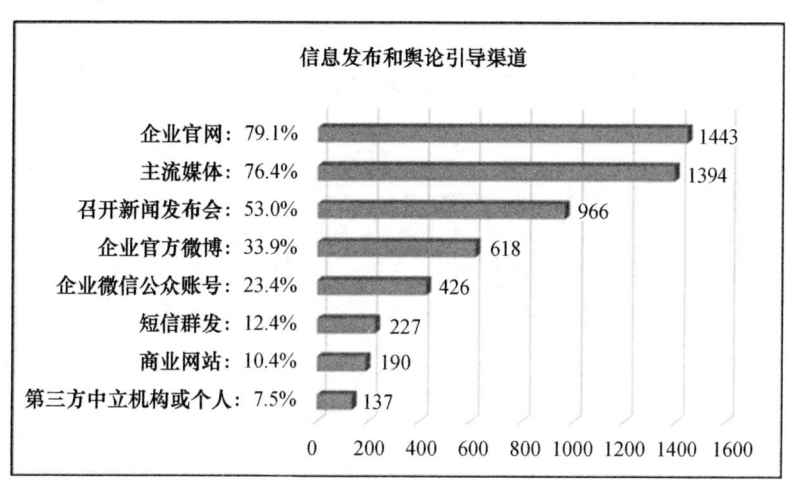

根据调研结果,该国有企业目前主要通过企业官网(79.1%)、主流媒体(76.4%)和新闻发布会(53.0%)以及微博微信等自媒体手段进行信息发布和舆论引导。一般来说,企业官网进行信息发布和舆论引导可控性最强,而且可以随时更新,针对性也更强,但是存在自说自话和可信度不高的缺点,尤其是当企业自身陷入信任危机时,这种"不相信"来得更猛烈。

微博微信作为辅助的信息传播和舆论引导手段在自媒体时代越来越重要,人民网舆情监测室的报告也指出,自媒体在群体性事件中的舆论导向作用越来越明显,因此日后的信息发布和舆论引导应该更加重视这一手段的运用,充分发挥移动舆论场的作用。

(九)危机管理机制认知与实践

在调研中,笔者还重点考察了受访者对于危机管理中主要管理机制重要性

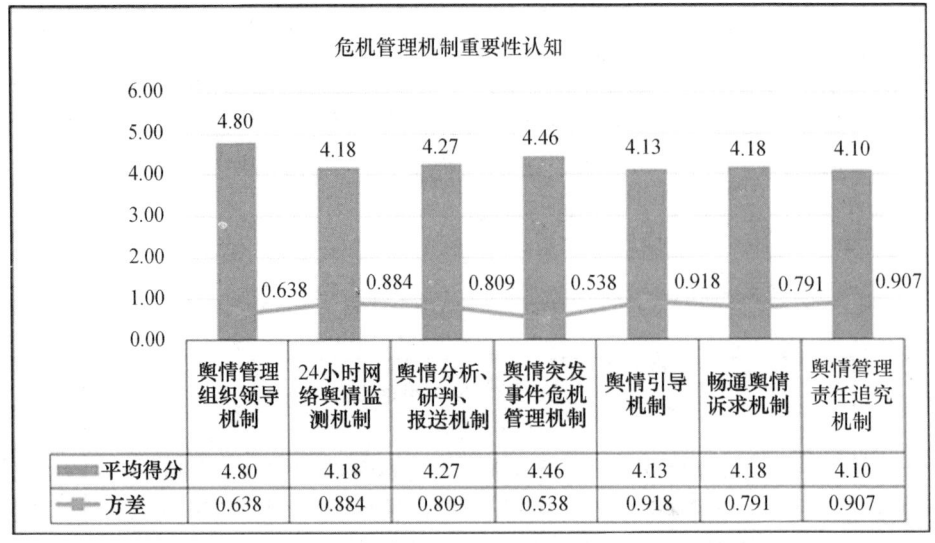

的认识度,通过对七种机制分别赋值(1—5,分数越高表示该机制越重要),我们发现,受访者对于舆情管理的组织领导机制最为看重,在舆情危机管理中,确实需要统筹规划,资源配置。分值比较高的选项还有危机的管理机制,分析研判报送的机制等,这些机制突出了受访者对于舆情引导需要宏观把握指导的共识,体现了对于建立完备的危机管理机制流程的期望。

另外,24小时网络舆情监测机制其实隶属于分析研判之中,单独列出也是为了突出在网络时代舆情管理的重要性和复杂性。舆情引导和责任惩惩等基本属于事件处理中期和后期的考虑事项,畅通舆情诉求是贯穿整体的保障机制。

此外,我们还分析了七种机制的方差值。一般的,赋值越高(重要性越强)的选项方差越小(重要性共识越广泛)。受访者普遍认为对于该国有企业来说,建立一套完整的危机舆情管理工作机制至关重要。

但在具体实践方面,我们发现:对照上述对舆情管理机制重要性的认识,受访者觉得,企业自身的危机管理工作机制建设虽有进行但与目标尚有差距。可以看出,一些重要机制的评价上受访者的赋值与上一题中的重要性赋值有一定距离,说明现阶段该国有企业对于危机管理的工作还有不少需要加强和进步的空间。

具体而言,主要体现在对领导机制和管理机制这类宏观机制的建立方面。受访者普遍认为,对于危机的管理应对工作来说,企业最好能够具备自上而下的领导力、决策力与行动力,通过综合治理,合理分配应对资源,从而实现调控效果

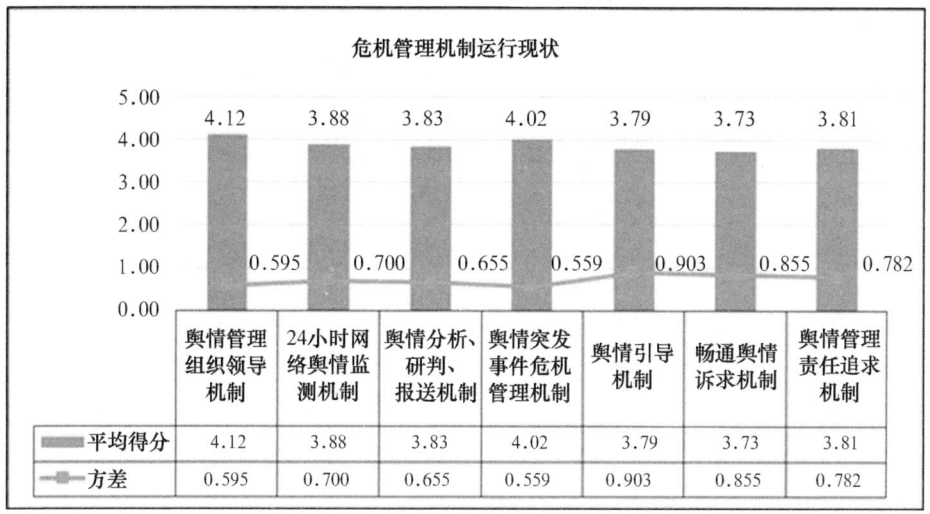

的最大化。另一方面,在应对过程中,分析、研判、报送,舆论引导等得分较低,包括事前的畅通舆情诉求和24小时监测以及事后的追究机制等,都需要加强。

方差方面也是一样,对于现状较好的机制评分,意见相对一致,方差较小,说明只要工作做得好,确实能够受到大家的公正评判,也敦促舆论调控和舆情引导工作的人员在接下来的工作中努力对照上述机制的实施,做好企业危机管理工作。

(十)危机事件应对原则:真诚、责任与速度

对于危机事件的应对原则,受访者拥有较为广泛的共识,其中真诚沟通(88.8%)、承担责任(78.3%)成为第一梯队的选项。前者突出了企业态度在应

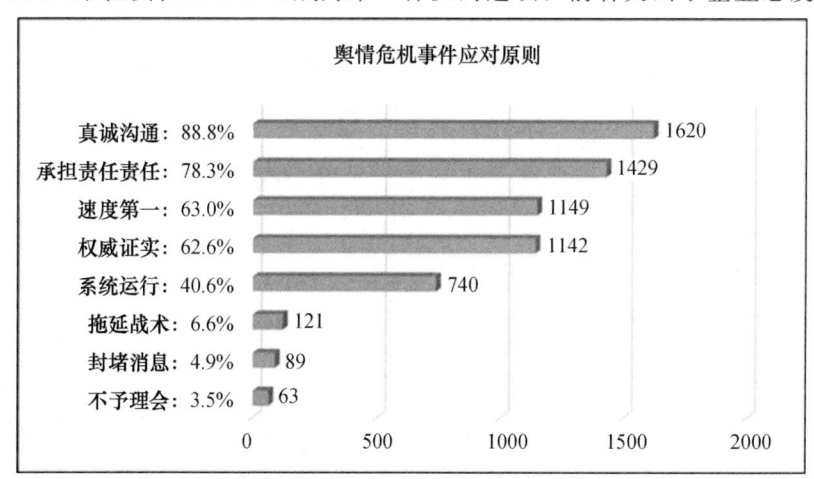

对危机事件中的重要性。只有放低姿态、倾听民意、多维互动才能有利于问题的解决;另一方面,企业勇于承担责任也是一个重要的指标,勇于承担责任、顺应民心,有利于平息众怒,防止事态进一步扩大,构建负责任的企业形象。

第二梯队的选项集中在速度第一(63.0%)、权威证实(62.6%)和系统运行(40.6%)三个方面,这些举措均是在具体操作层面应当遵循的一些原则。还有个别选项,如拖延、封堵和不理会等,这是舆情应对过程中很容易犯下的错误。不理会的结果只能是丧失在话题中的发言权,拖延战术和封堵信息反而将民怨积聚,且在自媒体时代,这种拖延战术和封堵消息几乎失去了可能性,不仅不能起到正面作用,反而会给网友以及竞争对手留下非常负面的印象。

(十一)策划媒介事件,助力企业形象

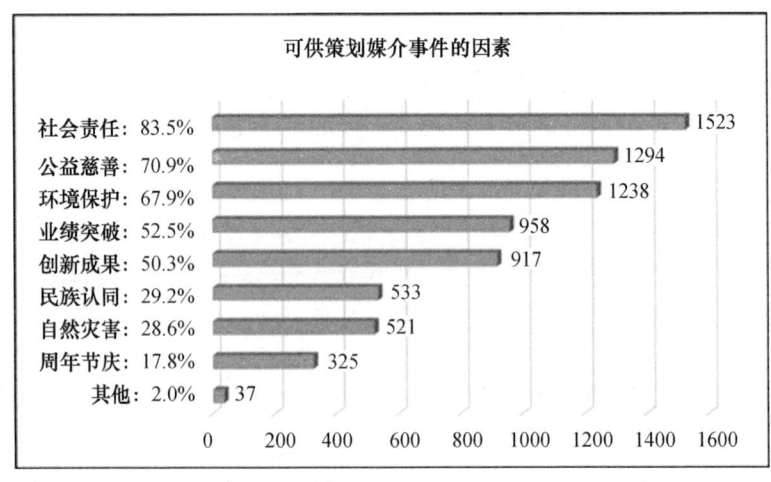

受访者认为,在社会责任(83.5%)、公益慈善(70.9%)和环境保护(67.9%)等方面可以用来巧妙地策划媒介事件,以达到树立正面企业形象,形成正面积极舆论的目的。众所周知,社会责任是社会和民众对现代企业评价的重要维度。国有企业作为资源调配型企业,理应主动肩负起社会责任,积极回馈社会,才能获得积极的企业形象,实现企业的良性发展。

此外,环境保护问题也一直牵动着民众的敏感神经,近年来发生了多起因为环境问题引发的争议甚至是群体性事件,从各地PX事件,再到各地垃圾场的选址、工业园区的搬迁等,随着民众生活水平和质量的提高,以后环境问题将越来越重要,故通过环保表达企业立场是非常重要的途径。

(十二)舆情监测与语汇捕捉系统关键词词频分析

在调研中,笔者设计了有关"舆情监测与语汇捕捉系统"关键词设置的开放题型,收集该企业被访者认为舆情监测所应重点关注的词频。以下为利用词频统计和数据可视化工具制作的关键词词频统计图。两图分别列出了由被访者选出的词频超过 50 和词频在 30—50 之间的关键词,其中,字号大小对应了该词的热度。

词频超过 50 的关键词(注:XX 代表集团名称)

词频在 30—50 之间的关键词

三、应对策略与具体建议

近年来,国有企业的内外部环境风险因素显著提升,国有企业时常处于舆论的风口浪尖,频繁爆发的负面舆情危机严重影响了企业的形象和发展。因此,国有企业必须从源头上认清当前企业所面临的形势与风险,从负面舆情监测与管理出发,着力消除企业负面舆论,进而再通过系列传播途径塑造企业正面形象,为企业的良性健康发展塑造良好的舆论环境。

(一)重新认识企业舆情风险,与时俱进更新应对思路

从思想意识上看,不少受访者还存在侥幸心理,认为负面评价无所谓,因而屡有消极应对危机事件,从而造成巨大损失的事件发生。企业在意识上需要摒弃这种思维,现代企业的发展不再是硬指标的比拼,内外环境的变迁使企业发展面临新的机遇挑战,企业发展思路也要与时俱进。危机事件和负面舆论成为现代企业进一步发展的制约因素,必须予以重视。

(二)建立健全工作机制,实现舆情监测、分析、研判与应对的全流程化运作

负面舆论的生成不是一日之寒,任何危机事件的发生发展都有一个过程,事件发展中必然存在诸多节点,抓住关键节点就能影响事件发展方向,甚至改变舆论走势。因此危机事件并非全是危险,机遇也寓于危险之中,这更加凸显出应对危机事件机制建立的紧迫和重要。

根据大量案例,我们认为需要密切关注事件发展过程中相互影响的几个过程,分别对应如下的机制建设:舆情管理组织领导机制、舆情突发事件危机管理机制,24小时网络舆情监测机制,畅通舆情诉求机制,舆情分析、研判、报送机制,舆情引导机制,舆情管理责任追究机制。

这些机制既有宏观上的综合把握,也有危机显现之前的预警监测,同时包括了整个应对流程的一般做法,辅以最终的追究制度,应该说能够经受住绝大多数危机事件的考验。

(三)实现舆情监测的全媒体覆盖,紧盯负面舆情来源

自媒体时代,舆论主体的匿名性与参与渠道的广泛性、传播空间的无界性与意见汇聚的实时性、议题生成的自发性与舆论发展的不确定性、价值观念的多元性与价值取向的批判性、意见表达的失范性与群体行为的极化性等等因素聚合,导致负面舆情呈现出源头多元、微时代到来舆情演变快速化、舆情发展存在突变风险、负面舆情关联社会敏感话题等相关继发特点。

此外,通过本研究的调研发现,当下普通网民是引爆企业负面舆情事件的第二源头。然而,目前仍有诸多国有企业将舆情监测目标放在了传统媒体和普

通网站上,自媒体的缺席缺位状况非常严重。在未来的舆情监测工作中,国有企业应努力实现全媒体全渠道的覆盖,尤其要注意对以微博微信等为代表的自媒体的监测。

(四)牢牢把握危机事件应对基本原则,多维度权衡企业应对方式

对于国有企业来说,任何一次危机事件都是偶发的、变异的,因此企业在进行危机应对时,应该从多个角度对危机事件进行分析和研判,进而采取不同的应对方式。

首先,国有企业需要从本源上看待矛盾的发生,发生负面舆情事件后涉事双方(多方)彼此间呈现的是竞争、对立的警觉关系,此刻的关系是紧张易碎的,并无太多张力可言。如此情况下企业不可强硬面对,而要本着有利于事件解决的思路协商解决,这就要求对话过程中的态度真诚,姿态平和。

其次,从消除矛盾的基本手段上看,大部分冲突源自双方的信息缺失不对等、对一些基本价值的判断存在误差,唯一的解决办法就是通过有效信息的供给,打破因信息因素导致的僵局,用事实说话,发出权威声音,将话语权掌握在企业手中,通过主导话题走势引导舆论,最终有利于事件的解决。

再者,从应对时效和时机上来看,新媒体时代讲"黄金四小时原则",强调的是要第一时间处理,但是我们知道从事件爆发,到信息收集、判断,再到形势预估、对策形成等,这些流程必不可少又占据时间,如何"填空"成为企业应对的重中之重。因此微博微信等以时效、伴随等著称的自媒体的作用应当发挥出来。

最后,从利益角度来看,企业如何在社会责任和减少损失之间求得平衡,谋取最大值,这是一个两难问题。如果一味承担责任,一方面本次事件中企业需要付出很大代价;另一方面,也可能造成示范效应,使以后的类似事件处理陷入被动。但是如果一味推诿责任,则又会背上没有担当、无良企业等骂名。这就需要决策层从企业长远发展的角度,评估企业的短期利益和中长期利益的关联,顺势而为。

(五)积极运用形象传播策略,树立国有企业正面形象

企业舆情与企业形象息息相关,国有企业除了要做好负面舆情的防控和应

对工作之外,积极运用各种策略形成正面舆论,也是企业形象建立的应有之意。本文更多的是根据国有企业当下的具体情况和主要矛盾,提出舆情应对建议与策略。但从企业长远角度来看,如何在常态下做好企业的形象构建与宣传,如何通过长期的作为在民众中形成负责任的企业形象,是未来现代企业舆情管理重要的努力方向。

对于国有企业来说,可以借鉴国内外知名企业的形象传播策略,例如公关策略、广告策略、病毒营销等等。然而,考虑到国有企业的特殊性和敏感性,当下国有企业可以更多地从社会责任、公益活动、环境保护、民族认同等角度出发,主动策划媒介事件,积极开展形象传播。需要强调的一点是,新传播时代,国有企业在进行企业形象传播时必须考虑当前社会传播模式和公众心态的新变化,积极开拓包括新媒体在内的新传播渠道,打造贴合民意、贴近社会的热点话题,并制作符合新媒体传播规律的内容进行推广,让企业文化以"润物细无声"的方式根植于民众心中。

国有企业作为"共和国长子",是国民经济的中流砥柱,国有企业能否科学发展,直接关系我国经济发展的质量和水平,关系国计民生和国家战略安全。然而,在市场经济体制下,国有企业需要肩负的责任和面临的风险同步递增,尤其是系列负面舆情的爆发,使得国企的企业形象受损,严重制约企业发展。未来,国有企业理应转变思路、认清现实,完善舆情管理、塑造企业形象、传递企业文化,从而为企业发展营造健康的舆论环境。

[作者为中国传播能力建设协同创新中心理事会理事、中国传媒大学教授、文科科研处处长]

电视主流媒体承载重大时政报道的新思维
——基于CCTV两会、党代会"走基层"典型报道的分析

○ 赵淑萍

时政新闻历来是主流媒体的重要报道领域,也是媒体之间展开新闻竞争的制高点。中国的时政报道从一个侧面折射出了国家发展的动向,成为世界了解中国局势动态敏锐的观察点。

一、两会报道的媒介特征与"走基层"的植入对接

两会是中国时政新闻的重要报道领域,在一定程度上反映了中国时政新闻流变的走向。两会新闻传播这个现象所折射出的时代特征、发出的时代声音非常值得倾听、观察、思考和研究。

我们看到,两会报道已经形成独特的媒介特征:

(1) 全国性的全媒体参与,呈现了中国记者积极兴奋的报道态势;

(2) 世界主流媒体特别关注,呈现了外国记者异常活跃的报道势态;

(3) 全媒体报道的热度与呈现的多种视角,引发了受众对两会普遍关注程度的提高;

(4) 中外媒体的积极介入,对中国中央政府及地方政府的领导层和两会代表的媒介素养产生了影响;

(5) 即时性的直播报道所产生的传播效果,促动了两会开放的姿态,直播方式已成为两会程序的组成部分;

可以说,两会报道的经验积累,带动了传播媒介自身诸多方面的变革。

对于媒体来说,每年的"两会"报道都是一次挑战,一次总动员。我们看到:媒体记者因为"上两会"而要应对挑战,两会委员、代表因为"上媒体"也要应对挑战。因此,电视主流媒体在时政新闻层面的创新尝试和突破将会对中国新闻传播的变革起到引领的作用。

在2012年两会报道中,CCTV新闻中心组织七路记者深入到全国多个省区,跟随代表和委员走基层、访民生,鲜活地报道了两会对于推动社会民生发展的巨大作用,突显了"三贴近"的媒介新生态特征。"在基层·两会推动力"系列报道呈现的创新节目形态、多种视角和表现手法带给我们的启示是多层面的。

(一)基层冠名植入的效应与灵活的播出编排方式

"在基层·两会推动力"的突出特点是:把已经产生广泛社会效应的"走基层"系列报道的冠名和报道模式植入到两会报道之中,在海量的两会新闻报道中给观众留下较为深刻的印象,成为两会报道的创新电视节目形态。

首先,"在基层·两会推动力"作为中央电视台推出的重点报道,与过去的两会报道相比较,采取的播出方式非常灵活有效。

"在基层·两会推动力"在2月25日到3月13日期间播出,每个选题的报道长度大约在3分钟至6分钟左右。

CCTV把"在基层·两会推动力"安排在具有较高收视率时段的《新闻联播》、《朝闻天下》等节目中灵活插入播出,没有单独另辟播出时段,避免了这种两会重头报道的小栏目被一些大的长度报道所淹没。

值得特别提及的是:不同的节目可以根据需要对"在基层·两会推动力"的系列报道选题进行选择;可以对报道长处理,在编排上可以灵活连接会内会外的信息和背景。

《朝闻天下》的"在基层·两会推动力"系列报道相对《新闻联播》中的详细,事件也相对较长,每条报道时长都在4分钟以上。《朝闻天下》节目长度2个小时,时间容量比较大,播出了全部选题。

《新闻联播》中的"在基层·两会推动力"报道长度在2分钟至4分钟左右,有些《朝闻天下》节目中播出的选题没有在《新闻联播》中出现。《新闻联播》选择的报道更注重基层的"三农"、养老院、基层医疗等问题,在编排上采用连接相关的宏观数据和背景,体现了报道的可信度和权威性。

此外,报道的标题也有不同,例如2012年2月25日《新闻联播》中的标题是:"'当家堰'的新变迁";《朝闻天下》的标题则是:"农村水利建设让'当家堰'再当家"。

"在基层·两会推动力"系列报道成为电视主流媒体对两会报道的创新形态;突显了"三贴近"原则的时代特征;在时政报道领域体现了政府的方针政策与百姓生活、实际工作的对接。

(二)"走基层"采访路径与两会代表提案的报道取向

所谓形态,是指事物的形状或表现。电视节目的形态是指节目的外部形式、内部构造及其变化和表现。

"在基层·两会推动力"系列报道丰富了电视媒介对两会报道的形态,其突出特征是:

在报道形式上,借鉴"走基层"报道的采访路径,记者和两会代表一起深入基层,以两会提案为依托,到现实社会生活之中把握两会的脉搏,具有突出的时代特征。

在报道选题上,以代表提案为选题取向,呈现与国计民生、社会进步息息相关的问题及解决问题的途径,使处在困难中的群众和基层的干部看到希望。

在报道结构上,在典型的现场环境中,以记者和两会代表、委员在基层的活动为主线,追踪探寻提案的起点和落点,突破了以往仅仅在会议上跟踪提案、采访代表委员的局限。

在表现手法上,运用新闻叙事的手法,不但表现代表、委员的活动,而且以基层群众、干部的活动为主体,捕捉现场细节、高潮画面,达到新闻故事化的效果。

在编排环节上,采用模板提示、简单动画、图表对比、背景链接等表现手段,丰富报道的信息量,增强了报道的可视性。

以《朝闻天下》2月25日播出的"在基层·两会推动力"开篇报道:"农村水利建设让'当家堰'再当家"为例,报道的开头先用模板提示性地打出字幕:人大代表姓名及提案建议的内容,提示性告诉观众建议由谁提出、内容是什么;新闻短片中插入简单动画,帮助观众理解"五级提水"的含义;"推动力链接"报告五年来人大接到的有关水利建设提案数量等情况,拓展了新闻的信息量。与同一选题的报道相比对,《新闻联播》节目则是以提出问题的方式吸引观众的注意力。其中值得肯定的是,当报道重大时政报道题材时,《新闻联播》十分注意在内容构成中真正体现"三贴近"原则,并具有时代特点。

(三)"走基层"与两会委员、代表上镜头的新姿态

在一定程度上,可以说,两会委员、代表"上媒体"折射出中国改革开放的姿态,信息公开透明的程度。同时,也是对两会代表媒介素养水准的挑战。

以往,两会委员、代表"上媒体"大都是在会议期间接受采访。多数委员、代表面对媒体谈的是提出了多少提案,对这次两会的感受,对大会提出的国计民生新举措的理解,以及会议之后怎样落实等等。

现如今,在"在基层·两会推动力"报道中,两会委员、代表以一种深入基层、深入现场的新的姿态"上媒体"。

这种新的姿态使观众感到:代表们不仅仅坐在人民大会堂开会,还在会下置身现场、深入基层进行调研。

从专业的角度来看,委员、代表们在基层的活动作为在新闻中的主线,起到了结构全篇的作用。

"在基层·两会推动力"报道展现委员、代表"上媒体"的新姿态,主要有三种形式:

其一,会议召开之前,拍摄提出相关提案的委员、代表深入基层了解情况,进一步调研,发现新问题,以现场调查活动为主体内容。例如,3月5日《新闻联播》播出"两届委员的心愿:保护中华白暨豚"的报道,给人突出的印象是政协委员潘文石连续深入基层发现新问题的画面。例如有这几个片断:船上记录的是十届政协委员潘文石,近些年,老委员潘文石和几位现任委员一直致力保护中华白海豚的生存环境。最近,白海豚又面临了新的问题。潘教授马上和助手来到现场检测。原来有人偷偷围网养殖了花甲螺,向海里撒药,不但杀死了浅海生物,而且还会危害白海豚的生殖系统。几位委员决定把这些调研信息向相关部门反馈,并在今年的两会上递交了建立中华白海豚自然保护区的提案,建议

先建立保护区筹备小组,协调有关执法部门,加强海上监管,同时开始着手制定保护区规划。

其二,在会议召开期间,拍摄提出相关提案的代表在会下到现场进一步调研,解决问题,以代表的现场走访为主体内容。如3月4日播出的"青少年体质逐年下降引关注"报道,拍摄了委员们利用开会空隙到北京十一学校进行调研,报道以现场走访的同期声问答为主线,多个片段十分鲜活生动。这一报道进一步引起了公众对连续25年《全国学生体质与健康调研》的令人担忧的结果的关注。今年两会全国政协科教文卫体委员会的委员们将就此问题提交提案,呼吁国家引起高度重视。

其三,记者跟随代表一起深入基层,走访与提案有关的人和事,以现场观察、现场环境、现场呈现的问题为主体。在2月29日播出的"养老服务在改变"中,拍摄了记者跟随全国人大代表张素荣深入鞍山市民办养老院调查的活动。报道的开头是:全国人大代表张素荣,一直关注养老服务的变化。她调研的鞍山市民办养老院福乐园,七年间搬了两次家,换了三个地方,有无奈,也有希望。今天,我们将跟随张素荣,一起到这个养老院看一看。报道的结尾是:对于即将召开的全国两会,张素荣代表对记者说,今年她的建议还是养老,但方向却是《建立养老服务的输血和造血机制》。

"两会"是中国国计民生的晴雨表。中华全国新闻工作者协会党组书记、全国政协委员翟惠生报道"两会"超过20年。他认为,两会报道就是一个时代符号的强音。那么,在两会报道中,如何把握时代脉搏?从策划、选题、采访、拍摄等专业角度考量,CCTV"在基层·两会推动力"的系列报道确实下了一定的功夫。在一定意义上讲,丰富了我国电视媒体时政新闻的报道形态,对于时政新闻如何体现"三贴近"原则具有一定的启示意义。

二、十八大报道的媒介态势与"走基层"的视角

以传播学、社会学、政治学的视角进行观察,可以发现一个有趣的现象,这就是:十八大报道成为了一种独特的新闻传播现象;中外媒体对十八大的新闻传播使中国政治舞台扩展延伸;十八大的新闻传播促动了全民关注政治的热

情,举国上下对十八大的关注程度形成了全国性的意识而不是地区性的意识。

中国共产党第十八次代表大会是一次历史性的举世瞩目的大会,大会的召开带给了中国人民新的期待和信心;同时也带给了世界诸多新的信息和影响。

正是由于中国的前景和发展方向同十八大的召开密不可分,中国的国策对世界的影响越来越大,因此十八大的重要性决定了全媒体新闻传播的独特性。

我们看到,在全媒体参与的媒介生态环境下,电视媒体仍然是强势媒体,特别是作为主流媒体的中央电视台,在十八大报道中发挥出不可替代的作用。

(一)十八大预热报道与"走基层"的媒介意识

依照新闻采访学的观点,走基层一般特指新闻采访的路线。伴随着电视新闻报道的发展,记者走基层的采访路径呈现在屏幕上,成为报道的结构方式,同时开启了报道的多维视角。

自2011年8月以来,走基层的报道态势在全国已经形成了一种独特的传播现象。2012年9月3日,CCTV在"走基层、转作风、改文风"大型主题采访活动视频动员会之前,推出了十八大预热系列报道《走基层·我这十年》。可以说,CCTV以走基层视角策划十八大预热报道这一率先举动,体现出一种自觉的媒介意识。9月6日,"走基层、转作风、改文风"大型主题采访活动视频动员会在京举行。

从CCTV播出的《走基层·我这十年》的一些报道来看,每个报道虽然只选取一个人的故事,但每个人身上都折射出社会变革所带来的变化,这些变化带给人们一种时代特征所呈现的多义性的感知和思索。例如,身患残疾的山东人孟宏伟通过互联网趴在炕上做生意,成功为乡亲们卖牛羊的"传奇"故事,折射出互联网络在中国农村的发展,正在改变着人们的生活和观念。浙江退休老人崔盐生参加30多次听证会的故事,折射出普通中国人拥有了关乎民生利益立法层面的权益与积极的参与态度。

《走基层·我这十年》系列报道作为十八大的预热报道,用第一人称作为节目的片名,给人一种亲切感,也是从百姓视角出发的尝试。此外,由于节目着眼于普通百姓的变化,有益于找准报道的切入点。这对于重大时政新闻预热报道来说,具有了便于操作的可行性。

从专业角度分析,百姓视角不仅仅是简单的选取普通人进行报道的问题,值得我们思考的是:怎样理解百姓视角,怎样践行党的群众路线,选取百姓视角怎样更加符合新闻传播的规律。《走基层·我这十年》系列报道的多维视角带给我们很多思索。

(二)"走基层"的多元思维与十八大特别节目创新形态

CCTV 重点推出的《喜迎十八大 走基层·行进中国》特别报道,成为 CCTV 在党的代表大会预热报道的创新电视节目形态。

《喜迎十八大 走基层·行进中国》9 月 12 日开播,报道了"黑河分水 10 年"、"新浦东:后世博时代的文化新地"、"保护古城历史 幸福运河人家"、"北大荒 粮满仓"、"库布其:创新沙漠生态文明"、"1933 老厂房:从屠宰场到创意秀"、"云端上的国道:畅通天路看民生"等。这些选题的策划在时间上一定是具有提前量的,从中可以看出,CCTV 在探索电视时政报道的创新形态方面正在形成自觉的媒介意识。

《喜迎十八大 走基层·行进中国》系列报道丰富了电视媒介对重大时政新闻预热报道的形态。其突出特征是:在报道形式上,以"走基层"的报道为采访路径,记者深入现场,到现实社会生活之中把握时代变迁的脉搏;在报道选题上,以新的变化为选题取向,呈现与国计民生、社会进步息息相关的社会变革;在报道结构上,在典型的现场环境中,以记者的采访活动为主线,揭示报道选题的起点和落点;在表现手法上,运用纪实叙事的手法,以表现人物的活动为主体,捕捉现场细节、高潮画面,达到故事化的效果,丰富报道的信息量,增强报道的可视性。

毋庸置疑,预知性重大会议时政新闻前期报道的策划十分关键。倡导走基层报道常态化,意味着走基层将成为一种自觉的媒介意识,这对于冲破时政报道概念化的惯性思维具有深层的意义。

(三)微调查、随机采访、纪实段落呈现的新方式

CCTV 推出的十八大报道呈现的节目形态、多种视角和表现手法带给我们的启示是多层面的。其中国庆期间连续 9 天播出的喜迎十八大百姓心声特别

报道《你幸福吗》引起了公众特别的关注,产生广泛社会反响。

从专业角度分析,《你幸福吗》的报道类型是微型调查,调查方法是即席随机快速采访,表现形式呈现为采访过程的纪实段落。从形式上看,微型调查既可以作为一种报道方式,也可以作为一种报道的切入角度。

幸福是人们日常生活中经常使用的词语,在不同的情境和语境下表达内心的一种愉悦舒畅感受。那么,为什么"你幸福吗?"在电视主流媒体上呈现后会引起社会的特别关注呢?关键是报道的视角和问题的切入点契合了时代的大背景。

可以说,中国改革开放以来,特别是党的十六大以来,人们的生活方式、生产活动都发生了深刻的变化。买房、买车、出国旅游等等过去难以企及的事情成为现实,成为许多人拼搏工作的物质目标,同时各个层面的人们的选择也在不断变化,大家开始思考生活的质量、工作的方向、幸福的含义和代价。

正是在这个时代背景下,《你幸福吗》特别报道调动 70 路记者、20 个地方台,随机采访 3550 人。节目选择 147 个不同采访对象的回答,在《朝闻天下》、《新闻 30 分》等节目中播出,《新闻联播》以头条、提要的方式挂标播出 8 集,并配发编后、评论。"你幸福吗?"一时间成为人们诙谐幽默的问候语,"你幸福吗?"在新浪微博微话题排名第一,引发了全社会关于"幸福观"的热烈议论。在一定程度上,契合了人民对美好幸福生活的期盼。

(四)数字动画视觉新闻的表达与力量

在 CCTV 围绕十八大所策划的报道中,《数字十年》的表达方式和内容产生了较大影响,体现了电视主流媒体的权威性。

《数字十年》从 8 月 21 日起在《新闻联播》、《新闻 30 分》等新闻栏目中播出。十八大召开期间,又以《数字十八大》的名称播出。

特别值得一提的是,根据中宣部的要求,《数字十年:中央电视台〈新闻联播〉十八大特别报道》的出版发行,成为了十八大召开期间参会代表和媒体记者人手一本的读物。这本源于电视同名特别报道的读物,被认为是十年中国发展、十年中国崛起、十年中国奇迹、十年中国民生最全面解读的客观之作。从中可以看出数字动画视觉新闻的表达所产生的力量。

《数字十年》通过动画风格的表达方式和客观准确的数字,报道了中国政治、经济、文化、教育、科技、民生、健康等方面取得的成效以及全国各省市自治区的十年发展巨变。例如,国民生产总值十年增长 1.5 倍;工业规模跃居世界第一;粮食总产量创历史"八连增";十年新增就业一亿人;医保覆盖率超过 95%;进出口贸易额十年增 4.9 倍;民间投资遍布 177 个国家和地区;城乡人口平均预期寿命提高 3.43 岁;4.32 亿城乡居民有了养老保险;城镇化首次突破 50%;农业机械化水平突破 50%;中国网民世界第一、网络购物交易额十年增长 600 倍;我国铁路每天延长 6 公里、我国公路每天增加 641 公里等等。

一般而言,数字新闻是成就报道中比较常用的报道方式。对于电视媒介来说,用数字组合的新闻使观众难以记忆。因此,往往采取配图标、模型、对比等方式加以表达。CCTV 的《数字十年》较好地利用动画手段,在形式上把单纯的数字转化为数字动画视觉新闻。可以说开启了重大时政报道范畴中成就报道题材如何生动地用数字表达的新思维。

(五)电视直播十八大的多重意义及其影响

客观地讲,全国各大媒体在十八大召开期间的报道必须完全按照十八大的程序进行,报道内容和方式基本上没有太大的差异。最大的看点是:CCTV 对十八大重要程序和内容的直播。

CCTV 直播十八大向世界展现了中国时政报道变革与开放的窗口。不但展现了十八大开放的姿态,而且折射着中国领导人物的开放程度。电视直播方式已成为十八大程序不可或缺的组成部分,产生的影响是多方面的。对于媒体来说,记录了重大时政报道的变革步伐。

笔者认为,在电视直播十八大的所有内容中,新闻发布会、开幕式、闭幕式、新班子与媒体见面会的直播最具挑战性。

从传播学视角透析,电视直播产生的影响和作用渗透到政治、社会、公众、媒介等等层面。其促进作用主要体现在下述六个方面:

其一,直播十八大的内容为世界所倾听,促进了大会对外开放的姿态和透明程度。

其二,直播的真实客观性符合新闻传播规律,促进了大会建立新闻发布会制度并走向常态化。

其三,直播的形式吸引着受众的眼球,引发了公众的关注、热议、参与、互动。

其四,直播十八大所透露的新信息、新观点,构成新的新闻报道内容,往往立即引发社会的普遍关注,甚至成为大会的焦点。

其五,直播的内容成为媒体进一步解读大会的切入点,开启了对大会报道的新思路。

其六,直播给媒体自身带来较高的收视率,成为电视媒介对大会报道的固定节目形态。

在西方发达国家,传播学者和社会学家十分关注重大新闻的电视直播报道。一般认为,真正意义的电视直播报道应该给社会带来某些变化。

十八大的电视直播对社会所产生的影响十分巨大,同时对电视媒介核心竞争力的形成起到了助推作用。

当今世界,人类已经进入了信息时代,全球信息流动一体化的速度日益加快。作为重要信息载体的电视传媒,对信息流动起着推波助澜的作用;而电视对十八大新闻的传播,一方面提供了信息来源,一方面构成了信息通道。梳理电视直播十八大的报道经验,有利于揭示这一特定传播行为的基本特征。

三、走基层丰富电视重大时政报道的维度与视域

走基层的报道态势在全国已经形成了一种独特的传播现象。这一现象的突出特点是:全国性的全媒体参与,呈现出异常活跃的媒介氛围;走基层报道的热度与多种视角,引发了受众对报道内容的普遍关注;走基层聚集的媒介力量促成了社会行为,形成全国性的意识。

(一)走基层开启电视重大时政报道的新视角

从CCTV播出的《走基层·我这十年》的一些报道来看,其报道视角得到新的开启。例如,湖南农民王化永离开土地办工厂,又关掉工厂种植超级稻试验田,创造大面积亩产的世界最高纪录。王化永的家乡——隆回县羊古坳乡是袁

隆平超级稻的试验基地。传统的秧苗插法都是正东正西,王化永的试验田却是斜插的。他发现每年的夏至以后,太阳升起落下时并不在正东和正西,而是有个 10 度到 8 度的偏角。在水稻生长的后半期,利用好这一点阳光就能把产量再提高。他用传统的晒田法来解决水稻倒伏的问题,使 100 多亩试验田抗住了暴雨,经过测产平均亩产达到 926.6 公斤,创造了超级稻大面积亩产过 900 公斤的世界最高纪录。隆回县有上千名农民跟着王化永学技术,他还成立了农民专业合作社,从种子、化肥、田间管理到收割收购进行技术指导。王化永的故事体现了科学发展观对中国现代农民的感召力,改变了人的生活方式和观念,折射出具有中国特色的时代特征。

特别值得提及的是:《在基层·我这十年》在《新闻联播》、《朝闻天下》节目中连续 4 天报道了退休老军人吉林延边军分区副司令金文元的故事。这位具有 35 年军龄的司令员退休后回到老家安图县的贫困村——大成村,8 年来坚守在荒山植树造林,栽下了 15 万棵红松和近 5 万棵落叶松。他把 200 多公顷的山林都编了号,按照部队的方式命名为 405 高地、508 高地、无名高地等。金司令说栽树就是给子孙留个好的环境,他的愿望是在有生之年再栽 10 万棵树。金司令不仅让家乡的荒山变绿,还带领家乡的百姓种上了中草药和经济作物,他考察经营项目,组织人们成立合作社,进行规模化经营,寻找到了脱贫致富的"金钥匙"。

金司令的故事折射出革命老军人甘于奉献、意志坚韧、胸怀大志、不忘父老乡亲的感人品质,引发了社会各界的关注。沈阳军区开通"山沟司令金文元"微博专题,专题视频在全军政工网点击量当天突破三万次,留言量超过 6000 条。吉林省军区以金司令的报道为由头,开展喜迎十八大主题活动,官兵们认为,金司令的故事耐人寻味,树立了一个可感知的好榜样。一些军队离退休老干部致电 CCTV,表示要像金文元一样发挥余热,用行动关注下一代、关注基层百姓。许多部队在职官兵表示,金文元作为军队高级干部,不忘党的培养、不忘家乡,情系群众,真切地鼓舞着广大官兵。人民网、新华网等多家网站转载了金司令的故事。百度搜索指数显示,"金文元"的关键字日均搜索量达千余次。很多网民说报道给人一种久违的感动。

《在基层·我这十年》系列报道作为十八大的预热报道,用第一人称作为节目的片名,给人一种亲切感,也是从百姓视角出发的尝试。此外,由于节目着眼于普通百姓的变化,有益于找准报道的切入点。这对于重大时政新闻预热报道来说,具有了便于操作的可行性。

同十七大召开前夕 CCTV 策划的《百姓纪事》系列报道相比较,《在基层·我这十年》系列报道选择的人物更具故事性,人物也更具有个性,他们身上折射的时代特征更为突出,因此报道有一定力度,更具有思想意义。《百姓纪事》系列报道,讲述的是十六大之后的 5 年国家经济发展带给老百姓生活的一些变化,如偏远地区通电、修路、打井等等,然后再用一组数据说话,呈现某个领域全局性的改变。虽然报道选取的人也是普通人,但是人物不具有使观众感动的个性元素,这些人物可以替代,选取张三、李四都可以,构不成人物故事,报道中链接的数据也很难记忆,因此不容易引起社会的特别关注。《在基层·我这十年》选取的人物本身具有个性,他们的所作所为构成打动人心的真实故事,因此能够引起社会的特别关注和反响。

值得我们思考的是:怎样理解百姓视角,怎样践行党的群众路线,选取百姓视角怎样更加符合新闻传播的规律。《在基层·我这十年》系列报道的多维视角带给我们很多思索。

倡导走基层报道常态化,意味着走基层将成为一种自觉的媒介意识,这对于冲破时政报道概念化的惯性思维具有深层的意义。

(二)走基层创新电视重大时政报道的形态

重大时政报道从一个侧面折射出一个国家乃至世界的动向,成为了解世界局势动态的敏锐观察点。在一些预知性的重大时政新闻发生之前,世界上的主流媒体纷纷进行预热报道。

以往,我国新闻媒介的这类报道基本上是以主题比较宏大的成就报道、典型报道为主,报道的入手点往往是一条战线、一个领域、一个大的层面等等。2007 年,CCTV 配合十七大的特别报道有《科学发展 共建和谐》、《经典中国 辉煌成就》、《喜迎十七大 和谐中国行》等节目。从这些节目的片名不难看出,报道的主题比较宏大,报道主线侧重于某个领域,报道着眼点侧重于成就和典型。

在一定程度上讲,我国主流媒体的相关报道都具有一定时代色彩。例如,崔永元主持的"走进阜新"这期节目,讲述了辽宁阜新煤矿作为资源枯竭城市重新振兴的历史变迁,体现十六大提出的振兴东北老工业基地的战略。《喜迎十七大 和谐中国行》节目每期90分钟,以开放式的谈话节目形态尝试进行时政报道。在"走进阜新"、"走进井冈山"、"走进桂林"等节目中,也以"三贴近"的路线进行前期采访。不过,节目中一些段落很有意思,有些段落则过于冗长。由于90分钟节目的时长容纳了太多的内容,出现的人物也较多,观众容易失去收看的耐心。

重大时政报道具有多样性和限定性的双重特点,因此很难用一种尺度来评判。笔者认为,CCTV《喜迎十七大 和谐中国行》开放式的谈话节目形态有一定创新性,但对于重大时政报道来说,不具有可操作性。关键原因在于每期节目都要兴师动众,此外如果没有合适的主持人,这样的节目也很难支撑。

在一定程度上,CCTV在两会报道中尝试植入走基层的报道理念并付诸实践,这些经验对喜迎十八大报道起到了借鉴作用。这或许是为什么CCTV率先以走基层的节目形态推出喜迎十八大报道的原因。9月6日,在"走基层、转作风、改文风"大型主题采访活动视频动员会举行的当天,CCTV新闻中心召开进一步加大报道力度,在各频道重点新闻栏目中全面体现"走转改",形成舆论强势的策划会。9月12日推出特别报道《喜迎十八大 走基层·行进中国》,成为CCTV在党的代表大会预热报道的创新电视节目形态。

四、"走转改"大型主题采访活动作为媒体策划行为的思考

时政新闻历来是主流媒体的重要报道领域,也是媒体之间展开新闻竞争的制高点。

以传播学的视角透析"走转改"大型主题采访活动可以得出这样的结论:两会、党代会预热报道实际上是一种媒体行为。换句话说,系列报道是由媒体的策划而产生的。

从另一个层面来看,这种媒体行为或多或少带有一定的媒体策划。如果在哪个环节上出现摆拍或不自然、不真实的情况,就会使报道的传播效果打折扣。

因此,在我们肯定了报道的积极意义之后,还需要冷静理智地思考报道中

存在的缺陷。笔者认为,有三个方面的问题应该引起注意:一是在一些报道中,给观众留下组织、摆拍的印象。二是有一些报道呈现的方式,看起来更像一个典型经验报道。三是一些报道从策划、选题、采访、拍摄、出镜等专业角度考量,还有改进的空间。

此外,值得我们深层思考的是:媒介设置的话题是否与时代发展相契合?是否为大众所理解和接受?

实际上,深化"走转改"主题采访活动与议程设置理论有非常密切的联系。议程设置理论通过对受众与媒介的关系、受众接受信息状态以及引起重视的程度的分析,得出结论性观点:公众通过媒介知晓事件或问题,依据媒介提示的角度进行思考,按照媒介对各种问题的重视程度来调整自己对这些问题重要性的看法。

[作者为中国传媒大学新闻传播学部电视学院教授]

传统媒体如何应对微博传播风险

○ 张 燕　王丽婷

现代社会风险有一个重要的特征,就是它与"媒介化社会"的互相叠加。风险的"不确定性"加剧了人们对媒介信息的渴望与依赖。传媒作为一种天然的信息采集与传播工具和现代社会中的重要力量,在监测、预报和应对风险方面具有独一无二的优势。但是,媒介在促进公众对风险的认识以外,也参与了现代风险的构建与传播。

根据李普曼的"拟态环境"理论,大众媒介所提供给我们的并不是世界的真实样子,而是通过媒介过滤后才进入我们视野的现实,是一种"拟态环境"。也就是说,媒介所披露的风险,很有可能只是它呈现出来的风险,而不是现实中真正存在的风险。由媒介所呈现的风险进入到社会成员的感受之中,又经过其态度或行为表达出来,使得"呈现性风险"甚至转化为真实的风险。如此,我们不得不关注媒介主动或被动引发风险的可能性,更需要探究如何有效地控制这种风险的产生与扩大。

麦克卢汉的"媒介即讯息"理论告诉我们,每一种新媒介的出现都意味着社会的重大变革,微博就是其中一例。自微博这一新型社交平台在中国面世以来,其用户数量就逐渐呈现出了爆炸式的增长。这些不断增长的数字告诉我们,一个微博传播的时代正在来临。微博刷新着我们对媒体的认识,全新的表达方式让更多的人可以参与到信息的发布中来,它改变了人们写博客的方式,它让自媒体进一步地平民化了,成为年轻人的网络生活新方式。在这个崭新的微博传播背景下,传统媒体的传播范式受到诸多的挑战:微博信息发布主体的草根化、信息发布和反馈的即时化、信息沟通的有效化和互动化。

然而,随着微博人气的上升,微博逐渐从朋友间的感情交流和信息分享的私人社交平台发展成讨论社会公共议题的公共话语平台。在社会舆论平台出尽风头的同时,微博也成为谣言散布和网络暴力的聚集地。我们不得不反思微博引发的传播风险。

一、微博引发的社会风险

(一)信息真假难辨,碎片信息泛滥

自媒体自它诞生的那一天起,就注定了它在"把关人"缺失上的不足。它取消了传统媒介中编辑决定文章是否可以发表的能力,只要不涉及重大问题,一般的博文、日志、状态等,都可以随意发表。低门槛、平民化、草根性同时也意味着信息泛滥、良莠不齐和大众文化当道。"把关人"的缺失使得虚假信息有了可乘之机,而用户通常难以辨认这些信息的真假,更助长了虚假信息的传播与扩散。例如从2010年开始发生的多次金庸"被去世"事件,虽然金庸先生对此表示淡定,但是这无疑给许多人都带来了困扰。

微博信息的碎片化不仅体现在微博的篇幅上,还体现在用户对信息的接收上。加快的现代化生活节奏和拥挤的城市交通使我们拥有了许多难以安放的碎片时间,而阅读碎片信息就成了最好的时间消磨方式。这些碎片化的信息看似传递给了我们很多东西,实际上却并未含有太多的价值。它让我们满足于这些只言片语里所包含的内容,甚至因为过度泛滥的信息而对信息本身产生了冷漠感。高校大学生跳楼、公益组织敛财、富二代撞人,当大量的信息开始狂轰滥炸的时候,人们逐渐对一些事情产生麻木的感觉。

(二)主流话语销蚀,意见领袖泛化

微博的低门槛在导致虚假信息的同时,也销蚀了传统主流媒体的话语权。"话语权",简言之,就是说话的权利,或者说是控制舆论的权利。在互联网兴起之前,传统媒体牢牢把握着这个权利。随着论坛、贴吧、博客等形式的兴起,公众的话语渐渐有了出口,控制舆论也不再是媒介的专权。有人把微博比喻成一

个 3 亿人的话筒,每个人都可以对着它发出自己的声音。正是微博的出现,使得公众的声音更加热烈,也更加嘈杂。当我们在无数的碎片、声音和种种骇人听闻的消息面前徘徊不定的时候,主流话语不知不觉间就被销蚀殆尽了。

事实上,微博看似给了每个人通过"话筒"发声的机会,但每个人所掌握的话语权力实质还是不平等的。加 V 认证的方式使得众名人有了常人难以企及的关注度,这些"意见领袖"往往一开口就能得到无数的评论与转发,一呼百应,影响力不可谓不强大。当某个公共事件发生的时候,意见领袖的声音更容易被听到、被接受和附和,而那些持有相反意见的众草根们,则很有可能受到沉默螺旋机制所支配,转变为沉默或者附和的大多数。就国内而言,微博名人更多是娱乐明星和成功商人(前者居多),而政治精英和知识分子则较少。据微博名人热搜排行榜最新数据显示,2013 年 3 月微博名人前十名都是娱乐明星。这些意见领袖群体,他们的公共言说常常是畸形的、不成熟的,而这种言论一旦被投放进微博,或许将掀起轩然大波。

(三)信息茧房的构筑加剧个人与群体极化

信息茧房是指人们的信息领域会习惯性地被自己的兴趣所引导,从而将自己的生活桎梏于像蚕茧一般的"茧房"中的现象。根据选择性注意理论,受众在获取信息的时候会倾向于注意符合自己的原有意见、观点或是自己比较感兴趣的信息,而尽量避免那些与自己的意见不合或是自己不感兴趣的信息。微博的选择性关注功能方便了用户过滤掉那些自己不想注意的内容,让他们可以更多地关注自己感兴趣的信息,和更多与自己志趣相投的人进行互动,逐渐给自己制造了一个信息茧房,形成排他、部落式的自我封闭,疏远了与其他思想碰撞的机会,加剧了个人与群体极化。长期生活在信息茧房之中,容易使人产生偏执、狭隘、自负的心理,降低个人或群体与社会的黏性,可导致许多不良后果。

微博时代的到来,为现代社会风险增添了更多的可能性,也对主流媒体的生存和发展造成了重大的影响。在信息良莠不齐、主流声音弱化、个人和群体极化、价值观混乱不堪的今天,作为社会新闻框架的设置者的主流媒体又该何去何从呢?

二、传统媒体如何应对微博引发的风险

（一）权威

1. 信息采集上，借助自身专业优势，获取个体传播者无法企及的信息

自微博诞生以来，其获取第一手信息的速度常常为人们所津津乐道。许多重大突发事件，如温州动车事故、玉树地震等，由于媒体无法在第一时间赶到现场或进行播报，经常由当时在场的人通过发微博而首先传播开来，这种速度是传统媒体无法比拟的。

虽然这种消息及时、迅速，且常常带有强烈的现场感，但不可否认的是，它在某种程度上过于主观化了，缺乏系统性和准确性。在信息的完整、准确获取上，传统媒体往往拥有个体传播者所无法达到的专业优势。这些优势主要体现在信息获取渠道上和信息采集工具与采编人员资源上。

（1）信息获取渠道上。对于一些国家重大事件的跟踪、重大意外事故伤亡情况、群众关心的司法案件处理等等的信息采集上，主流媒体往往拥有特殊的进入渠道和消息获取渠道。比如在众所周知的"我爸是李刚"一案中，该案件在河北省望都县法院开庭审理的时候，官方只选择了5家媒体与其达成协议拥有旁听资格，这样大众就只能从这5家媒体的报道中获取具体的审理情况了。

（2）信息采集工具与采编人员资源上。尽管智能手机早已经实现实时发送图片、拍摄上传视频等功能，但是与主流媒体所拥有的媒介资源比起来，仍然存在差距。高清的摄录机、直播车、录音笔、现场资料，以及专业的采编人员等等，这些都保障了主流媒体所获取的信息的准确度与完整度，而这些同样是个体传播者难以完全具备的。

2. 信息筛选上，核实信息并突出社会主流价值取向

微博的到来确实为传统媒体提供了许多新闻采集线索，因而大大缩短了传统媒体的新闻时效。然而，和时效比起来，更为重要的是新闻的真实性。"把关人"是传统媒体中的重要角色，与缺乏"把关"的个人微博相比，传统媒体拥有层层的"把关人"，这些人承担着信息筛选、过滤的重要责任。在筛选信息的过程中，剔除虚假，还原真实，应当是"把关"的基本要求。

但是在激烈的市场竞争压力下,传统媒体要么盲目追求报道时效、要么盲目追求新闻的爆炸性而有意或无意地忽略了信息核实这一重要环节。例如近期育婴箱烤死婴儿的报道,记者盲目附和,为的是第一时间转发,结果却忽略了最起码的常识性筛查核准,结果错误地引导舆论方向,加剧了原本就已经紧绷的医患矛盾,走向了理性的背面,损伤了自身最为宝贵的公信力,得不偿失。

面对市面上那些鱼龙混杂的信息,传统媒体应当保持理性客观的态度,对公众负责,也对当事人负责,事实性信息一定要核实了再作报道。只有在所有报道中都持有这种不偏不倚、理性客观的态度,坚持弘扬社会的主流价值观,才能建立起其在公众心目中的权威地位。相反,哗众取宠只会消耗掉公众的信任度。这种公信力一旦彻底失去,在微博等新媒体的冲击下,传统媒体还有多少优势可以让其在公众的心目中尚存一隅?

3. 信息发布上,充分发挥真正舆论领袖的社会影响力

微博低门槛、瞬时化的特点使得很多人都是不假思索地发言、跟风,也使得微博里经常充斥着偏激、情绪化和谣言满天飞的情况,缺乏理性和逻辑。在嘈杂、喧闹的微博舆论场中,需要专业、权威、理性的声音,来引导受众的理性思考,对因此而引起的混乱、不安等情绪进行疏导。这时候主流媒体的作用就显得尤其重要。

关于微博谣言,最典型的莫过于前年日本"3.11"地震后的国内"抢盐风波"。事情的缘起只是几条"关怀性"的微博信息,几个博主"温馨地"提醒大家多吃点儿碘盐有备无患,随后这些微博就开始被转发、评论,各种关于碘盐的消息四起,于是谣言就这样滋生,而后愈演愈烈,最终导致全国性的疯狂抢购。

随后,各大主流媒体纷纷应声而出,发布了众多"涉盐"信息,据《法制晚报》统计,169家地方报纸3月17日至3月23日头版"涉盐"。18日,151家报纸在头版强调:盐库储备充足,市民无需囤盐。19日,73家报纸头版"涉盐",其中26%的报纸关注被炒高的食盐价格,70%的报纸关注食盐市场恢复秩序,4%的报纸已经关注退盐潮。

面对疯狂的抢盐潮,国内各大主流媒体统一发声,形成巨大的力量,使得"谣盐"被迅速攻破。在关于食盐的报道中,不少媒体没有仅停留在新闻事件的表面,而是展开了更深层次的报道,不仅摆出一系列的真相否定了"盐荒"的可能性,澄清了谣言,还对"抢盐"消息的源头及其背后的游资炒作进行了深入剖

析。从引发抢盐潮到渐渐平息,仅用了一两天的时间。

正因为主流媒体严格的信息把关和有力的舆论引导,才让"谣盐"几乎在一夜之间遭到粉碎,这个事件既突出了主流媒体作为社会公器所履行的社会责任,体现其优秀的舆论引导能力,同时也向我们彰显了主流媒体作为真正的舆论领袖的社会影响力。

(二)建构

1.具体信息呈现上的结构性和完整性:重构被微博解构的碎片

由于微博篇幅短小、门槛低,又带有强烈的个人色彩,所以呈现在微博上的消息总是零散的、碎片化的,我们很难从这些只言片语中把握整个事件的来龙去脉。主流媒体的专业优势就可以从这里体现出来了。

对于一个刚接触某个事件的公众来说,相比较一人一言式的微博信息碎片,长篇系统的新闻报道无疑要来得直观得多,理解起来也方便得多。因此主流媒体应当把握住受众的这种需求,力图在信息的呈现上体现出更好的结构性和完整性。根据新闻线索,现场采访,多方求证,通过文字图片上的再加工,让真实的信息表现得更加充分,让受众得到更完整的事实,是主流媒体扬长避短的正道。

例如在2011年"7.23"温涌线动车事故的报道中,微博确实是最早发出信息的平台,继而各种消息铺天盖地,有被撞车内的乘客亲属,有附近的村民百姓,有赶去救援的各路人马,每个人都只看到自己所在点上的情况,且很多信息都带有强烈的主观判断与个人情绪。这些杂乱无章的信息汇集起来更像是一堆难以互相印证的碎片,观众很难从中分辨出事件的真实全貌。

随后各大主流媒体纷纷行动起来,先迅速发出短消息进行告知,后拍摄、采访、编辑、加工,争取用最快的速度编辑出最完整的信息,将事件发生的前因后果一一道来,还加上了对有关部门、乘客亲属、目击者、救援人员等人的采访,辅以图片、视频等形式,使整个事件显得真实而生动,让广大受众更全面、更直观地了解了整个事件。

依靠翔实的调查报道、权威的解释报道等,能有力地捍卫传统主流媒体的权威性和公信力。这种更客观、更全面、更深入的调查报道所具有的专业品质,是呈碎片化、情绪化的微博信息无法相比的,也是传统主流媒体的核心竞争力所在。主流媒体必须牢牢地抓住这一优势,有效地予以放大,才能在与微博的竞争中立于不败之地。

2.总体信息结构上的一贯性和系统性:树立社会主流价值观

主流媒体是话语权的掌控者,是社会舆论的引导者,其一举一动都可能带来很大的影响。因此,要注重在整体信息结构上的一贯性和系统性,宣扬社会主流的价值观,避免对公众造成错误引导。

要保持信息结构的一贯性,首先要明确自己作为主流媒体的身份,在信息的筛选发布上,要保持一定的水准,杜绝虚假、不确定的信息,坚守作为主流媒体所应当承担的责任;其次,坚定立场,不为了眼前之利而故意哗众取宠,不偏离真相,坚守真实客观的原则,维护自身的公信力。

要保持总体信息结构的系统性,就要重视媒体内容的总体安排,突出社会主流的价值观,正确引导受众的思考。对于社会阴暗面的披露,内容上不宜夸大渲染,结构上注意总体平衡。舆论监督除了清污除垢的负面报道,还可以是正面的建设性树立。在信息的总体结构分布上,注意二者之间的平衡。不能过度偏向于负面信息,也不能完全杜绝负面信息。内容结构上应该以中性的实用性社会信息为主导,辅之以结构平衡的正面和负面信息,以展现主流媒体的服务性和成熟大气的气度。

微博短、杂、快的特点让它在总体信息结构上总是缺乏一定的系统性和一贯性。主流媒体要重视总体信息的安排,保持信息结构的平衡,避免极端化和中庸化,尊重媒体的基本职能,积极地引导舆论的走向,为社会的主流价值观服务。

(三)平衡

1.平衡:放大和疏导的艺术

传统媒体作为社会平衡器,需要掌握平衡的艺术,在需要舆论放大的时候适度放大,引起社会关注;在需要冷静疏导时,以理性分析和全局观念来淡化社会冲突,保持正面的建设性。这一点在风险社会的背景下,显得尤为重要。传媒应当起到风险告知和社会动员的积极作用,在那些被社会多数人忽视的一些议题上,可以多做渲染,广泛传播,引起社会关注,消除隐藏的潜在风险。而对于一些已经剑拔弩张、紧紧绷住的社会矛盾,则不应当再大肆渲染,刺激挑拨,而应当理智分析,冷静思考,疏导社会对立情绪,引导社会舆论朝着积极、有建设性的方向发展,不逞一时口舌之快,不盲目附和。

传统媒体平衡的艺术可以通过以下两个例子体现出来。需要放大的话题,比如弱势群体的生存状态和权益维护这样的话题,就需要媒体适度地放大,引起人们的关注,号召更多的社会力量来帮助解决。而例如医患关系、官民关系这样已经被绷紧的话题,则需要多一些冷静的分析。我们不难发现,当下的医患关系、官民关系,已经相当的紧张。一则消息出来,某个患者拿着刀去医院砍杀医生和护士,舆论一边倒的不是去谴责暴行,反而是指向医生和护士自作自受。再如,某官员一家三口灭门惨案,社会舆论不是对这个灭绝人寰的行为的指责和声讨,反而变成是否贪官遭受天谴的讨论。许多理应伸张的社会正义,一旦陷入了这些复杂的利益矛盾框架中,便无处容身,淹没于尖锐社会矛盾的对抗中。显然,此时媒体的平衡器的职能就落空了。然而,这一时的口舌之快无益于事情的最后解决,渲染矛盾、激化冲突或许可以提升媒体的眼球经济,为之付出的代价却是社会稳定,相信从口舌之快中回复理性的公众最终能回报给这些媒体的,恐怕除了冷漠,还有鄙视吧。社会平衡的职能,值得媒体深思。

2. 对事:尽量吸纳多方不同的观点

现代社会是一个多元化程度越来越高的社会,各种社会关系错综复杂,这使得新闻事件的解读,也因利益关系的复杂多样而呈现不同的版本。还原事件真相、代表公共利益,这是媒介行业的职业理想。要实现这样的职业理想,具体操作上的一个可行之策就是不偏不私,尽可能从多角度,立体地来呈现事件和观点。单一视角总难免存在视觉盲区,克服的最好方法就是多角度呈现,交互辐射彼此的视觉盲区,营造一个无影灯效应,彻底照亮"灯下黑"。

主流媒体作为舆论的重要引导者,常常决定着公众思考的方向。"兼听则明,偏信则暗。"所以主流媒体在发布信息的时候,要注重"广开言路",尽量吸纳多方不同的观点。不能选择性忽略、一言以蔽之,或者完全忽略其他观点,单凭自己的主观臆断或利益需求来说话,应该尽可能地呈现多方意见,为公众提供各种不同的视角,以使自身的报道更客观、更公正,更易于被理解和接受。

3. 对人:尽量顾及不同人群的需求,尤其是弱势群体

媒体要做到公正,就不能只是成为某些利益集团的代言人,而应该成为社会公共利益的代言人,因而需要呈现不同人群的不同诉求,实现平等对话。弱

势群体指的是那些由于先天或后天条件不足而面临生存困难、受到社会排挤或被边缘化的群体。他们一般经济地位相对低下，不能或只能很少地占有资源，缺乏较强的竞争力。弱势群体作为一个特殊群体，在社会中经常处于被歧视、被忽略的地位，媒介话语权羸弱，原因主要在于：首先，传统媒体对弱势群体的关注报道不够。在媒体的政治和经济双重逻辑中，弱势群体都是被排除在外的。弱势群体掌握的社会资源往往是入不敷出，因而很容易被社会的政治权贵和经济权贵忽视，因而也就容易被传媒忽视；其次，弱势群体表达渠道较少。虽然网络的逐步开放使得越来越多的公众得以发出自己的声音，但事实上，真正属于他们的平台还是很少，例如很多农民工，他们不具备上网条件。对于这些情况，主流媒体应当发挥自己作为"社会公器"的真正作用，关注各种群体尤其是弱势群体，发现他们不同的需求，为他们发声。

三、结论：化解媒介传播风险的关键不是技术，而是素养

媒介技术的更新总是会带来一些希望，人们总是希望能够借助一种新的传播技术来解决现有技术条件下传播的弊端和隐患。电子媒介技术的到来，瓦解了印刷媒体时代受众之间界限分明的区隔，把人类带到了一个直观化的民主新时代。然而接踵而至的就是电子媒介技术引发的一系列负面问题，电视暴力、电视人、隐私权侵害等等。微博这种新媒介技术应用模式也难以逃脱这个技术风险的逻辑，在减少由传统媒体中心化带来的诸多弊端的同时，也引发新一轮的传播风险。这不得不令人深刻反思。看来只是单纯地依赖一种新技术来化解传统技术的风险，这是行不通的，会陷入一个永无止境的循环。解决问题的根本还在于媒介素养的提升。一种新的媒介形式出现，就要培育与之配套的媒介素养的新内涵，本文只是提到了传统媒体的媒介素养，事实上我们已经走到了媒介化社会，媒介素养是全社会都需要培育起来的基本素养，只有这样才能从根本上克服传播技术的风险逻辑。

[张燕为中国传媒大学经济与管理学院副教授；王丽婷为中国传媒大学文化产业管理专业本科生]

中国传播能力建设技术支撑

P2P 技术在推荐系统中的应用　　　　　　　　　　　　王永滨
网络大数据反挖掘　　　　　　　　　　　　　　　　　任　勇
新媒体技术与艺术融合初探　　　　　　　　　　　　　张　勤
互联网微视频传播中的若干问题及其对策研究
　　　　　　　　　　　　　曹三省　张辉　黄建　王楠　纪海

P2P 技术在推荐系统中的应用

○ 王永滨

一、引　言

互联网的发展将我们带入了一个大数据信息化的时代,如何从海量信息中挖掘出用户感兴趣的信息,并把这些信息推送给用户,成为亟待解决的问题。个性化推荐系统通过建立用户与信息产品之间的二元关系,利用用户的历史行为或相似性关系挖掘每个用户潜在感兴趣的信息,进而进行个性化推荐。它已经成为目前解决信息过载问题最有效的工具[①]。然而,随着用户和推荐对象数量的增加,推荐系统计算的时间复杂度和空间复杂度会急剧增加,严重影响推荐的实时性。因此,如何提高推荐系统的可扩展性成为迫切需要解决的问题。现有推荐系统的可扩展性研究主要从数据结构和算法角度出发,利用降维[②]、聚

---

① 项亮、陈义、王益:《推荐系统实践》,人民邮电出版社 2012 年版。
② M. Wu, "Collaborative filtering via ensembles of matrix factorizations," KDD Cup and Workshop at the 13th ACM SIGKDD Conference. 2007.
A. N. Katsuhiro Honda, IchihashiHidetomo, "A sequential learning algorithm for collaborative filtering with linear fuzzy clustering," ser. Proceedings of the 2006 IEEE International Conference on Systems, Man, and Cybernetics, 2006, pp. 1056－1061.

类[1]、概率[2]、数据集缩减[3]、线性模型[4]等技术对推荐系统的可扩展性进行改善。这些优化方法通常采用离线计算、定期更新的推荐模式,但这种离线计算方法不能充分利用最新数据以体现用户兴趣偏好的动态变化。本文从推荐系统架构角度出发,结合对等网络(Peer to Peer,P2P)的思想,提出了利用动态的、自组织的P2P网络环境构建一个基于兴趣群组的推荐系统网络模型(A Group Interest-based Recommender System,GIRS)。该模型允许具有相似兴趣的节点聚集在一起形成一个兴趣群组,兴趣群组的超级节点之间构成一个结构化的覆盖网络,并基于协同过滤思想,为用户提供个性化的推荐服务。

二、系统架构

GIRS系统的建立基于如下假设:

1. 节点用户对项目的评分体现了节点用户的兴趣。

2. 若在固定的一段时间内,节点用户评分次数较多,表示该节点属于GIRS系统内相对稳定的用户。

GIRS网络使用节点用户最喜欢的若干项目表征每个节点的兴趣特征,通过计算节点兴趣特征之间的相似关系,将兴趣相近的节点进行聚类构成相似兴趣群组。在兴趣群组中根据节点的能力,将群组中的节点分为超级节点(the Super Peer, or SP)、备份超级节点(the Backup Super Peer, or BSP)和普通节点(the Peer Node, or PN)。各个兴趣群组的超级节点进一步组成上层结构化P2P覆盖网络。推荐系统服务器(the Recommender Server, or RS)仅负责更新超级节点上的项目相似度关系。GIRS网络拓扑结构如图1所示。

---

[1] S. Das, M. Datar, A. Garg, and S. Rajaram, "Google news personalization:scalable online collaborative filtering," in Proceedings of the 16th international conference on World Wide Web. New York, USA:ACM, 2007, pp. 271—280.

[2] 邢春晓、高凤荣、战思南:《适应用户兴趣变化的协同过滤推荐算法》,《计算机研究与发展》2007年第2期。

[3] A. Jameson and B. Smyth, "The adaptive web," P. Brusilovsky, A. Kobsa, and W. Nejdl, Eds. Berlin, Heidelberg:Springer-Verlag, 2007, ch. Recommendation to groups, pp. 596—627.

[4] Yong Zhuang, Wei-Sheng Chin, Yu-Chin Juan, and Chih-Jen Lin. . A fast parallel SGD for matrix factorization in shared memory systems. In? Proceedings of the 7th ACM conference on Recommender systems? (RecSys '13). ACM, New York, NY, USA, 249—256. 2013.

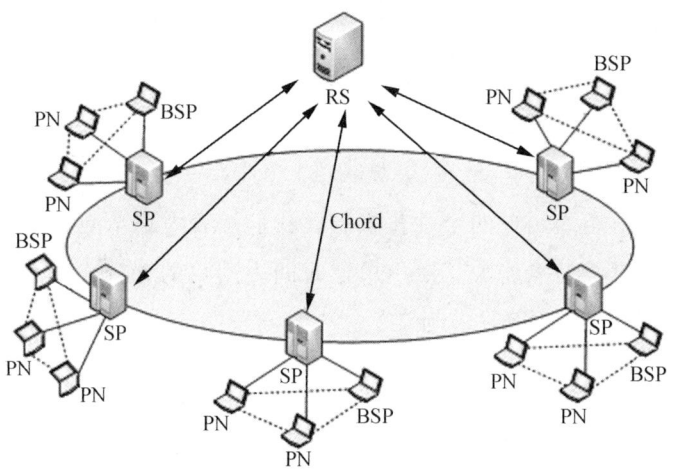

图 1　GIRS 拓扑结构

在 GIRS 网络模型中,主要包含以下四类节点:

PN:普通节点,能执行加入退出 GIRS 网络。每个 PN 至少记录所属兴趣群组的信息。任何节点在初始加入 GIRS 网络时都是 PN。

SP:超级节点。P2P 覆盖网络的每个兴趣群组中会根据节点的能力及信誉情况,动态选举一个超级节点,负责维护结构化覆盖网络、响应 PN 的加入请求、群组内用户的个性化推荐及维护本组相关信息。

BSP:备份超级节点。为避免单点失效问题,由该兴趣群组 SP 根据节点能力及稳定情况指定,协同维护本组相关信息。

RS:推荐服务器。负责更新超级节点上的项目相似度矩阵。

三、关键技术

3.1　节点及群组的特征表示

节点用户对项目的评分表示了节点的兴趣特征。我们选取用户评分的前个项目作为代表节点用户的兴趣特征。判断一个节点能否加入一个兴趣群组时,需要计算节点兴趣特征与群组兴趣特征之间的相似度。兴趣群组内包括多个节点用户,通过对这些节点用户评分取平均值,计算一个虚拟用户兴趣特征代表群组特征。

3.2 超级节点的选取

在 GIRS 网络模型中，SP 主要负责维护 GIRS 兴趣群组信息、处理 PN 的查询请求以及群组内用户的个性化推荐。我们综合考虑节点的处理能力和节点的稳定性来计算节点能力。使用单位时间内用户的评分次数来表示用户的稳定性，节点能力 C_p 计算方法如下：

$$C_p = \omega_1^* a_p + \omega_2^* \frac{|R_p|}{R_{\max}}$$

其中，a_p 为节点的计算能力，取值区间为 $[0,1]$，$|R_p|$ 为单位时间内节点 p 对所有项目的累计评分次数，$R_{\max}$ 为单位时间内群组中单个节点对所有项目的累计评分的最大次数。ω_1，ω_2 为权重系数，且 $\omega_1 + \omega_2 = 1$。

3.3 路由机制

GIRS 网络属于层次化网络模型，上层是 SP 组成的路由层，底层是由 PN 组成的用户层。GIRS 网络中的 PN 维护一个本地兴趣信息表，包括节点 IP、兴趣特征、节点能力以及所在兴趣群组的 SP 与 BSP。GIRS 网络中的 SP 维护的信息包括路由表、项目倒排索引表、本群组节点信息表、群组兴趣信息表以及项目相似度矩阵。在 GIRS 网络中，我们使用 Chord 协议将 SP 组织成一个 DHT 网络，使用调整余弦相似度作为项目的相似度衡量标准。备份超级节点兼具普通节点与超级节点的角色，因此既需要维护本地兴趣信息表，也需要通过"心跳"(PING/PONG)消息与超级节点同步，维护路由表、项目倒排索引表、本群组节点信息表、群组兴趣信息表以及项目相似度矩阵。

3.4 节点的自组织机制

P2P 网络具有自组织特性，在设计 P2P 系统时需要考虑当节点频繁加入和退出系统以及节点失效时，网络拓扑以及路由性能是否会受到大的影响。尤其当 GIRS 的超级节点失效时，系统需要重新选举出新的超级节点。此外，SP 与 PN 之间需要维持一个"心跳"消息，定期探测各节点的 TTL 值，一旦发现某个节点出现多次 TTL 值超时的现象，则将该节点从群组内删除。SP 还需要通过

"心跳"消息周期性地探测其他 SP 的情况,并及时更新自身路由表。

3.5 兴趣群组的自组织机制

当一个节点申请加入某个兴趣群组,但该兴趣群组中节点已经达到群组分裂阈值时,就需要将该兴趣群组进行分裂。为了保证分裂后群组的稳定性,分裂时将原有兴趣群组的 SP 和 BSP 分别作为分裂后两个兴趣群组的 SP,群组中的其他节点根据兴趣相似度分配到两个不同的群组中去。此外,还需要在 P2P 覆盖层广播新的兴趣群组信息。

在大量节点退出 GIRS 网络后,部分兴趣群组的节点数量达到群组合并阈值时,需要进行群组合并。我们将待合并的兴趣群组看做一个虚拟节点,由该群组的超级节点在 Chord 网中发起一个节点分组请求,虚拟节点请求分组过程与节点请求分组过程类似,唯一区别是多了一个群组大小的参数。若虚拟节点收到同意加入的应答,则待合并兴趣群组的所有用户都加入到新的兴趣群组中,新的兴趣群组根据新加入节点的信息更新本群组相关信息表。为了避免群组合并后形成的新组再次分裂,群组分裂值和群组合并值应满足。群组合并能够有效地减少网络中兴趣群组的数量,有利于提高网络的路由效率。

四、实验结果及分析

本文的实验基于 MovieLens-1M 数据集[①],其中包含了 6040 个用户对 3900 部电影的 1000209 次评分,每个用户至少对 20 个电影进行评分。评分问题预测的评价标准使用平均绝对误差(Mean Absolute Error,MAE)来衡量。MAE 值越小,推荐质量越高。对于测试集中的用户 u 和项目 i,设 $\hat{r}_{ui}$ 为推荐算法的预测评分,r_{ui} 为用户的实际评分,MAE 的定义为:

$$MAE = \frac{\sum_{u,i \in T} |r_{ui} - \hat{r}_{ui}|}{|T|}$$

我们在单机上模拟了兴趣群组的产生过程,并分析群组数量(超级节点数量)和数据稀疏性对推荐准确性的影响。此外,为了防止过度拟合,我们采用 5-折交

---

① Movielens:http://grouplens.org/datasets/movielens/

叉验证方法。本文对以下3种算法进行比较。

(1)基于最近邻用户的协同过滤算法,采用Peason相关系数(KNN-UCF)

(2)基于k-means最近邻用户的协同过滤推荐算法(K-meansUCF)

(3)本文提出的基于兴趣群组的推荐算法(GIRS)

三种推荐算法都是基于最近邻产生推荐,只是邻居集合不同。KNN-UCF算法使用全局用户作为邻居用户,GIRS与K-meansUCF算法通过不同的用户聚类的方法产生邻居。

4.1 群组数量的影响

我们在分组个数k分别取5、50、100、200、300、400、500、600时,分别运行K-meansUCF与GIRS算法得到预测值,进而求得不同群组数量时上述两种算法各自的MAE。在用户均匀分布在各个群组的前提下,对于KNN-UCF算法,k值为100时,最近邻数约为60。实验结果如图2所示:

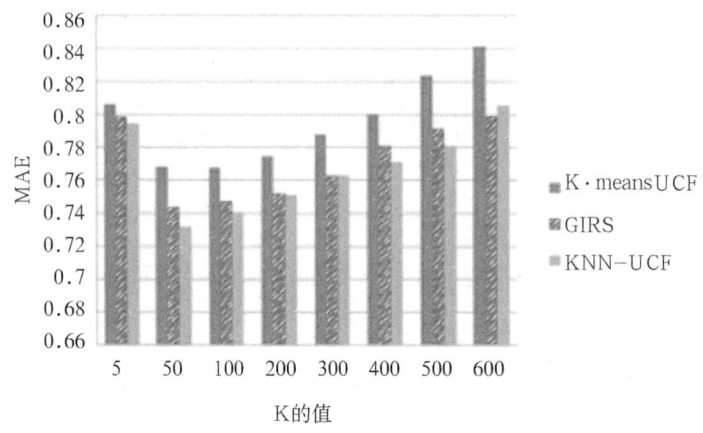

图2 k值不同时,KNN-UCF、K-meansUCF与GIRS算法评分预测质量比较

从图2中的变化趋势可以发现,KNN-UCF的算法在整体上优于GIRS与K-meansUCF,但由于每次推荐均需要计算目标用户与其他用户的相似度,因此计算复杂度最高。随着群组数量的增长,三种算法推荐结果的MAE都呈现出上升的趋势。这是由于随着群组数量的增加,邻居规模的逐渐减少,用户拥

有共同评分的数量减少,因而推荐准确性有所下降。群组数量在 100 左右时,MAE 值较小,说明此时推荐质量最好。群组数量较少时的曲线变化也比较平缓,说明邻居数量达到一定程度时,增加邻居数量并不能提高推荐质量。而且,当群组数量很小时,MAE 值增加,推荐准确率反而降低,这是由于当绝大多数用户都作为用户的邻居时,相当于邻居数据存在一定噪声,因而推荐准确度降低。从图中还可以看出在 K 值增加时,GIRS 算法的推荐准确性较 K-meansUCF 算法高。这是由于 K 增加时,用户邻居数量减少,从而使得拥有共同评分的用户数量减少,影响了 K-meansUCF 的推荐质量。而 GIRS 算法并不完全依赖用户共同评分数产生邻居,因而对其影响较小。

4.2 数据稀疏性的影响

数据稀疏性是实际推荐系统面临的最主要的问题,通常数据稀疏度在 99% 以上。为了测试数据稀疏性对推荐质量的影响,我们对 MovieLens-1M 数据集进行取样,生成 5 个不同的数据集 M2,…,M6,其数据逐渐稠密,数据稀疏程度逐渐减少。对数据集 M1,…,M6 分别执行 KNN-UCF、K-meansUCF 与 GIRS 算法,来分析数据稀疏程度对推荐质量的影响。K 取值为 100。实验结果如图 3 所示。从图中可以看出,随着数据稀疏度降低,三种算法的推荐准确度均有所提高。K-meansUCF 对数据稀疏程度更为敏感,而 GIRS 算法能够较好地避免数据稀疏对推荐质量的影响。

五、结论

针对传统的推荐系统在可扩展性方面遇到的瓶颈,本文利用对等网络中互为服务的思想,从推荐系统架构角度出发,提出了一个基于兴趣群组的推荐系统网络模型。该网络模型具有层次化的网络结构,上层超级节点层按照 Chord 协议构成一个结构化的覆盖网,下层的普通节点层为非结构化网络。节点的兴趣特征使用节点的评分项目表示,兴趣相似的节点自组织地加入到一个兴趣群组中。

这种网络拓扑结构利用了基于用户的协同过滤思想,由兴趣群组内用户为

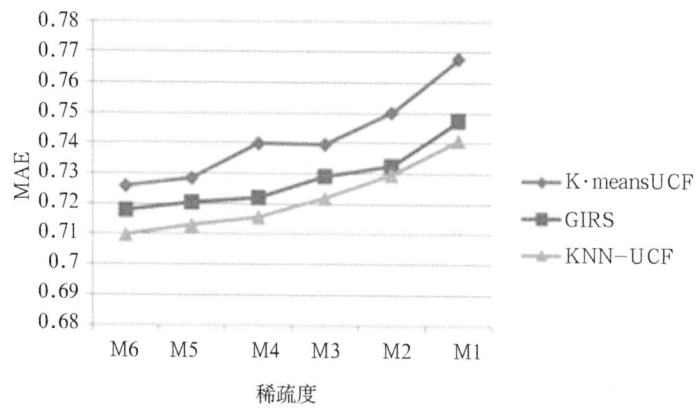

图3　k=100时,不同稀疏度数据三种算法评分预测质量比较

用户产生个性化的推荐,从而减轻了推荐服务器的压力。通过在单机上模拟基于兴趣分组的推荐产生过程,并将其与传统的最近邻用户协同过滤以及基于K-means最近邻用户的协同过滤推荐结果进行分析与比较,结果表明,GIRS算法在整体上优于K-meansUCF算法,且在数据稀疏程度较高的情况下,仍然保持了较好的推荐准确率。

[作者为中国传播能力建设协同创新中心学术咨询委员会委员、中国传媒大学教授、科技处处长]

网络大数据反挖掘

○ 任 勇

全世界都在关注数据,其实大数据早在几十年前就提出了,现在为什么又拿出来说呢?这是第一个问题。此外,大数据又加上了挖掘,全世界都在说挖掘,这是第二个问题。那么,我为什么又要加一个"反"字呢?好像有点格格不入,这是第三个问题。今天我来跟大家分享一下这几个问题的体会。

先科普一下大数据。如图1所示,2001年Doug Laney提出大数据的三个

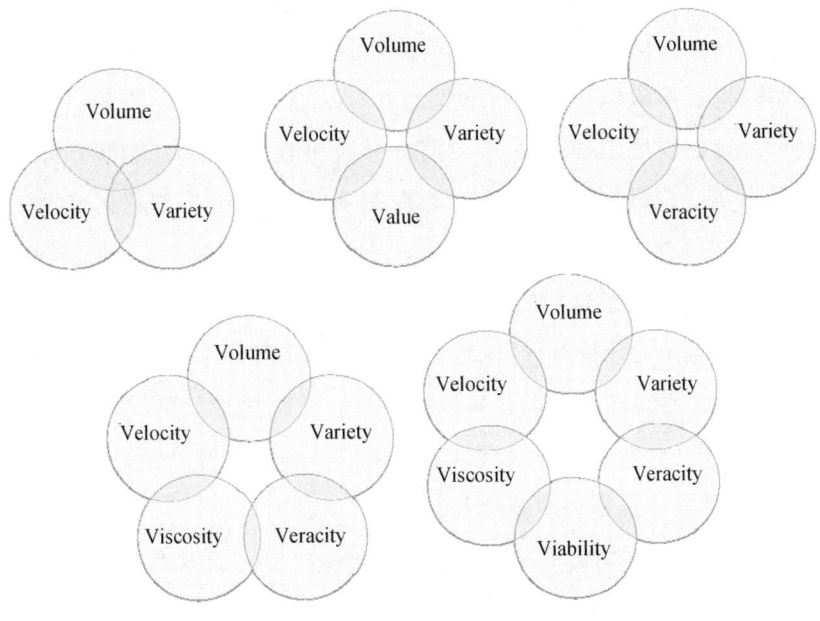

图1 大数据的特征

特征:一是大(Volume),二是杂(Variety),三是快(Velocity)。后来有人加上了Value(价值),IBM公司将Value换成真实性(Veracity),变成四个圈。后来又加了一个圈——黏性(Viscosity),不同的领域吸引不同类型的人,最近又加了一个新元素——生存性(Viability)。

说一个企业、一个行业涉及大数据,须满足三个条件之一:一是数据量达到100TB,二是数据流量快,三是年增长率高达60%。

还要强调的一点是:关于网络大数据,大不是根本,其真正的魅力是在线,从实时在线的数据中挖掘有价值的东西,在线才能体现其更大的商业价值。

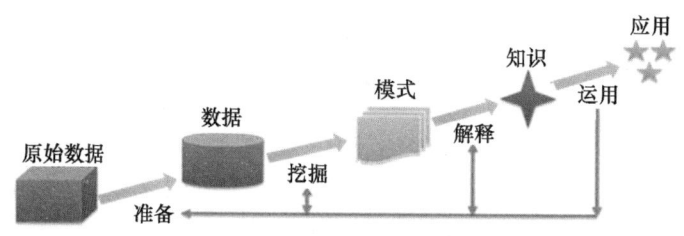

图2　数据挖掘步骤

数据挖掘是1995年提出来的,如图2所示。原始数据经预处理变成数据,再通过挖掘得到知识、模式。这个概念提出三年没得到什么响应,直到1998年《数据挖掘:以破坏隐私为代价》的问世,讲一个女孩儿怀了孕,零售商比她的父亲更早知道。原因是,零售商从客户消费习惯和消费规律上,能够分析(挖掘)出隐藏的事实。从那儿以后,人们对数据挖掘更加重视,比如数据挖掘里的隐私保护。

我们提出反挖掘是这样的概念:在挖掘数据和挖掘结果的使用过程中,对敏感的信息和敏感的数据进行保护。反挖掘是新近提出来的新思路、新理念。

这听起来似乎跟信息安全有关。关于信息安全,我认为它是一个长治而不得久安的永恒的问题,到任何时候信息安全的彻底解决都是不可能的,也正因为如此,这个领域才是那么的鼓舞人心!

反挖掘的研究框架包括七个反,如图3所示。第一是反抗,不让你挖,包括隐私保护数据发布和隐私保护数据挖掘。怎样才能不让你挖呢?比如可以修改数据。原始数据经"准备"生成供挖掘的数据,达到保护敏感信息的目的,同

图 3　反挖掘研究框架

时不影响正常的挖掘,换言之,是数据的有限利用。著名的"买牛奶搭售降价面包从而挤走其他面包供货商"就是一个典型的 Resist 例子。经销商保护客户购买信息,就属于 Resist 行为。

第二是反向,包括反向数据挖掘、数据/信息溯源、反向数据管理等,从挖掘结果搜索可能的传播途径,寻找产生该结果的数据源。啤酒和尿布的故事,最后的结果是超市把啤酒摆在尿布附近。我相信大家都知道这个故事,或者上网查一下便知。

第三是反回,有点"恢复"的味道,包括数据清洗、虚假信息识别和消除、借鉴等。实际上,很多虚假数据会影响挖掘结果,使得结果不全面、不准确,或者置信度低,亦即数据挖掘得到的信息会失真,反回是通过分析可信度,使失真结果恢复到真实状态。比如网络媒体谣言问题,近几年引起广泛的兴趣和普遍重视。

第四是反叛,合作各方之间的背叛。挖掘往往有多方参与,对挖掘的结果利益共享。如果一方或多方背叛了约定,则破坏了利益平衡。比较有效的研究方法是博弈,比如,用户和运营商、服务商之间的博弈,政府的电子政务、信息公开中各部门间的博弈,传媒博弈等,都属于这个领域,通过博弈达到某种均衡态,背叛行为导致失衡的结果,如何制订参与者的策略,需建立数据模型进行计算。这里多说几句,就是炒作了多年的电子政务。一个城市有二十几个委、办、局,国内电子政务搞不好,不是技术的原因,而是部门之间利益纠葛所致。有智猪博弈、囚徒博弈、斗鸡博弈等模型,不同的博弈模型,得到不同的结果。政府的电子政务,应该采取怎样的策略,来弥补制度上的缺陷,是可以研究的一个领域。

第五是反击,针对恶意挖掘,采取反挖掘技术手段,使"恶人"得到不利的挖掘结果,比如信息对抗、挖掘对抗。

第六是反馈,为使挖掘结果或者挖掘过程可控可管,需要对信息进行分级,制订可扩展的敏感信息分级标准,比如有的信息不敏感,可公开,有的半公开,有的不能公开,信息的敏感度是重要内容。

第七是反思,像是政策、人文领域里的内容,如何从信息安全事件中吸取经验和教训,在挖掘商业价值的同时保证信息安全,这里涉及制度,涉及立法,通过技术手段实现。2014年3月15日颁布了《消费者权益保护法》,个人隐私权被纳入保护范围,同时发布了《互联网企业个人信息保护测评标准》,是一个第三方学术机构倡议的行业标准。

总体来看,大数据是无法避开的双刃剑,既是商机,又有安全隐患。反挖掘不是不挖掘,而是信息可控可管前提下的挖掘。本文提出七个"反",构成一个初步的反挖掘研究框架,需要理工文法各学科有机结合,协同起来,借助于各学科的优势,达到创新的目标,使网络大数据挖掘得到有益的应用,促使技术进步,造福人类社会。

[作者为清华大学教授,博士生导师,清华大学电子工程系复杂工程系统实验室(CESL)主任、物联网信息共享实验室主任]

新媒体技术与艺术融合初探

○ 张 勤

一、引言

进入 21 世纪,数字化、信息化已成为推动国民经济和社会发展的重要因素,信息技术和网络经济的发展深刻地改变了经济的基本框架,从而改变了某些基本经济规律,也影响了人类社会的生活、工作方式。新媒体成为了人们关注的热点。虽然新媒体的定义多种多样,但其本质都可以归结为是建立在数字技术和网络技术的基础之上,向受众提供多种形式的内容传播。从内容上来讲,新媒体既可以传播文字,也可以传播声音和图像;从过程上来讲,新媒体既可以通过流媒体方式线性传播,也可以通过存储、读取方式非线性传播。这样,原有的以材质、样式、符号系统等物理形态,对媒介所进行的分类和定义,已经不再适用,"媒介"这个概念的外延已经大大扩展。

新媒体有三个基本特征:一是改变了传统媒体的传播形态、状态,二是增强了信息传送的互动性和即时性,三是实现了高科技、多技术、多媒介的融合。

科学和艺术常常被称作人类文化的两翼。科学是反映自然、社会等的客观规律,而艺术则是反映人类生活和思想感情的一种意识形态。一个寻求真理的普遍性,一个寻求真善美的普遍性。两者反映的对象虽然不同,但是它们所追求的目标以及其中的过程在很多方面都是相同的。科学的每一次进步都会对艺术领域产生巨大的影响,技术创新则是艺术表现形式多样化的基础。

例如,几何学、人体解剖学研究为素描、雕塑提供了重要的创作理论参考;化学、光学、电子学的研究促成了摄影技术诞生从而对艺术创作产生了深刻影响。这一切都体现着科技对于艺术的重要推动作用。

数字技术的发展也为艺术创造了更广阔的表现空间。在数字技术的注入下,传统的电影电视已经发生了质的变化。数字技术不仅降低了电影电视的拍摄成本、提高了放映的质量、扩展了传播范围,同时还创造了全新的拍摄方式。从艺术角度讲,计算机图形图像技术在电影中的运用颠覆了影像本体论,创造出了全新的虚拟美学;数字动画构建了完完全全的虚拟世界;3D 技术让观众在不知不觉中体验"虚拟的真实",从而得到了观众强烈的心理认同;IMAX 高清技术通过巨大的屏幕冲击着观众的视觉极限;数字立体声充分拓展了电影的画内与画外空间,大大增强了影片的空间感和真实感。

数字技术、网络技术的发展也促使了更多的新的视听媒体形态的出现,使得媒体内容的生产方式和受众的消费方式发生很大变化,新兴的产业群体开始形成,用户消费变得更加多样化,进而带来了媒体产业格局的重大变化。据《第30 次中国互联网络发展状况统计报告》统计,2012 年中国网络视频用户规模增至 3.50 亿,半年内用户增量接近 2500 万人,在网民中的使用率提升至 65.1%。手机端视频用户超过一亿人,在手机网民中的占比由 2011 年底的 22.5%提升至 27.7%。互联网、手机等已成为人们获取资讯信息、享受文化娱乐服务的新渠道。随着数字、网络等信息技术的广泛应用,新的文化样式和媒体业态不断出现,跨平台、跨网络、跨终端提供媒体服务正在成为现实。

在这一时代背景之下,我们中国传媒大学新创信息技术研究所的研究方向之一就是如何将新媒体技术与艺术更好地融合,使新技术能更好地展现艺术家的创作思路,为艺术家提供更多的创作手段,为用户提供更好的视听体验。下文会着重介绍新创信息技术研究所的两个在研项目。

二、立体电视内容制播技术

(一)立体电视的市场规模

2012 年,中国 3D 电视消费进入快速普及期,而 3D 媒体服务在国家"三网融合"战略中的重要地位日益凸显。继 2012 年元旦,我国首个 3D 电视试验频道成功开播之后,中国电信 IPTV 网络电视新增的 3D 频道也于 4 月正式上线。与此同时,中国 3D 电视机已经迈入快速普及期,C3D 联盟数据显示:2012 年中国 3D 电视机的销售将近 2000 万台,3D 显示器、3D 手机等 3D 消费电子产品也加速进入普及。

  目前 3D 电影已经形成了成熟的市场,参与 3D 电影制作的厂商众多,依靠票房的盈利模式也能带来不错的收益,中国电影院的 3D 银幕数量甚至已经排到世界第二。但是 3D 电视节目方面却是另一番风景,实际情况就是生产 3D 电视机和 3D 影像拍摄器材的厂商非常多,但真正成建制地进行大量 3D 节目内容制作的团队极少。国内的 3D 试验频道要求六家合作电视台每天制作半小时的 3D 电视节目,算是最大规模的节目来源;此外还有一些民间的 3D 节目制作团队,他们的普遍反映是虽然做了片子但没地方去卖。另外零散的还有一些旅游局之类的单位会拍摄一些 3D 的宣传片,但这类节目并没有传播的价值。

  据灵基咨询调查显示,仅有 65% 的消费者在影院或者卖场、家中等地方看过 3D 内容,95% 消费者表示,由于受高清机顶盒、数字化整转、3D 电视等方面制约,家中目前无法收看 3D 电视频道。而 3D 内容的匮乏已经成为制约 3D 显示终端进一步发展的主要因素。

  总体说来,目前国内对于 3D 电视节目的需求量巨大,每年至少存在上万小时的节目需求缺口,而 3D 试验频道目前积累的 3D 节目也不超过 1000 小时。3D 节目制作市场大有可为。

(二)立体电视制播的技术难点

1. 立体后期制作方面

  立体电视节目后期制作系统及 3D 非编的研制是一个从无到有的过程,可借鉴 2D 非编的成功经验,但因处理的内容是左右视频而非单一 2D 视频的特殊性,而存在一些技术上的难点和问题。为支持全高清 3D 内容,即左右视频都为高清分辨率,3D 非编需要支持双路高清素材的采集;在导入或采集素材时,为了用户减少难度和增加便利性,保证 3D 内容正常显示,3D 非编需在显示前自动侦测 3D 格式;在编辑 3D 内容时,需保证左右视频被同步编辑或添加特效;

为校正 3D 效果,3D 非编需校正因镜头的错位而导致的 3D 内容在空间上的错位,左右视频在时间上的错位,多机位拍摄的视频在内容上的错位,及因镜头参数不同而导致的颜色错位;为增强 3D 效果,3D 非编需提供景深调节工具、减少虚影工具、字幕及 3D 模型融合于原 3D 内容工具。下面列出一些典型的困难:

- 3D 内容格式的自动识别。目前 3D 电视的 3D 内容格式的自动识别是通过传输信令来决定的,没有实现基于内容的 3D 格式的自动识别。基于内容的 3D 格式自动识别实属不易,其一是因为不容易捕捉到有效的 3D 内容,如黑场、转场或测试信号都会干扰 3D 格式的自动识别的,其二是因为 3D 还没形成规范,没法利用信令或文件信息来判别 3D 格式,或此方法的通用型不强,需要创建新的规范来弥补这个缺陷;

- 左右视频错位的原因不好界定。如果单独出现镜头错位,或多机位没对齐,或左右视频没对齐,这样的校正都能处理,但如果一段 3D 视频综合了形形色色的错位,单独用某个滤镜处理出的结果都似是而非,如果用组合滤镜,各自的比例关系又是如何,处理结果如何评判,3D 内容质量的评价标准如何,这些问题都有待在处理过程中进一步细化;

- 为 3D 内容增加 3D 模型来增强其 3D 效果。3D 模型利用其 3D 网格数据绘制出的效果来展现其立体感,3D 内容是通过左右视频进入人眼,在人脑中因为视差不同而产生不同的景深,从而使物体在人脑中产生层次感,而获得立体感。3D 模型和 3D 内容产生立体感的机理不一样,3D 模型描述的是现实世界中的 3D 物体,而 3D 内容模拟的是人眼怎样感受现实世界中的 3D 物体的 3D 效果。如何把现实中的 3D 物体转换成人眼感受到的左右视图,也是有待挖掘的课题;

- 虚影的处理。虚影是因为左右视频信息不对称而产生的,而左右视频信息不对称在 3D 内容中是很正常的,现实中人的左右眼形成的像也有不对称的地方,如左眼能看到物体的某个部位而右眼看不到,但人眼观看现实世界时不会明显感觉虚影,而在体验 3D 内容呈现的 3D 效果时往往能感受到明显的虚影。如何调整左右视频,使得左右视频信息的不对称能为人眼所接受,也有待进一步的研究。

2. 立体播出控制方面

3D 播出的格式包括 SIDE BY SIDE,DUAL,2 D 转 3D 等,由于格式多,需

要进行录制源的调度,同时需要控制通道卡实现统一格式的转换。本项目自动播出控制处理,完成自动化的 3D 设备调度与控制,实现 3D 节目的自动播出,把 3D 立体电视的播出复杂度降低到最低水平,可以与 2D 标准的电视播出效率一样。针对节目播出易于出现的技术问题,分析制定一套节目播出技术检测规范,包括技术检测功能点、检测方法、指标阀值等,如左右眼信号不同步、左右眼信号视场偏差、左右眼信号景深差等。改善受众人群的 3D 体验,促进 3D 电视的普及与发展。

3. 3D 摄像机智能调焦控制方面

将拍摄的自动调焦问题由图片的采集扩展到视频的拍摄、再推广到 3D 视频拍摄,其主要难点体现在两个方面:

目标运动的不确定性所造成的焦点控制无法进行准确的预测。进行视频拍摄时,对于场景中的目标,其很多运动是不规律且无法预测的。当对于这样的目标进行视频拍摄时,焦点、画幅怎样随人体的运动而进行调整成为一个难点;

在 3D 拍摄条件下,除焦点外还存在轴距、轴夹角等重要参数,对于这些参数的估计,则需要我们结合 3D 图像的客观评价标准和最大估计问题中的观测模型以重新考量。

三、DMS 动声系统

(一) DMS 多通道动声技术介绍

目前的多声道还音系统设计的出发点多为消费类应用,如家庭影院和音乐发烧欣赏,因此其设计思路存在很大的局限性,还音声道的数目被家庭应用所限制。尽管在现场拾音时,可能存在十几个或几十个拾音单元,但由于这种还音声道的数目限制,使得音源在存储时,就被人为地合成或混合成 5/6/7/8 个声道。与双声道立体声相比,尽管这种多声道系统已经使人们获得了美妙非凡的听音享受,但实际上这种系统并不能对音源做到无失真的还原,存在着声场相位失真,声源交调干扰,动态范围压缩等多个问题。

音乐作为人类文明史的一个重要组成部分，自录音技术发明以来，人们就一直试图想将其美妙的旋律如实地记载下来，事实上，我们已经多次体验到由于技术所限而导致的还音失真的遗憾。胶木唱片、磁带自不必说，即便是采用数字技术录制的双声道立体声音源，在当今较为流行的 5.1/6.1 声道还音系统上播放，也不能真实再现三维的空间感了。

此外，传统的音箱都是有一定的辐射轴向角度的，因此在双声道立体声系统中较明显地存在着"皇帝位"，此位置在两音箱连线的中垂线上，当向左或向右偏离此轴线时，声像就会明显地发生比例偏移，不论是家用的音响系统还是专业的影院还音系统，都普遍存在这样一个问题。在多声道的环绕声系统中，受到各个音箱的限制，最佳听音区变为更窄的一个点，即由各音箱环绕包围起来的区域的中点。只要离开这个点，听音者就会被某只音箱的声场所"吞噬"，产生严重的声场比例失调。还有就是音箱摆位的问题，要求比较严格，稍不注意声场就会发生难以捉摸的变化。我们都希望最佳聆听位置尽量宽广一点，即便稍有偏差，也不至于声像明显集中于某一局部，使声场比例严重失调，这一点对于专业化的影院系统更为重要，在一个上百人落座的影院中，如果只有很少的一部分人能够欣赏到逼真而又震撼的数字环绕音频效果，而其他人听到的却是打了折扣的声音，这也不能不说是遗憾。

现有的消费用多声道还音系统存在着声场相位失真，声源交调干扰，动态范围压缩等多个问题，而基于声场模拟的还音系统设计又极大地增加了系统的复杂程度，技术和工程上都不可行，难以推广。

为了解决上述问题，我们提出了一个基于有限声源与声场综合结合的新方法，可以避免单个声源的失真，减少声场相位失真的影响，彻底避免声源之间的交调干扰，获得比现在的多声道还音系统更逼真的还音感受。据此开发的多通道拾音还音系统称之为 DMS 动声系统。

多通道动声系统首先利用相控麦克风阵列和自适应滤波器分离出不同的声源信号，对于非高斯系统采用改进型的粒子滤波器。通过把主要的有限声源分离，使其他声场的分析与表示更为简单可行。把有限的声源与无限的声场相结合，形成了一个 M 输入与 N 个输出的多解系统。通过我们提出的声场优化原则与惠更斯原理可以得到一个比单一声场综合方法更优越、更灵活，适用于多种实际环境的系统。

DMS 系统主要由以下模块组成，见下图：

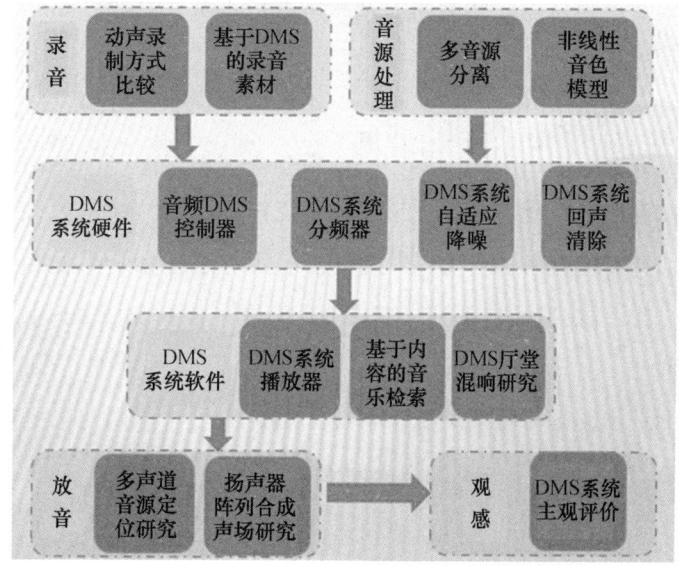

（1）录音模块：包括录音方式的选择，录音内容的设计，3D 音效的创作等。

（2）音源处理模块：目前已经存在的音源，多是单声道、立体声、5.1 声道的，这种音源在 DMS 系统中播出，首先要对音源进行分离和重新分配声道，因此该模块的作用就是对单声道多音乐进行分离，通过建立音色模型，将不同乐器的音乐单独识别存为一个声道。

（3）DMS 系统硬件模块：DMS 系统是 M 进 N 出的动声系统，进出通道可以任意组合，对高质量的音频信号可以进行实时高效的处理。DMS 硬件系统采用 DSP 加 FPGA 实现方式，内置任意通道分频器及多通道自适应降噪和回声消除系统。

（4）DMS 系统软件模块：本模块部分包括 DMS 系统播放器，高质量音频快进快退的研究，基于内容的音乐检索关键技术的研究，以及针对不同厅堂进行 DMS 多声道混响模型的设计。

（5）放音模块：该模块包括多声道音源定位的研究和扬声器阵列合成声场的研究，通过这些研究，可以在声场中将声音完美重现，使听众在任何地点听音都如同身临其境一般。

(6)DMS系统主观评价:通过与立体声、杜比5.1环绕等系统进行主观比较,证明多声道系统在应用和发展前景上的优势。利用主观评价进行的声像定位研究,找到多声道误差存在的原因是测试者声乐基础、偏离中心位置的距离、声道数量、音源频率等几个因素。

(二)DMS动声系统的优势与应用

DMS动声系统与现有的多声道还音系统相比,其优势在于:

- 可以真实还原音乐现场。系统可以根据还音现场环境,自由选择还音通道的数目,获得最佳的还音效果,系统是一个M输入与N个输出的多解系统。
- 减少系统失真与相互干扰。系统采用声场优化原则与惠更斯原理相结合的技术,可以避免单个声源的失真,减少声场相位失真的影响,彻底避免声源之间的交调干扰。
- 创造音乐动漫效果。还音系统具有N个声道,艺术家可以充分利用这一特点开发出类似于动漫的音乐效果,创造更多的音乐艺术表现类型,丰富人们的视听体验。

DMS动声系统能够更好地保存和再现人类的文明成果,使用的扬声器阵列技术可以更好地解决最佳听音区窄仄的问题,具有非常实用的价值和广阔的市场前景。

DMS已经投入的应用包括:

- 2011年2月14日:北京音乐厅,"爱在天地间 世界经典电影主题3D动声交响音乐会"受到了广泛的媒体关注与报道,参与报道的媒体包括CCTV新闻频道、北京电视台、北京人民广播电台FM87.6、各大网站等;
- 2011年5月1日:"火影忍者"北京音乐厅3D动声音乐会,受到了广大观众的欢迎,演出当天座无虚席,得到了北京音乐厅总经理的好评;
- 2011年5月24日:国家大剧院音乐会现场录音(基于DMS原理),国家大剧院唯一采用的新型录音系统,将逐渐成为国家大剧院的标准录音制式体系;

- 河北石家庄朗森动声幼儿教育学校。受到了河北省电视台、石家庄电视台的广泛报道,使社会大众对于 DMS 动声技术在幼儿智力开发方面的优势得到了深入了解,相信并接受 DMS 动声音乐儿童早教模式;
- 湖北黄冈市浠水县动声音乐厅。迎合国家大力发展农村精神文明建设、大力发展文化创意产业、构建社会主义和谐社会的契机,为广大乡镇基层群众带去高质量文化艺术作品,为巩固基层文化阵营、保证精神文明可持续发展做出贡献;
- 广州番禺区科技馆动声音乐厅。为广州的广大儿童与青少年提供了最先进的音乐欣赏与 DMS 电影观赏场所,此音乐厅的建立得到了广东电视台的重点报道,在当地产生了良好的社会反响,受到了当地政府的表扬;
- 武汉大学声场处理实验室。武汉大学的信息处理中心是我国音频系统科研的国家级重点实验室,武汉大学在考虑了世界各种最先进的声场技术体系之后,决定采用 DMS 动声系统作为将来声场科研的实验系统与开发平台。此 DMS 系统可以扩展到 256 个声道。

[作者为中国传媒大学教授,媒介音视频教育部重点实验室主任、博士生导师]

互联网微视频传播中的
若干问题及其对策研究

○ 曹三省 张辉 黄建 王楠 纪海

一、互联网微视频发展概况

近年来,随着互联网的不断发展,移动互联、社交网络、轻量级数字视频设备持续演进,视频产业链各个环节(如终端生产商、内容生产商、视频投资者、广告商、视频平台、网络运营商等等)趋于完善,人们作为受众和互动传播主体参与信息传播的时间不断碎片化,微视频成为了网络视频领域中的一个极具活力和影响力的范畴。从狭义上讲,微视频是指短则数十秒,长则数十分钟,内容广泛,视频形态多样,涵盖微电影、纪录短片、DV短片、动漫短片、视频剪辑、广告片段等,可通过数字单反相机、手机、平板电脑、各类摄像头、DV等多种视频终端摄录或播放的视频短片的统称。[①] 从广义上讲,微视频指在各种新媒体平台上播放的、适合在移动状态和短时休闲状态下观看的、具有相对完整故事情节的微型短片。在制作模式上,微视频并不局限于UGC(用户生成内容),PGC(专业生成内容)也是属于这一体系的。随着大量的微视频在网络上涌现,开始出现一批受众广泛、成功进行商业营销的网络微电影,以及内容类型涵盖影视剧、新闻资讯、综艺、体育等各个方面的微视频内容。

在当前的网络微视频内容中,不少正能量的作品不仅使用户在闲暇的时间得到了放松,而且能够发挥一定的教育意义与积极作用,有利于优秀文化的有

---

① 微视频-百度百科[EB/OL]. http://baike.baidu.com/link?url=wRzAgJekUd5Vqn21hpbAubSlBfWE7r90DK_TiuQmK8kfExZ-rM20-uNR5G5h5Wcj

效传播。但是,"双刃剑"效应是具有一定普遍性的,快速发展的互联网微视频行业也不例外。网络视频在给普通公众用户提供更多表达自我机会的同时,也由于其自身创作和传播行为的不受约束而产生了许多"问题微视频",即使微视频内容不断趋于正版化,优秀的微视频大量涌出,也会有不健康的微视频出现。这类问题微视频打监管制度的擦边球,为了短期内吸引大众眼球乃至实现盈利的目的,夹杂着暴力、色情、价值观导向、政治倾向性等敏感问题,对微视频行业及信息社会的良性发展危害极大。尤其在微电影产业内,许多中国制作者把微电影作为一种盈利的手段,在搜索引擎中搜索"微电影"时,往往首先得到的搜索结果大多是色情、刺激、猎奇的画面。这本身就是对微电影的误读。微电影是相对于传统电影在时长上的减少,微视频是网络视频与互联网社交媒体的密切融合,这类视频并没有固定的制作模式,制作门槛相对较低,是形成泛在视频传播和全民制作模式的现实途径。长此以往,会对健康向上的社会风气的形成和维护造成不可忽视的阻碍力量。尤其在青少年中所造成的影响更是令人担忧的,此类人群的价值观正处于形成阶段,对问题内容的免疫力明显较低,反而容易形成对不良内容、不健康价值观的追逐和仿效行为,大量接触此类视频,其道德观、价值观乃至世界观难免扭曲,进而造成的社会问题是绝对值得引起充分重视的。

二、微视频传播中的若干问题及其导因的数据化分析

在中国传媒大学"中国传播能力建设协同创新中心"所开展的面向传播效果分析的大数据运用研究工作基础之上,笔者针对我国当前互联网微视频领域内存在的若干问题进行了分析与归纳,并初步构建了传播大数据分析机制,对其所产生的原因进行了初步分析研究。

1. 制作主体混乱、制作水平参差不齐的问题

目前,微视频的制作主体包括了个人、小型企业、大型网络机构、电视台等在内,对于制作主体、制作流程和作品质量缺乏规范,造成微视频内容与质量的良莠不齐。

在制作方面，相对草根化的微视频作品具有剧情空洞（剧本简单乏味、逻辑混乱）、拍摄缺乏专业性（取景不到位、景深变化单一、画面廉价感重）、演员不专业（表演僵硬、可观赏性差）、后期剪辑工作缺乏系统性（叙事混乱、画面叙事缺乏逻辑）、声音制作不专业（背景噪音大、配乐存在很大的版权争议）等，明显影响了部分微视频作品的观赏体验，进而影响了微视频行业的良性发展。

目前，部分微视频作品已经呈现出明显的内容品质问题，如黄色、暴力、赌博、价值导向错误等严重问题，与其相关的边缘题材也日益增多，"擦边球越打越大"成为微视频行业内一种具有一定广泛性且很令人担忧的现状，而由此引发的微视频内容品质问题已经成为阻碍微视频健康发展的最大障碍。

本文研究团队于 2014 年 2 月 26 日针对国内某大型视频网站进行上线微视频内容搜索，在搜索结果中随机抓取微视频 100 部。经专业审核，其中主题积极向上的"正能量"微视频统计为 84 部，存在价值观导向、表现手法等方面问题的"负能量"微视频 16 部。由此初步可见，"问题微视频"批量存在，并存在日益泛滥可能性的现象已经不容忽视。

这些问题产生的原因如下：

首先，从微视频特性角度分析，互联网微视频是一种大众艺术，是一种可以全民参与制作的视频类型，它主要以大众分享为目标，在制作上门槛低，不需要有专业的拍摄知识、场面调度知识等，因而难免在制作上存在诸多瑕疵。

其次，从微视频制作成本角度分析，因微电影拍摄需要控制成本，昂贵的专业拍摄器材不是公众创作者所能承担的，因此，成本压缩自然导致了创作质量的下降，使相当一部分作品受到了明显影响。

第三，从微视频创作中的价值导向分析，部分内容存在问题的微视频，特别是微电影作品，由于其目的以短期盈利为主，在内容方面不是首先考虑到作品的社会影响与传播责任，而是倾向于以暴力、刺激的画面噱头来吸引观众，在制作上粗制滥造，构成了不可忽视的问题。

具体的，微视频内容所浮现的问题，其重要原因是一定程度上的逐利导向的驱使。互联网的发展使大量的信息迅速更新，社会信息的滞留性降低。视频也是一样，大量的视频涌入，用户不会对某一特定视频给予长期的关注与停驻，因而视频的盈利方式往往是短期性、瞬态性的。在短时间内想吸引大众的眼球

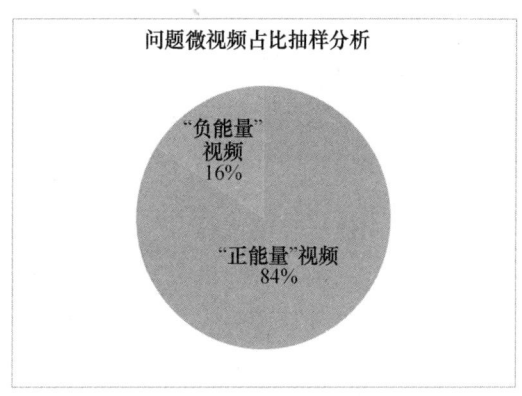

图 1　问题微视频抽样调查结果

及点击量,吸引广告主和用户,只有两种影片可以达到如此效果,一类是内容极富创意、制作精良的视频,但此类视频一般制作成本大,制作时间长,且数量有限。第二类就是迎合用户的猎奇心理和本能欲望内容的视频。打擦边球的暴力、色情类微视频正好符合这一特征,很多此类视频不仅植入大量的广告,并且观看需要收费,片面追求短期内带来的经济效益,而几乎置其社会影响、传播责任和用户观赏体验于不顾,为微视频行业的发展埋下了深深的隐患。

2. 用户行为混杂,传播风险不可控的问题

在本文研究工作中,我们更多采用"用户"这一术语代替"受众"概念,其主要考虑是互联网微视频领域内极为广泛的公众可参与性,曾经被界定为"受众"的每一个个体,都有可能采用成本低廉的拍摄制作工具、十分方便地把自己转换为创作者和传播者,使得互联网微视频领域内呈现出十分突出的去中心化效应。

如上节所述,微视频的创作已经在一定程度上出现了较为复杂的内容品质问题,而这些问题在今天的互联网微视频传播机制下是会被极端放大的。一旦一些具有潜在负面影响的问题微视频在缺乏有效监管的互联网传播体系内广为流传,一些社会意义上的传播风险也就难免了,这些风险的后果甚至在一定程度上是难以预测的,其对于信息社会的良性发展必然会产生不可忽视的负面影响,这种传播风险不可控性是互联网领域在未来需要长期面对

的问题。

对于今天的互联网微视频公众用户而言,其对于问题微视频的免疫性是无从谈起的,许多用户在随意浏览互联网之时便没有抱有"慎独"的态度,一些"擦边球"微视频反而能够引起许多用户的好奇心理。互动化、社交化、开放性的互联网微视频传播机制,使每一个用户可以在通常匿名的情形下随意而随性地点"赞"、点"踩"、评论、拍砖、吐槽、转发、推荐,在这一过程中几乎没有人会考虑这种积沙成塔的传播行为会引发怎样的后果,会对不可预知的人群造成怎样的误导与伤害,也几乎没有人会考虑这种事实上不负责任的传播应当因这些负面效应承担怎样的责任,今天互联网环境下聊胜于无的道德与法律规约也难以定义和运行这样的"责任通货"。长此以往,整个互联网信息社会环境下的价值观取向都可能产生扭曲。

为了对这一问题进行相对精准的分析,我们在互联网微视频传播过程的研究中引入了大数据分析工具,通过汇聚批量的微视频传播行为数据,对其可量化的统计特征进行分析,获得了若干初步结论,具体研究如下所述。

本文研究团队从所采集的多部微视频中随机抽取了一部问题微视频(名称略),对 2014/3/6 21:27—2014/3/10 16:56 时间区间上的微视频播放量、"顶"数、"踩"数等用户态度反馈数据进行回归分析,结果如表 1 所示。

表 1　问题微视频点击量与态度数据回归结果

Dependent Variable:问题微视频
Method:Least Squares
Date:03/14/14　Time:12:21
Sample:3/06/2014 21:27:34 3/10/2014 16:56:46
Included observations::460

Variable	Coefficient	Std. Error	t−Statistic	Prob.
"顶"数	2247.215	21.03721	106.8210	0.0000
"踩"数	−4767.622	55.52781	−85.86008	0.0000
C	664063.3	3987.266	166.5460	0.0000
R-squared	0.964233	Mean dependent var		652405.4
Adjusted R−squared	0.964076	S. D. dependent var		21187.27
S. E. of regression	4015.751	Akaike info criterion		19.44034
Sum squared resid	7.37E+09	Schwarz criterion		19.46728
Log likelihood	−4468.277	Hannan-Quinn criter.		19.45095
F-statistic	6160.006	Durbin−Watson stat		0.113423
Prob(F−statistic)	0.000000			

对该段问题微视频内容来说,其播放量与顶数呈正相关,与踩数呈负相关。由回归系数知,每增加一个人点"赞"("顶"),其播放量将上升2247.215,每增加一个人点"踩"将影响其播放量减少4767.622,这说明,对于问题微视频来说,若有较多"顶"数,在好奇心驱使下会吸引更多人点击。原本就是不良视频,若有人点"踩",人们自然会拒绝观看。

此外,我们对内容健康的"正能量"微视频和具有不良导向的"负能量"微视频的传播效果进行了基于时间线的定量分析,具体如下。

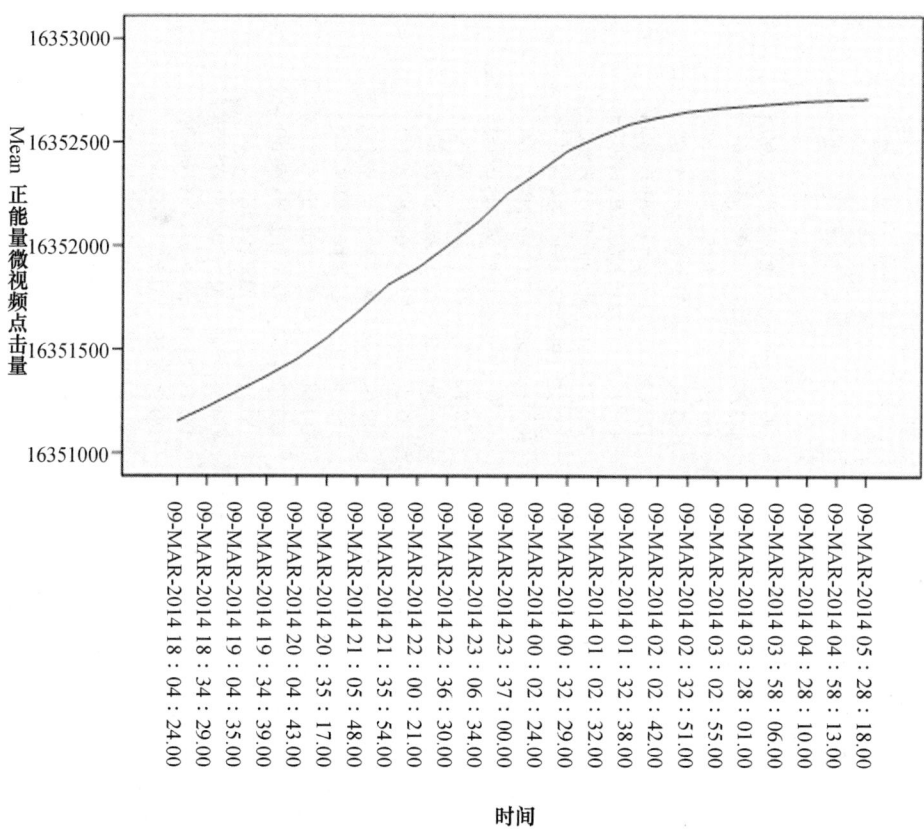

图1　2014年3月8日16:04—9日05:28晚间"正能量"微视频点击量趋势

说明:本次分析随机抓取6部"正能量"微视频及2部"负能量"微视频,以半小时为时间间隔对8号晚上18:00至9号早上05:28这一时间段的数据进行抽样,完成"正能量"与"负能量"微视频的点击量走势分析,结果如图1与图2所示。

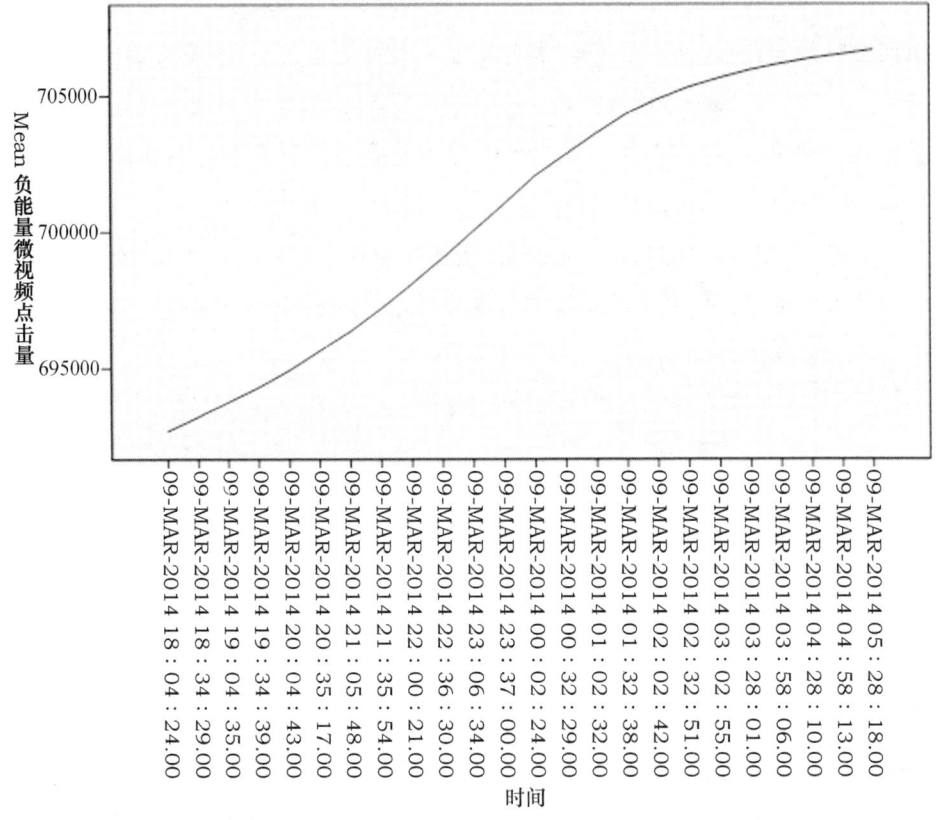

图2　2014年3月8日16:04—9日05:28晚间"负能量"微视频点击量趋势

结果分析：由图1、图2分析可知，在夜间正负能量微视频的点击量走势基本相同，其增量都是趋于平缓，但"负能量"视频点击量走势图斜率高于"正能量"微视频，说明在晚间，问题视频传播速度增量相对大一些。这一时间段上的传播问题也应当加以更多关注。

价值观的波动，是今天互联网微视频传播领域内存在各种乱象的深层次导因。当今中国信息社会的迅速发展，思想观念的多元转变是社会转型时期的一个重要社会特征，也是改革开放新阶段的社会特征之一。在社会转型时期，社会思潮多样、多元、多变，价值观念分化。主流价值观念呈现断裂状态，个人追求物质成功，注重世俗成功的功利、虚荣价值观在互联网中被放大，影视产品迎合市场也是必然。价值观分化是必然的，同时也是一个不以人的意志为转移的客观历史进程。一方面，价值观的分化激发了社会活力，促进了各种社会思潮的交流碰撞,使新时期的价值观呈现出多元多彩的局面,也有效地加速了社会发展的进程,提升了思想解放的深度和广度。另一方面,由于价值观分化的速度过快,新旧价值观之间并不能实现完全顺畅的交替衔接,使价值观呈现出断层化的特征,即新的价值观没有完全确立,而旧的价值观已被打破,使人们在变幻莫定的价值观分化面前无所适从,无所依归。

3. 有效监管力缺失,监管思维亟待转型

在今天的中国互联网微视频领域内,应该说还没有系统、明确而有效的监管法规来管理不良微视频的滋生,没有成型而可操作的监管机制可以管控微视频传播过程中的不当行为,也没有明确的规范要求对内容和艺术表现形式进行限制。

当用户作为创作者上传其微视频作品时,目前其所面临的互联网微视频平台在内容审核上是极为宽松的。上传审核力度不够,管制松懈,部分网络视频平台方在一定程度上倾向于纵容一些问题微视频的存在,有些视频网站甚至制作暴力或具有诱惑性的图片来诱引用户观看。这使得整个互联网微视频传播环境存在着广泛的责任感缺失、行为模式混杂的问题。由于缺乏有效的实名制等措施对用户行为进行规约,在用户上传环节上,网络视频审核标准界定模糊,因而大量 UGC 类不良视频充斥网络。在播放平台环节,视频网站也姑息纵容此类视频存在,虽然这种视频内容不堪,但可以获得大量的点击率。

不得不承认的是,互联网微视频监管力缺失的一个重要原因是这一领域的迅速发展。面对迅速兴起、日新月异的互联网微视频领域,监管部门无法及时地出台有效的应对策略和监管机制来应对其中迅速出现并日益显著的问题。传统媒体时代的监管政策和监管思维方式,具有一定的刚性乃至机械性,其能够形成有效监管力的前提,是被监管主体的行为模式相对有限、相对统一、相对可控,而这一切今天都已经不再成立了。因此,监管思维不能及时转型,监管有效性也就无从谈起了。今天,互联网微视频用户的行为模式十分混杂,高度自主,传播特征呈明显的散点化、去中心化趋势,用户自我意识浓厚,对于若干刚性管控行为存在抵触心理,以及潜在的反弹趋向。在这样的新环境、新态势和新格局下,刚柔并济、疏控并举、兼顾多方、因势利导的监管智慧和监管新思维已经成为必然的选择,而客观上说,这种新思维的建立,乃至真正可操作的监管规约的确立,都还是有待时日的。

三、针对当前微视频传播中主要问题的对策研究

如前文所述,微视频在我国已经日趋盛行,但是微视频内容质量不高、传播平台内容杂乱以及盈利模式混乱等问题也已不容忽视,这些问题如果继续存在和发展,势必影响整个微视频产业的健康发展。本文认为,在当前的互联网微视频传播态势下,出于监管有效性的考虑,我们必须承认,"扬清"是"击浊"的最为有效的途径,引导整个微视频领域步入健康良性的发展态势,需要一种不同以往机械操作方式的新智慧。具体的,本文建议,可以通过以下策略促使微视频走向良性发展道路。

其一,大批量鼓励扶持优秀微视频作品的创作。

目前微视频市场中优秀的、具有传播责任感、价值导向正确的微视频数量还是太少,导致一些低劣的微视频充斥微视频传播环境。具体可以从以下两方面鼓励优质微视频的内容生产。首先,应加大力度扶持举办高水准的微视频作品大赛,引导优质微视频内容的批量化生产,以优秀微视频为介质,冲淡不良微视频的影响,逐渐净化互联网微视频传播环境。其次,应鼓励和扶持更多专业机构(包括广播电视台、节目制作公司等)从事微视频的制作,从总体上提升微视频内容质量。

其二,为优秀微视频作品提供展示平台和传播机会。

要加强优秀微视频的用户推荐、搜索优化和社交化传播,让更多受众能更快、更便捷接触到优秀的微视频产品。可对微视频内容进行合理分类,避免劣质微视频混杂于优秀微视频内容之中,更好地保护推广优秀微视频。要全面提升互联网传播主体的优质微视频传播意识,对专业优秀微视频进行大力推广,有效提升优秀微视频的可到达性。

其三,为微视频市场创造良好的政策与产业生态支持。

要加强微视频的版权保护工作,促使微视频从版权概念单薄的互联网开放内容逐步向具有明确版权规则的品质媒体内容转化,保障优秀微视频内容的权

益。要建立具有开放性和公共影响力的微视频交易平台,为优秀微视频提供利润来源。要扶植优秀微视频企业,为优秀微视频内容生产提供平台保障。

此外,要"找平"微视频的传播责任与盈利的关系,即平衡为广大用户提供娱乐和有意义的视频享受和实现创作者、制造方、广告商等产业链各取所需之间的关系。微视频不能单纯为广告商及视频平台服务,不能只为吸引眼球而忽视其内容形态,不能简单地把微视频作为一种见效快的盈利工具。只有平衡市场合作,跟进时代步伐,才能加强大众对微电影的认可,才会有更多的市场机会。

四、结束语

综上,尽管互联网微视频领域内已经浮现出若干问题,但是,在转换思维方式、理顺各种问题的前提下,互联网微视频的创作与传播是能够步入健康轨道的。这将是一个涉及政策、产业、技术创新等的复杂系统工程。正如上文所述,"扬清"方能"击浊","引导"胜于"压制",问题的解决需要新环境下的新智慧。而今天,来自学术、产业、政策等多方的努力已经渐次启动,共同的方向将最终决定众多努力的有效汇流、有机协同和有力推进。具有生动形象的媒体表现优势和源于本质的大众关怀立场的互联网微视频,也必将进入良性发展的轨道,驶向无限广阔的未来。

参考文献

[1]李皓. 浅谈新媒体电影的现状及发展[J]. 新闻世界,2011(7)
[2]涂小雨. 如何对待社会价值观分化[EB/OL]. http://news.ifeng.com/mainland/detail_2013_01/28/21653665_0.shtml.2013/01/28
[3]佚名. 微电影存在概念不清广告严重问题 产业开始走偏[EB/OL]. http://www.a.com.cn/info/domestic/2012/0921/184475.html.2012/09/21
[4]薛梦蓝. 当下流行的微电影主要存在什么问题?[EB/OL]. http://www.zhihu.com/question/21052177/answer/17014280.2013/05/12
[5]佚名. 国外微电影的发展优势[EB/OL]. http://www.wang1314.com/doc/topic-121371-1.html.2013/10/17
[6]尹兴良. 人民日报:微电影,威势力[EB/OL]. http://www.vmovier.com/36162.2013/10/21
[7]佚名. 微电影发展趋势分析报告.[EB/OL]. http://wenku.baidu.com/view/

cac09e56f01dc281e53af024.html.2012/08/28
[8]王长武.微电影的传播特征与市场前景展望[J].中国电影市场,2011(9):23-24.
[9]贾磊磊.影像的传播[M].桂林:广西师范大学出版社,2005年版

〔作者为曹三省,中国传媒大学协同创新中心新媒体研究院;张辉,中国传媒大学理工学部理学院;黄建,中国传媒大学新闻传播学部传播研究院;王楠,中国传媒大学协同创新中心新媒体研究院;纪海,中国传媒大学理工学院信息工程学院〕

中国传播能力建设创新模式

新疆广播电视传播能力建设　　　　　　　　　　　　　　安思国
舆论场"偏激共振"的成因分析与消除策略　　　张树庭　张晓丽
网络新媒体对人们思维方式带来的变革　　　　　　　　　陈作平

新疆广播电视传播能力建设

○ 安思国

一、什么是传播能力建设？

什么叫传播能力建设呢？笔者觉得套用一个比较经典的语式说明，中国传播能力建设就是把敌人的传播能力和传播效果搞得小小的，把我们的传播能力和传播效果搞得大大的、强强的，就是这样一个道理。

结合新疆的特点，传播能力建设具体可以从以下两方面入手：

第一，把敌人的传播能力和传播效果搞得小小的。敌人的传播能力，有的时候可能我们搞不小，但是传播效果我们可以搞小。

第二，要把我们的传播能力和传播效果搞得大大的。中央政治局委员，新疆维吾尔自治区的党委书记张春贤说了一句话，宣传文化思想工作要做到到人、管用、有效，这符合宣传文化工作的规律。到人，如果我们的传播到不了人，那么一天到晚喊一千遍、一万遍也没用。在新疆现阶段能够做到"到人"的工具，第一是广播，第二是电视，我们要把自己的声音搞得大大的，就必须把我们的传输覆盖到人。怎么样到人呢？2012年，新疆开始搞户户通工程，自治区投15个亿，三年的时间解决260万户、1000万人听广播、看电视的问题。听50多套广播，看50多套电视，一千万人是什么概念，新疆是2220多万人，城区去掉，农牧区家村村通和户户通到人的问题到今年年底基本完成。把自己的传播能力搞得大大的，得先到人。

其次是内容。如果没有内容,到人没什么用。到人,关键到什么人。到少数民族,汉语频道50多个,看得非常多,少数民族语言的屏道少。上卫星,每个省只上一个卫视,新疆一下子上了七套节目,一套汉语,三套维语,两套哈萨克语,一套少儿节目,但是少数民族语言节目还是非常少,要想把我们的声音搞大,必须把少数民族语言的节目做多做好,做得有效果,这样才行。新疆在省这一级所有新闻节目是统一的,新疆电视台有三套维语频道,两套哈语频道,维语频道每天可以看3集新剧,哈语频道每天可以看2集新剧,也就是说在新疆少数民族电视节目影视剧重播率高的问题基本上解决了,但是又存在问题,我们这些影视剧拿到新疆翻译过来可能是两年前、三年前的节目了,时效性差,只有提供一些比较新的剧,才能把正确的东西,中华民族共有的东西送下去,否则的话还是不行,所以把传播能力搞强搞大,第一一定要覆盖每个人,第二一定要把内容做好。

二、新疆广播电视工作特点

第一个特点,目前应该做的就是突出均等化的问题。在本世纪初新疆最边远的地区老百姓能够听到和看到是一套广播和一套电视,本世纪初汉族最边远的地方已经能够看到50多套,听到50多套了,汉族老百姓能够听到的、能够看到的和民族老百姓能够听到、能够看到的还存在着均等化的问题,政府本质上就是为所有的老百姓提供基本均等化的公共服务,怎么样实现公共服务的均等化是需要我们认真琢磨的一件事情。

新疆广播电视第二个特点是战场属性十分明显。我们新疆广播影视工作更多在打仗,抵御敌对势力、宗教势力和宗教极端思想,与其争夺老百姓,所以新疆广播电视战场属性十分明显。

第三个特点,少数民族语言节目是我们的重点,少数民族语言节目缺乏的现状,也促使我们动了一些脑筋,刚才提到创新,新疆拿什么覆盖最好呢?卫星,只要卫星一覆盖,新疆全地就都可以看见了,卫星上的节目有中央电视台的,有各省级卫视的,还有新疆电视台的七套节目。但是有两个缺陷,一是本地的节目少,对当地老百姓不会有太多的吸引力,于是就创新了一下,总局提出来双播机顶盒,把两个机顶盒集成到一个机顶盒,既能够接收卫星上的节目,又能接收地面上的节目,地面上的节目主要是本地的节目,本地州和市的节目;二是本民族语言节目少,所以我们现在每一个老百姓家里头看到十套左右本民族语言节目,这样党和国家的声音就能够更快、更迅速、更有效地传达到老百姓,这个工作的效果应该是非常不错的。

  第四个特点,国家色彩非常鲜明。新疆的广播电视工作应该是区域性、局部的,但它具有鲜明的国家色彩。新疆电视台新闻中心下面有一个部门——编译部,专门负责翻译中央台的节目,主要是中央电视台的《新闻联播》和中央电视台的《致富经》。每次总局来领导,都到那个部门视察,部门的主任说,我们应该列入中央电视台的序列里头,拿中央电视台的工资,我干的都是中央电视台的工作,中央电视台没有维语也没有哈语。我们的节目国家色彩鲜明还体现在哪里呢?电视节目和广播节目已经在土耳其、吉尔吉斯、哈萨克、蒙古共和国落地。习总书记提出"丝绸之路经济带"之后,总局又给我们批了两个项目,一是电台要做中亚之声,另外我们的电影会到中亚做展映,因为中亚和新疆一些民族毕竟是语言、习俗、宗教信仰相同,能够引起共鸣,所以国家色彩非常鲜明。

[作者为新疆维吾尔自治区广电局党委书记]

舆论场"偏激共振"的成因分析与消除策略

○ 张树庭　张晓丽

"场"是源于物理学上的概念,作为电磁学的概念被提出,场的质量和能量弥散分布在无限空间中,物体通过场发生作用。爱因斯坦认为,场是被看作相互依存的现实事实的整体。随着其客观存在以及人们对它本质属性的认识,渐渐被引入社会科学。20世纪初,德国心理学家库尔特·卢因提出"心理场"的概念,首次将"场"的概念引入社会科学。考夫卡进一步发展了卢因的"心理场"理论,提出"环境场""行动场""社会场"等概念。

简而言之,场就是一种持续存在、各种因素合力形成的客观存在,场空间具有很强的兼容性,刘建明教授认为,"场"为舆论形成提供了条件、空间,并推动舆论发展或制约着它的正负方向,场是意见产生的共振圈。

舆论是社会和时势的晴雨表,是某种共同性的社会心理和社会思潮的公开表露。陈力丹认为,舆论是公众关于现实中的问题、现象所表达的信念、态度、意见和情绪表现的总和,具有一定的一致性、强烈程度和持续性,对社会发展及事件进程产生影响。用"场"的范式研究舆论有助于挖掘其产生的环境机制。

舆论场格局之变——异军突起的网络意见共振圈

"舆论场是指包含若干相互刺激因素,使许多人形成共同意见的时空环境,构成舆论场的三要素——同一空间人们的相邻密度与交往频率较高、空间开放度较大、空间感染力或诱惑程度较强,这样的空间可以形成舆论场。无数个人的意见在'场'的作用下经过多方面的交流、协调、组织、扬弃,会以比一般环境下快得多的速度形成舆论,并有加速蔓延的趋势。"①

刘建明认为,"所谓的舆论场,是指包含若干相互刺激因素,使许多人形成共同意见的时空环境"②。他认为,构成舆论场的主要因素是同一空间的人群密度和交往频率,其次,还受到开放程度、渲染物和渲染气氛等因素的影响。场上多项外力为舆论聚合提供了刺激。

喻国明教授运用布迪厄场域理论分析了舆论场,场域是由一系列客观关系构筑的社会空间,在这一空间中,不同位置上的各种力量为争夺制度高位或权力资本,不断地展开彼此间的博弈和争夺。"在现实的社会话语场域中,舆论场并非铁板一块,尤其在目前中国社会话语场域中,由于目前社会处于深刻的转型期,民众利益诉求不尽相同,形成了以官方话语场域为主,各种边缘话语场域并行不悖的舆论场域循环流动的整体性格局。"③并非铁板一块的舆论场在新媒体时期发生了变革。

互联网作为"新媒介"影响着媒介的格局,而与这场变革同时进行的是整个舆论场随之产生的变革。网络舆论场是一个新增的意见共振圈,异军突起并日渐呈现出改变原有舆论场格局的态势。媒介舆论场在原有的传统媒体舆论场的基础上增加了网络舆论场,而针对网络舆论场的研究正成为当下舆情分析的重点,网络舆论场上层出不穷的焦点事件,扑朔迷离的舆情走向,亦成为各研究领域关心的重要课题。

互联网以其快捷性、互动性、匿名性等不同于传统媒体的特征,构造出一个人员紧密、空间开放度大、感染力强的虚拟空间,如同17、18世纪西方的沙龙,成为意见迅速汇集、扩散的异常活跃的网络舆论场。网络这一新媒体在舆论的形成方面已经无可争议地获得了自身的地位,成为意见的共振圈。新闻跟帖、BBS、QQ群,尤其是微博、微信等社交媒体出现后,呈几何形式的信息发布可以迅速而集中地汇聚公众的意见形成网络舆论场,也成为众多群体性事件的引爆点。

---

① 雷跃捷、辛欣:《网络传播概论》,中国传媒大学出版社2010年版,第149页。
② 刘建明:《舆论传播》,清华大学出版社2001年版,第64页。
③ 喻国明:《中国社会舆情年度报告》,人民日报出版社2012年版,第15页。

舆论的形成与三个因素有关：同一空间人们的相邻密度与交往频率高、空间的开放度较大、空间的感染力和诱惑程度较强。在网络上，这三个要素都具备，并显示出比传统媒体更强的优势。网络社会中，匿名的网民分布各处，并以群体汇聚，密度高，人们的交往、意见的交换是虚拟的，发言相对自由，交往是即时互动的，交往频率较高。在网络中发言不受现实固定角色的束缚，语言风格、社会角色可以随意转换，被人关注、跟帖或追捧会获得满足感，诱惑力强。网络舆论场的形成与网络空间的虚拟性、开放性、感染力正向相关。

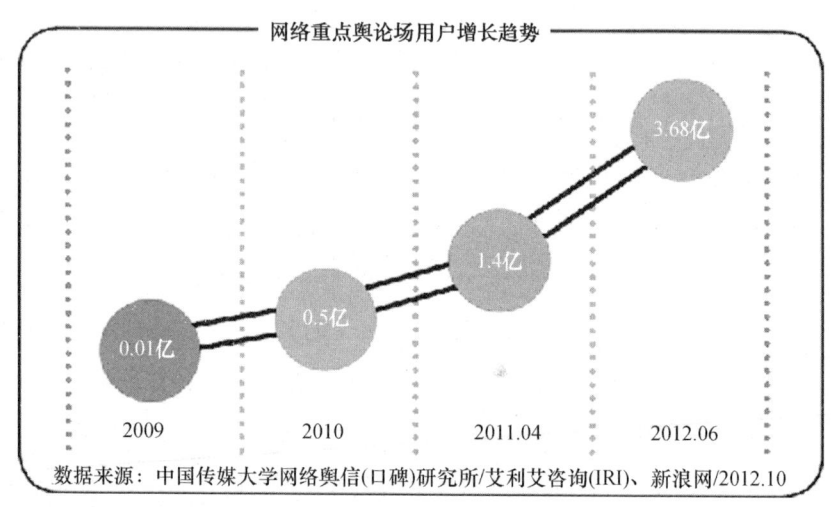

数据来源：中国传媒大学网络舆信(口碑)研究所/艾利艾咨询(IRI)、新浪网/2012.10

网络舆论场域进一步细化为五个舆论场：传统大众媒体舆论场、新闻网站舆论场、网民舆论场、网络意见领袖舆论场和微博舆论场。由于每个场的信息传播模式、角色和功能不同，在舆论场上日渐发挥着不容小觑的作用，尤其是微博舆论场，已成为网络重点舆论场。如上图网络重点舆论场用户增长趋势所示："随着通讯和互联网实现互通，网络舆论场的参与人数依附于手机用户数量大幅增加。截至2012年6月，仅以新浪微博平台为例，其用户规模已达到3.68亿，认证用户近60万。在2011年1月至2012年6月期间发生的各大网络热点事件都有微博用户参与，足见微博已成为当下用户基数最大的意见表达场。"①

---

① 《网络舆论生态状况》《中国网络舆论生态环境报告》，中国传媒大学互联网信息研究院网络舆情研究所。

舆论场偏激共振的成因分析

舆论公开是通过大众媒介,或者在公开场合进行的舆论行为。大众媒介是社会舆论的放大器和风向标,也是承载社会舆论的重要平台,由媒介报道的新闻事件被社会关注、议论,如同"蝴蝶效应",新闻媒介舆论场的偏激共振将影响到整个舆论场。

目前新闻舆论的偏激共振主要在两个公开舆论场中进行,一是传统媒体舆论场,分布在传统的大众媒介中,包括广播、电视、报纸、杂志等,通过新闻、评论甚至广告反映舆论和引导舆论。另外一个是异军突起的网络舆论场。

如果都同时关注了某一事件,新闻舆论场上网络媒体舆论场和传统媒体舆论场的关系可归结为不共振和共振,图二是网络媒体与传统媒体未形成共振,存在迥然不同的舆论场,自说自话,二者的舆论走向呈现背离状态。

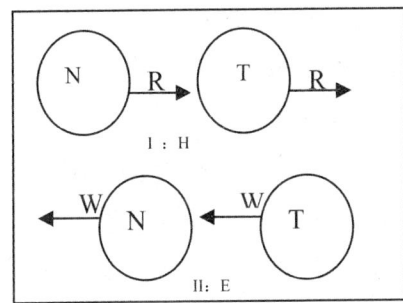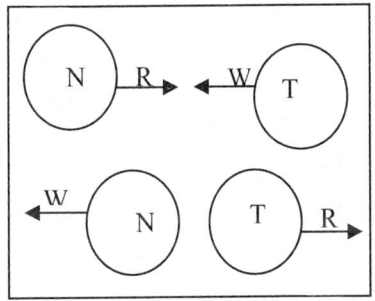

图一 I:网络舆论场与传统媒体舆论场的和谐共振
II:网络舆论场与传统媒体舆论场的偏激共振

图二:网络舆论场与传统媒体舆论场自说自话

N＝网络舆论场 T＝传统媒体舆论场 R＝合乎真理的正向舆论 W＝与真理相悖离的负向舆论 H＝正向舆论和谐共振 E＝负向舆论偏激共振

共振有两种情形,和谐共振和偏激共振,和谐共振如图一中 I:H 所示,舆论在网络与传统媒体舆论场上走向一致,都是基于符合客观事实真相的基础上向合乎真理的正向舆论发展。所谓偏激共振,如图一中 II:E 所示,即出现与 I 相反的状况,二者舆论达成一致,但却皆往错误的方向偏离。

为何会出现偏激共振？首先要从网络与传统媒体各内部舆论场及其二者的互动机制上寻找原因。从网络舆论场内部分析，"物以类聚，人以群分"这一点在网络社会中表现得尤为突出，早期的论坛、贴吧，紧随其后的博客、微博、人人网、QQ群等社交媒体，都在积聚着同质群体，言论趋同、网民行为从众都表现出前所未有的类聚效应。因而，网络是一个类聚的场，内部容易产生偏激共振，这个特性自网络新媒体诞生那日起便产生了，并在其迅速崛起、发展壮大的过程中与网络新媒体如影随形。

1. 网络舆论场易受到信息流瀑的影响，易产生群体极化，形成网络舆论偏激共振

徐向红在《现代舆论学》中认为，每一种意见，都有一定的方向或倾向、偏好，同时又带有一定的强度，可以将这种意见称为舆论向量。针对一个问题，所有可能发生的向量，可以称之为向量空间。这个向量空间是意见的集合，这个向量的空间也就是舆论场，不同的意见集合，构成一个向量丛。在议论的开始阶段，会有许许多多向量，它们杂乱无章，通过涨落，意见核开始吸附方向大致相同或相近的意见，于是，向量空间开始有序化，到了舆论形成阶段，意见核的向量就成了基本向量，周围的零星意见均被吸附过来。

网络舆论场是一个较为宽松、自由的向量空间，在事实与意见的传播扩散中，网络意见领袖便是意见核，成为吸附网上杂乱向量，整合意见、诱发社会流瀑产生的关键因素。桑斯坦认为，当人们追随一些先行者或"领头羊"的言行时，社会流瀑现象就会发生。

网络舆论场由于类聚化，具有易于识别的意见核，易吸附杂乱向量，易把个体意识变为群体意识，从而形成信息流瀑，这种流瀑一旦形成，将很难逆转。桑斯坦将这种信息大量传播形成的一致性集体认知称之为信息流瀑，群体认知形成的群体压力让网络舆论场出现一边倒的趋势。

卡斯·R·桑斯坦在《谣言》一书中谈到："在互联网上，信息流瀑每天都在发生，即使它涉及的是完全没有根据的谣言。这些信息流瀑在很大程度上影响我们的信念和行为。"[①]网络上如果出现的是无根据的谣言，这种信息流瀑就演

---

① 卡斯·R. 桑斯坦著，张楠迪扬译：《谣言》，中信出版社2010年版，第37页。

化为舆论的偏激共振。

桑斯坦在《网络共和国——网络社会的民主问题》中提出网络"群体极化"的理论(group polarization),这一理论可以解释网络舆论易形成偏激共振的心理机制。群体极化指群体成员中原本的倾向性,在群体互动中得以加强,使一种态度或意见从原来的酝酿状态发酵为一致性意见的现象。

人们本来就具有某种态度或意见偏向,在经过商讨后,意见朝偏向的方向继续移动,最后形成极端的观点,这就形成了群体极化。舆论的本体是意见,这也是舆论存在的基本形式,意见是指对某一事物的见解融合,凝酿着人们的全部主张,人们在公开发表意见时,修正个体意识,形成共同意识,即集合意识。舆论一旦出现,就在一定程度上溶解个体意识,修正了不相融的见解后,汇入集合意识的洪流,获得更大的强势,这也是网络舆论偏激共振的重要起因。

另外,网络媒体的协同过滤也是导致网络舆论场产生偏激共振的原因之一,网站在信息选择和编排上,汇总同类信息并提供网站链接,也容易导致信息的窄化,将某些网民的帖子置顶或放于突出的位置,也同样凸显了这些意见,影响网络舆论走向,加速群体极化,导致网络舆论偏激共振现象的出现。

有时网络舆论场也受到境外媒体的影响产生共振。如黄浦江死猪漂流事件在网络舆论场的偏激共振还受到境外媒体的影响,美国媒体《基督教科学箴言报》发表文章激烈抨击上海黄浦江出现大量死猪一事,在中国网络被大量转载,引发更多外媒对此事的关注和评论。另外,"抢盐"谣言的源头也是从一条冒用BBC名义的短信谣言开始。

2. 传统媒体与网络媒体同声相应、同气相求,集聚了频率、增强了振幅,形成两个舆论场的偏激共振,放大了破坏力

舆论的形成并不是在网络舆论场里封闭完成的,它不断地与现实社会中的大众传播媒体进行着互动,网络舆论的焦点往往会成为传统媒体报道的焦点,传统媒体大篇幅、高频率的报道则促使更多的社会公众关注相关事件,促使更多的人参与讨论。传统媒体的介入和报道会扩大网络媒体影响力,扩散舆论传播范围。

目前传统媒体市场竞争激烈,面对碎片化时代"五步三秒"的注意力经济,

某些传统媒体在工具理性和价值理性的摇摆中迷失，为了追求商业利益，片面追求新闻轰动，丢失了客观、真实的基本素养与公共性社会责任。受到网络媒体的影响，选题线索、报道选题、报道内容、语言风格都开始网络化，标题党盛行，不加求证，以偏概全，断章取义，影响认知，有失舆论引导之担当。传统媒体的这种同声相应、同气相求，若与网络舆论场的偏激共振一致，便会增强振幅，放大破坏力，容易扩大公众的负面情绪，甚至引发惶惑与不满。

2010年10月7日，《扬子晚报》发文《北半球今冬将迎"千年极寒" 中国恐难幸免》，这个消息在中国蔓延，各报纸杂志不加求证，纷纷转载，甚至开始讨论"极寒来临，是否提前供暖"，《北半球"千年极寒"将波及云南 昆明今年可能遭遇"冷冬"》《北半球千年极寒或将影响全国煤价》《北半球或将遇"千年极寒" 浙江或无法幸免》等类似改写后的新闻也在报纸、网络上风起云涌。

人民网、新华网、腾讯、搜狐、网易、中新网、中国日报网站、千龙网、环球网、雅虎资讯、新浪博客等网络舆论场上转发并展开讨论。最终，传统媒体舆论场和网络媒体舆论场同气相求，官方主流媒体网络舆论场也同样偏激共振，后经调查发现断章取义的假新闻最终影响了物价，惊动了股市，出现了新名词"极寒经济"，结果是造成老百姓的心理恐慌和市场紧张。羽绒服、棉花等物价飙升，煤炭股走高，各生产商、供应商纷纷囤积物品。有记者采访了此说的源头，所谓的"波兰科学家"科瓦尔沃斯基回答说自己的一则讲话被曲解，《扬子晚报》记者宋世锋（《北半球今冬将迎"千年极寒" 中国恐难幸免》的作者）说他的报道大部分源于"俄罗斯Regnum新闻网"和"英国《每日邮报》"的内容。记者不去考证消息的来源，以讹传讹，造成公众恐慌，媒体把关人未尽审查之责，同类媒体不加判断争相夸大转发，新闻媒体的公信力和权威性在与网络舆论场的偏激共振中被过度消费。

3. 网络舆论场个体易受情绪驱动，不求真相，只求需要的真相，易产生标签化指向

网络舆论除了真实性以外，还具有偏激性、夸大性、煽动性以及夹杂大量的宣泄情感成分。网络表达门槛低，信息发布快捷，使得表达意见更直接，也更容易情绪化，这种非理性的表达通常言辞激烈，理性的、真实的意见可能被淹没。

2013年2月12日,一则经过编改的声讨警察无故打人视频《三亚旅游悲惨遭遇》在天涯论坛流传,网友投诉称:翁志刚、岳丹夫妇及好友李建林在海南三亚大东海海鲜排档用餐后发生争执,三亚某派出所警察赶到现场不问缘由殴打他们,翁志刚躺在地上不动,民警仍用木棒和警棍持续殴打,旁边劝架的老头也被打倒。此后,该视频流传至微博平台,吸引大量网民点击观看、转载。

次日,三亚市委宣传部、市公安局对此事作出回应,并通过南海网对外公布了事发现场视频和最新调查结果,官方视频与网友投诉视频截然相反:翁志刚等当事人在商场停车时,车辆底盘被水泥块剐蹭,怀疑是保安所为,后又将执法民警当成保安,对其进行拉扯、追打,且在特警处置现场过程中存在抢夺民警配枪等行为。

面对截然不同的事实真相,网民态度在预设的立场下,还继续存疑,质疑为何不公布全部视频、警察抓住当事人后为何还往死里打等等,仍有网友不相信官方解释,怀疑警方存在暴力执法。

然而,2月15日,南海网在解释网络质疑的同时,当事人翁志刚为黑龙江穆棱市政协委员的消息爆出,官员身份加上抢枪袭警等行为,身处弱势的翁志刚被贴上"官员"身份后成为强势群体,引发部分网民倒戈。

从三亚游客打警察事件来看,网民一开始同情"弱势"的翁志刚被打,不相信官方回应真相,认为警察暴力执法。随着后来翁志刚的政协委员身份曝出,其标签又被替换为"官员",此后,网民态度倒戈,开始支持警察,指责三亚东北人粗暴、官员打人。

由此暴露出当下网民在信息接收中存在偏颇吸收(biased assimilation),表现为以一种有偏见的方式来吸收和消化信息。受情绪驱动,不求真相,只求需要的真相,易产生标签化指向的真相困境。偏激的舆论场主体,使舆论场在网民的情绪和预设中摇摆不定,易产生偏激共振。

舆论场偏激共振的消除策略

网民的非理性言论在舆论场偏激共振,引发网络暴力,威胁道德底线,最终危害社会和谐、互信和稳定,引发突发事件,加大社会风险。

信任缺失、负面情绪宣泄和蔓延现象严重,影响到社会稳定、和谐。信任度的降低与转型期矛盾、政府危机处理能力、官员整体形象等因素有着直接的关系。如 2013 年 3 月发生的黄浦江死猪漂流事件,各方相继给出了回应,但不信者恒不信。据 IRI 监测数据显示,2013 年 3 月 7 日至 3 月 18 日 14 时,有关上海黄浦江死猪事件的新闻报道共有 12725 篇,涉及网站 704 家;另有论坛主帖 5872 篇,博客文章 2992 篇,微博 49880 条,舆情走势图和网民态度分布图如下。

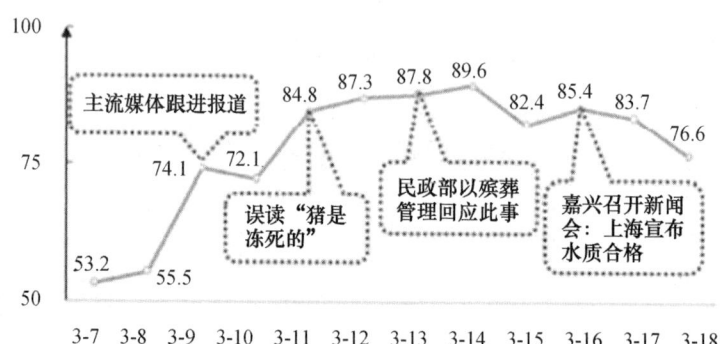

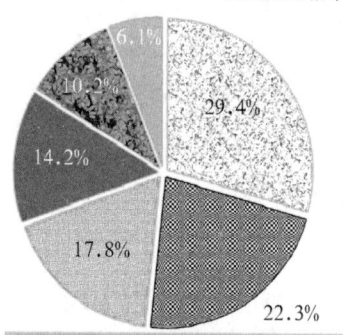

自 3 月 7 日网友爆料后第四天,3 月 11 日,浙江省农业厅畜牧兽医局动物疫病防治处接受采访时推测,小猪的批量死亡与天气变化有关。此语被网络误读为"官方解释称猪是冻死的",网民不满情绪群体极化。

在网民的围观和嘲讽中,"猪投上海"逐渐酝酿成一件举国关注的公共事件,地方政府和相关职能部门的权威性和公信力受到了一定损失,其引发的舆情次生灾害,也造成了恶劣影响。因死猪事件已持续数日,但相关部门并未给出权威死因说明,网民质疑情绪大爆发,微博上出现各种关于黄浦江漂死猪的原因,网友戏称"东方之珠"变身"东方之猪",诸多说法极尽嘲讽:称猪是不满饲料添加抗生素,集体跳下黄浦江自杀;或称惊闻铁道部殁了,伤心殉葬;或称因吃不到香港奶粉,绝食而死;甚至称猪是身在雾霾自强不吸,憋死了。

嘲讽的背后,是信任的缺失和公众负面情绪的日渐累积。如何走出"官方越辟谣,百姓越恐慌,媒体越说没事,百姓越觉得有事,专家越是胸有成竹,百姓愈不以为然"、"怎么解释也不信"的舆论怪圈,减少舆论场偏激共振,需要从以下几个方面综合考虑:

1. 政府相关部门要应"舆"而动,保障民生、减少焦虑,增强公信力,继续推进网络问政

在偏激共振的舆论场中,政府面临前所未有的挑战和舆论压力。谈如何危机应对、如何减少偏激共振,根源在于现实生活,喊破嗓子不如甩开膀子,归根结底还要从根本上做好民生工作,减少转型期人们的焦虑情绪。以食品安全问题为例,奶粉、猪肉、鸡肉、牛奶、食用油、白酒,每次问题爆出,都是负面情绪的累积。公共卫生方面,2013年初水质污染事件频发,无良企业地下排污、黄浦江死猪事件、彭山河道死鸭事件……面对网络舆论的压力,相关部门应对不足,相关职能部门的权威性和公信力也随之下降。

"微博打拐""免费午餐""随手送书下乡"等活动中,体现出微博舆论场与传统媒体舆论场和谐共振、民间与政府良性互动,成为政府提升公信力,为民生解决问题的双赢范例。2011年的"微博打拐"事件中,网络上倡导的"随手拍解救乞讨儿童"线下活动,公安部和地方公安机关趁"舆"而动,及时跟进,迅速行动,"微博+警方"的联动打拐模式取得良好效果,也获得社会的一片赞誉。

自1999年国家推行政府部门信息化建设以来,中央、地方政府网络执政上已有很大进步。党政部门的官方政务微博已进入网络舆论场,胡锦涛总书记曾在讲话中强调提高对虚拟社会的管理水平,健全网上舆论引导机制,在网络舆论场上倾听民意,这是政府积极应对偏激共振、塑造良好形象的一种表现。据

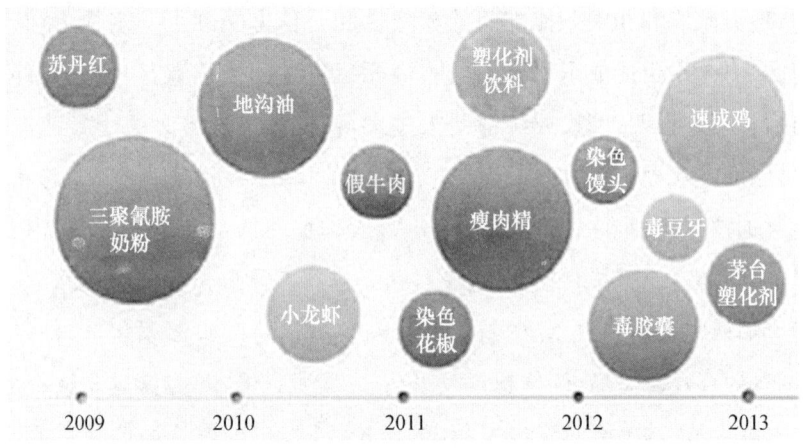

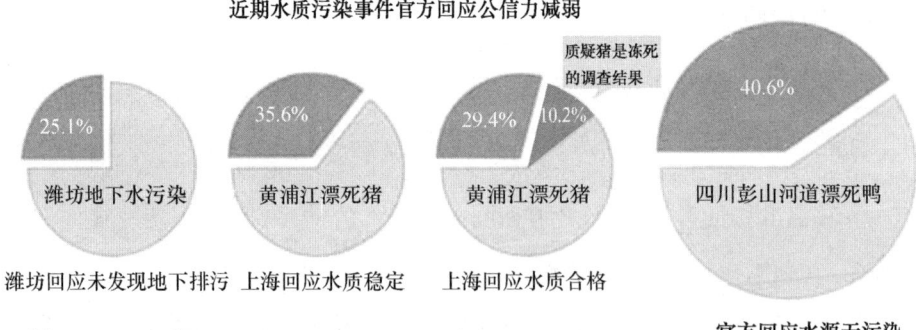

近期水质污染事件官方回应公信力减弱

人民网舆情监测室联合新浪共同发布的《2013年新浪政务微博报告》数据显示，"截至2013年10月底，新浪平台上的政务微博有100151个，其中包括机构微博66830家，公职人员微博33321位。"①

虽然政务微博数量增长迅速，但也出现了部分更新缓慢甚至无更新的"僵尸账号"，未真正在舆论场中发挥舆情引导作用。官方微博如何在舆论场上发挥影响力和引导力，有效杜绝偏激共振，仍是需要继续探索的一大课题。政府应在舆情互动中鼓励公众表达意见，倾听民意，汇集民智并及时发现问题，健全相关法律法规，从根本解决问题方为安定民心、稳定社会秩序之良策。

公职人员微博作为政务微博的一种形式，也在不断探索，原云南省委宣传部副部长的"伍皓"是国内首个实名开微博的厅级高官，受到网友关注和肯定，

---

① 《2013年新浪政务微博报告》，人民网，http://yuqing.people.com.cn/n/2013/1226/c210118-23952286.html

在躲猫猫事件中组织"网民调查团"的"伍皓"模式也成为官员微博在网络舆论场上集聚正向能量,杜绝偏激共振的成功范例。

2. 主流媒体应错开振动频率,全面展现多维事实,发挥整流器、冷却器、分流器、稳压器之责任担当,以媒体理性涵养公共理性

在新的舆论场环境下,新闻报道模式、舆论场的反应机制都在发生变革,主流媒体、专家权威意见习惯被网民调侃、消解,新时期的主流媒体的舆论导向显得尤为重要,角色和定位、引导策略也应重新思考。

主流媒体舆论场是舆论的放大器,是舆论声势产生和渲染的源头,直接影响了人们思想深处的观念。提高舆论的真理色彩,赋予舆论权威性、议程设置、引导共识,这是舆论导向的基本含义。影响舆论引导的因素包括:新闻媒介的权威性、是否代表人民利益讲话、表达的是否为重大问题、阐明意见的说服力和公正性等等。

在传统媒体舆论场上,应重点发挥整流器、冷却器、稳压器的作用:在新闻选题上契合热点关注及时发出声音,全面展现多维事实,不能怕触碰某些利益集团避而不谈。在舆情呈现上要整合各方声音、整合各界舆情,是为整流器。在有争议的问题上,尤其是关系到国计民生问题,要敢于批判谬误,用理性和真相冷却负向舆论,引导其沿着正向发展,有策略地用必要的倾向性稳定舆情,如通过连续性的热点或亟待解决的社会问题进行评论,培养公众理性,是为冷却器和稳压器。

在整合各方意见时,继续发挥舆论导向之责任,但在文风、选题、意见表达上应进行调整。做到真正替人民讲话,而不是打官腔,也不能沦落为网络媒体偏激共振的扬声器。正确反映舆论,提供客观世界的真相,这是引导舆论的前提,通过多维意见呈现使社会意见理性。

在发挥冷却器功能中,主流媒体引导舆论要敢于批评对立舆论或其他舆论的错误倾向,揭露这些舆论中的谬误和欺骗性,启发公众从荒诞舆论的束缚中摆脱出来。2011年3月11日,日本地震引发海啸和福岛第一核电站爆炸,核辐射谣言在网络、手机等新媒体舆论场内形成信息流瀑。3月17日晚间,CCTV晚间节目《新闻1+1》中,白岩松采访核电专家进行辟谣,一个青海盐湖的盐储

备够全国人民吃 70 年,3 月 18 日,谣言破灭,"退盐族"出场,嘲讽抢盐行为的帖子大量流传。事发四天内掀起了"抢盐"风波,持续时间也仅仅三天,这得益于大众传媒对核辐射知识的全面报道,作为冷却器有效地平复了哄抢热潮。

在稳压器功能发挥上,主流媒体应错开振动频率,全面展现多维事实,有主流媒体的责任担当,以媒体理性涵养公共理性。但引导舆论,并非生造,要提供确实存在的真相和正面价值观念,理性有赖于客观真相,负责任的媒体不能成为不良情绪的推手。"在意见分歧的社会将出现数种舆论,占有真理的舆论最终会取得统治地位,媒介的舆论合力以正确意见为轴心,围绕真理而回旋,它一旦被受众所选择,就能凝聚为一股社会思潮。"[①] 遵循播撒真理这一舆论引导核心,充分发挥纸媒思辨性、深刻性,用深刻、准确的意见校正非理性舆论,扩大正向舆论总量,最终达到舆论和谐的最佳状态,即要在保障社会主流思想在舆论场中居于主导地位的前提下,给公众提供一个可以自由选择并独立思考的舆论场。

在网络舆论场上,传统媒体应利用自有网站、微博,重点发挥分流器的作用,减少偏激共振。据中国传媒大学网络舆情研究所统计,截至 2013 年 2 月 20 日,人民日报、新华社、中国新闻社、中央电视台、中国国际广播电台、光明日报、经济日报、解放军报等 9 家中央新闻单位共在新浪平台开通机构微博 1005 个,万级以上粉丝微博共计 397 个,百万级以上粉丝微博 30 个。其中中央电视台、新华社、人民日报三家媒体共开通微博 738 个,占比超过七成。这说明央视、新华社等主流媒体在网络舆论场上已占得有力席位,但仍有近半数粉丝量在 5000 以下,近半数微博发布信息不足 500 条,9 家微博自开通来并无一条消息发布。可见,虽然人民网、新华网等主流媒体已经开始在网络舆论场上发正面强音,但仍有很多媒体因并未用心经营,作用甚微。

3. 政府与网民共谋利益,共制规则,塑造和谐共振的舆论场

面对事实真相纷纭复杂的罗生门,动辄偏激共振的舆论场,相关机制和规则的建立,是解决问题的关键一步,数字时代,真相有赖责任和义务的支撑。

胡泳在《中国网络舆论三大变化》一文中指出中国互联网的治理路径:互联

---

① 刘建明:《舆论传播》,清华大学出版社 2001 年版,第 312 页。

网治理的政策框架应沿着增强竞争、鼓励创新的思路,允许自由表达,提升信任,进行最少的政府干涉。桑斯坦认为,任何规范言论的行为会导致"寒蝉效应",若因散播假象而对人们施以惩罚,也是在"寒蝉真相",长远来看对整个舆论环境和社会发展是有害的,妨碍言论自由引发的寒蝉效应也有可能妨碍真相的传播。但另一方面,如果虚假信息的传播导致严重的问题时,也要立法治罪,应当建立必要的舆论场规则与规范,优化信息传播氛围。中国互联网想进一步发展,需要政府与网民共谋利益,共同制定规则。

"在重大公共事件中,公共权威部门应主动作为,并进行高效的联动协作,及时和准确地回应民意关切,这也是政府转变职能的要求。这个转变,就是权力转身,即向服务型、创新型、法治型政府转身……只有在政府和公民的良性互动中,公共权威部门才不至于'惰政',其声音才能被公众所接受,公共治理才能最终走向现代善治。"[1]网络舆论场管理应该发挥政府的服务职能,将网民视为服务的对象而不是管理的对象,尊重网民的多样性、个性化,倡导宽容,引导对话与沟通,让网民参与到互联网规则的制定过程中,以此让他们增强认同,调动参与和遵守的积极性。政府在和谐共振的舆论场中倾听民众意见,接受群众监督,良性互动,凝聚执政资源,重塑政府与官员形象,取信于民。面对驳杂的信息环境,网民也应该保持理性、提升媒介素养。

[本文系国家社科基金项目"网络舆情监测与引导机制研究"(项目编号:12BXW044)的阶段性研究成果,同时受教育部新世纪优秀人才支持计划资助。]

[张树庭,中国传媒大学互联网信息研究院执行副院长;张晓丽,中国传媒大学博士研究生]

---

[1] 李松:《公共权威部门应"主动作为"》,《瞭望》新闻周刊2013年第11期。

网络新媒体
对人们思维方式带来的变革

○ 陈作平

麦克卢汉认为,媒介即讯息,每一种媒介诞生之后,都意味着引进了一种新的尺度,人们就会开始用新的媒介尺度去衡量和思考问题。互联网作为一种全新的媒介,不仅给人们带来了新的感受和体验,更深刻地影响着人们的思维方式。我们研究互联网给人们思维方式带来的影响,最简单的办法就是比较传统年代与互联网时代人们在思考和处理问题时有何变化。具体来说,互联网给人们的思维方式带来了以下变化:

一、互联网改变了人们参与现实事务的思维方式

网状交互传播是互联网的一个显著特点,这一传播特点不仅第一次给人们带来了真正意义上的言论和出版自由,还深刻地改变了人们处理公共领域事务的思维方式。

尽管在现代社会中,各国宪法大都明文规定公民拥有言论出版自由,认为这是公民的权利。但是从全球情况来看,在实际生活中,传播的权利不是被权力垄断就是被资本垄断,能够通过大众媒介公开表达意见的人总是极少数。互联网第一次从技术角度真正实现了出版自由。有学者认为,历史上传播的赋权形式经历了两次重要转变。第一次是从理论赋权变为宪法赋权。"天赋人权"是思想家从理论层面对传播权利的阐述,实质上是一种理论赋权。随着公民言论自由被写入宪法,理论赋权实现了向宪法赋权的转变。第二次是从宪法赋权

变为技术赋权。主要是以互联网为代表的新媒体对公众进行传播赋权,自此以后,权力和资本对传播权的垄断被打破,每个人都拥有了传播的权利。①

由于每个人都拥有了言论和出版自由,导致人们在处理公共领域事务时的思维方式发生了深刻改变。在传统媒介时代,信息的传播与流动是单向度、不对称的,总是少数人掌握了很多信息并垄断着进行大众传播的权力,大众只能被动地接收信息,而且每个人都是孤立、封闭的,他们的内部没有可以交流和讨论公共事务的平台,大众很容易被少数人控制的大众传媒逐个击破。互联网彻底打破了这种传播格局,形成了一个崭新的信息交流平台。在这个平台上,个人与个人之间可以进行交互传播,对各种信息交头接耳地议论,形成了一个真切的公共领域,信息的自由流动推动着公共事务信息向着公开、透明的方向发展。此外,互联网特有的便捷性使每个人进行大众传播变得唾手可得,人们动辄可以通过互联网将自己掌握的信息公之于众,进而参与到公共事务中来,这是互联网时代人们思维方式的一个显著变化。

案例分析:2012年"表哥"杨达才落马事件就很能说明这种变化。2012年8月26日,包茂高速公路陕西延安段发生特大交通事故,导致36人死亡。当天下午16时35分,网友"@JadeCong"在翻看"8.26"特大交通事故现场图片时被一名官员的笑容激怒,随即发出了一条微博,"事故现场官员满面笑容,情绪稳定"。并附上了相关截图,36人死亡的惨剧与冷血官员的微笑形成鲜明对比,该微博被迅速转发。19时53分,网友"百姓大于天"在其微博爆料称,微笑官员为时任陕西省安监局局长杨达才。22时29分,网友"卫庄"在其微博发布了一张杨达才佩戴手表的照片,并称"网友怀疑是价值3.8万多欧元的欧米茄"。23时57分,渤海论坛的新浪官方微博发布了杨达才在不同场合佩戴有5块不同款式手表的照片。8月27日18时12分,第五大道奢侈品网首席运营官孙多菲在其微博逐一列举了这五块名表的市场价格,市场估值共计数十万元。面对网民的质疑,杨达才选择了迅速回应,8月29日21时至22时,杨达才在新浪微博中回答了网友质疑,在13次回复中,杨达才6次向网友致歉,并称自己并未"微笑",只是表情有点放松,想让现场同志放松些。这5块手表都是自己10年来合法收入购买的,最贵的一块是3.5万元。杨达才的回应一度获取了舆论的支持。

---

① 李良荣:《透视人类社会第四次传播革命》,《新闻记者》2012年第11期。

然而微博访谈还没结束,网友"猪头懦夫司机"就发微博称:我上传了4张照片到专辑"杨达才局长的第六块手表"。8月30日凌晨起,民间知名鉴表专家"花总丢了金箍棒"接连发布了杨达才的其他5块手表,并对新增的手表估价超过20万元。这些爆料让杨达才"低调、诚恳"换来的正面评价顿时化为乌有,反而因撒谎而陷入了诚信危机。其实,早在2009年,"花总丢了金箍棒"就搜寻了1万多张官员出席各种活动时的戴表照,酷爱手表的杨达才早已进入了他的视野,只是没有发布,是杨达才的谎言促使他将之前积攒的其他手表照逐一曝光。在网络舆论的强力推动下,纪检部门迅速介入调查。2012年9月21日,陕西省纪委在其官方网站发布了杨达才因存在严重违纪问题被撤职的消息。很显然,在"表哥"杨达才落马事件中,网络围观和人肉搜索是事态发展的主要推动力,在这两股力量的推动下,涉及当事人的信息不断走向公开和透明,这是网络时代典型的舆论监督方式。①

二、互联网改变了人们对待历史的思维方式

互联网独特的传播特性不仅改变了人们参与公共事务的思维方式,而且改变了人们对待历史的思维方式,因为互联网提供的是一种不同于过去的、全新的历史记录方式。

传统社会的历史都是由少数历史专家来记录和书写的,例如,中国历史上的二十四史就是由专门的史官来撰写的,面对浩如烟海的史实材料,史官们选择哪些史实,如何撰写史实,怎样评价史实,都不可避免地带有个人好恶和主观色彩。后人们读到的历史都是经过某个(或某些)人选择和加工之后的历史文本,这些文本都会与历史的真实形态存在偏差。而互联网对历史的记录方式与传统的历史记录方式完全不同,它提供了一个巨大的资料交流平台,这个平台具有以下三个显著特征:

第一,互联网是人们交流信息的工具。在互联网上,人们既可以不断生成各种信息,也可以广泛地传播这些信息。互联网所传递的许多信息都是当下生成的、活生生的信息。可以说,互联网不仅是人类信息传播活动的重要载体,也

---

① 侯文昌:《27天:"微笑表哥"落马舆情还原》,《检察日报》2012年第5版。

是各种信息的发源地。而传统的历史文本不具备这种功能，它只提供经过最终选择后的、静态的历史文本。

第二，互联网也是人们记录信息的工具。互联网不仅能快捷地传递信息，而且具有强大的记录和存储信息的功能，只要是在互联网上发布过的信息，不论何时发布的，都可能被原原本本地记录下来。这种交流工具和记录工具合一的媒介特性不仅确保了每个事件信息的原始面目，而且由于能够记录下事件在不同时间节点上的进展和变化，就让人们容易发现事件演变和发展的脉络。而传统的历史记录方式只能靠人脑记忆和对相关资料的整理来完成。

第三，互联网还是人们检索信息的工具。互联网提供的都是在网上发布过的原始信息，它就像一座资料存储大厦，每个人通过信息搜索软件，都可以非常快捷地找到自己需要的原始资料。互联网的信息检索功能打破了少数人对历史资料的垄断，让每个人都可以直接面对原始的历史资料，自己去选择研究方向，自己去分析和判断，去形成自己对历史事件的观点，这就与传统的历史编写方式形成了明显不同。

互联网交流工具、记录工具、检索工具三位一体的媒介特性，彻底改变了历史资料的记录方式和利用方式，进而深刻地改变着人们对待历史的思维方式。互联网时代的历史不再是遥远而神秘的过去，不再只是少数专家们的工作，而是变成了面向公众开放的资料库，每个人都可以结合自己的需要去查找资料，整理分析，而且毫不费力，唾手可得。

前文提到的"表哥"杨达才落马事件也很能说明这一点。杨达才在事故现场的图像被网友曝光后，人们迅速从过去的资料中搜索出他曾经戴过5块名表。更让人震惊的是，早在2009年，有爱好研究名表的网友就搜集了1万多张官员出席各种活动时戴手表的照片，其中就包括了酷爱戴名表的官员杨达才。杨达才可能自己都不记得这11块名表都是什么时候、在什么场合戴过的，但是互联网却原原本本地记录下来了，而且每个网民都可以从互联网上进行搜索，正是公众"添砖加瓦"式的搜集取证使得事件越来越逼近真相。互联网这种记录工具、检索工具和交流工具合一的媒介特性给人们看待和使用历史资料带来了一系列新变化。

现在，许多大学生在毕业求职的时候，喜欢用精美的简历将自己包装一下，但是如果他(她)开设了个人博客或微博,用人单位就可以不看重求职者的简历和面试的现场表现,而将其博客和微博信息调出来进行分析。因为博客和微博上原原本本记录着求职者本人日常的所作所为和所想所思,从而很轻易地了解其经历、性格、人品和价值观等深层次信息。相比之下,个人简历和面试现场的表现多是当下的、经过修饰和美化过的,很可能将自己真实的东西进行了掩饰,而博客和微博则是历史的,对求职者的记录是真实而完整的。这种考察方法也是互联网时代人们对历史资料的一种新的利用方式。今后,人们通过互联网处理历史资料思维方式上的转变将会越来越明显,而且会扩散到越来越广泛的领域。

三、互联网使人们形成了虚拟与现实混成的思维习惯

早在以报刊为主导的传统媒体时代,美国新闻学者李普曼就在其代表作《舆论学》中提出了这样一种观点,新闻媒体给人们提供了一种拟态环境,这种拟态环境与现实中的真实环境比,不可避免地存在偏差。但是拟态环境深深地影响着人们对现实的经验和态度,这就需要人们对新闻媒体及其提供的拟态环境保持警觉。从李普曼的观点中不难看出,他所说的拟态环境是与现实世界不同的另一种环境,二者是完全分离的,甚至是对立的。到了互联网时代,人们对拟态环境和虚拟世界的感受越发强烈,互联网提供给人们的拟态环境比传统媒体时代更为多样,也更为复杂,而且不断向人们生活的各个领域渗透,日益形成了全方位的影响,也导致人们形成了一种虚拟与现实混成的思维习惯。如果我们对互联网所提供的拟态环境进行一个简单区分,可以将其大致分为以下三种类型:

第一种类型是完全虚构的拟态环境。诸如网络游戏、网络文学、网络影视剧等,这些产品都是虚构的,用户在使用这些产品时一般都不会当真,会有意识将其与现实世界区别开来,主要是用来娱乐和消遣。

第二种类型是反映现实情况的拟态环境。诸如网络新闻、网络直播、网络访谈以及各种实用信息等。这类信息与李普曼所说的拟态环境一致,是作为一种真实信息而存在的,是新闻和资讯在互联网中的运用。用户接收到这些信息

之后，会将其视为现实中真实发生的事情，从而帮助人们了解外部世界，监视环境变化，拓展现实经验。

第三种类型是替代现实活动的拟态环境。诸如网络交友、电子商务、电子政务、网上银行等，这是用互联网上的虚拟信息替换现实世界的真实活动信息，它是最能凸显虚拟与现实结合的拟态环境，也是互联网改变人们传统思维方式最明显的领域。我们可以对这种类型的拟态环境多做些分析。

用来替代现实活动的拟态信息与前两种拟态信息不同，它是与现实世界活动紧紧连接在一起的。虽然互联网上没有任何物质交流，只是传递信息符号，但是这些信息符号与现实世界是相通的。人们在现实世界中的各种活动同样需要进行信息交流，互联网将这种信息交流与现实活动分离开来，通过在网上操控信息符号来操控现实活动。这样一来，线上与线下就形成了一种对应关系，线上是信息符号在交流，线下是现实的物质世界在流动，二者交织在一起，你中有我，我中有你。

例如电子商务就不用消费者去商场挑选商品，也不用一手交钱一手交货，而是通过点击鼠标就可以轻松订购商品，到时候自然就有快递员送货上门。而电子支付也就等于从个人账户上划走了实实在在的款项。

再比如，网络交友虽然只是在网上进行虚拟的信息符号交流，但连接的是现实中的人，是现实人在操控网上的信息符号，这种交友方式给双方带来的也是活生生的交流和体验。但是两个人在网上交流的时间长了，就想约会见面，等到真正见面时，就更能体验到虚拟与现实混合在一起的感觉了。

不难看出，网络购物也罢，网络交友也罢，人们纷纷把现实生活的真实图景"搬"到了互联网上，在网上创造出了一个个既虚拟又实在的"拟态环境"。如今，虚拟会议、虚拟课堂、虚拟经济、虚拟社区等在互联网上比比皆是，这种拟态环境使人们的生活看起来像虚幻场景，实际上它又是人们真实生活中的一部分。互联网作为现实活动的一种辅助工具，将现实生活中涉及信息交流的部分剥离开来，在网上单独运行。这样一来，互联网就不仅分化了传统社会中人们的许多现实活动，也打破了传统媒体时代现实世界与拟态环境之间的明显界限，建立起了一种虚拟与现实混合的新型关系。这种关系带来的变化是让原来的现实交流活动变得更加方便快捷，而且极大地丰富和拓展了人们的经验范围。今后,随着互联网在人们日常生活中扮演的角色越来越多,人们会越来越倚重互联网提供的虚拟信息来完成现实功能,互联网的虚拟信息将与现实活动日益融为一体,人们也必将形成虚拟与现实混成的思维习惯。

四、互联网给人们带来了全球思维方式

人类世界虽然庞大,但是每个人的直接经验和生活范围都非常有限,于是"世界大同"、"全球化"就一直是人类的梦想。中国古代就有"秀才不出门,便知天下事"的格言,互联网从传播技术角度让人类的这一梦想变成了现实。

互联网的核心特征是连接,它将遍布世界各地的计算机网络联系在一起,形成了对时间和空间限制的破除,这是互联网最具变革意义的突破。而数字终端设备让人们在任何时间、任何地点获取和发布信息成为可能,互联网时代的人们在传播信息时正逐渐形成"全球思维"。因为个人化和全球化是互联网的两个支点,它的一头连着每一个个体,另一头连着外部世界。从整体上看,互联网是全球的;从微观上看,互联网是个人的。互联网是个人化与全球化的对立统一,它把每个人都编制在全球网络里,每个个体都是全球化生存。反过来,互联网也把整个世界纳入每个个体里。互联网的这种特性经常导致一时一地的事件信息会得到迅速传播,并产生全球性影响。

案例分析:2012年11月14日,美国纽约寒气逼人,在时报广场附近一家店铺前,正在例行巡逻的迪普瑞莫警官看到路边有一个冻得瑟瑟发抖的光脚流浪汉,他来到一家鞋店,为流浪汉选了一双价值100美元的靴子,还买了一双保暖的袜子,然后来到流浪汉身边蹲下身,把靴子和袜子放在他身边。游客詹尼弗·福斯特目睹了发生的一切,用相机拍了下来,并将照片上传到社交网站上。纽约警察局Facebook账号立刻转发了这张照片,他们很快就收到了60多万人的支持和5万多条评论。网友们纷纷"从德国向你致敬","从澳大利亚向你致敬","从印度向你致敬"。迪普瑞莫一夜之间成了感动世界的人物。由于唤起了人类共有的善良和同情心,一个警察原本不起眼的举动迅速获得了全球性反响。(参见2012年第34期《看天下》)。

由此不难看出,互联网使信息公开传播的范围比以往任何媒体都广泛,全

球传播正日益成为信息传播的常态,人们的全球传播意识和全球思维不断得到强化。

互联网的全球传播正在把世界变小,通过一台电脑,个人就可以将全球各种信息收入其中,而人们一旦上了互联网,也就不会被限制在某个固定的地方。同样,借助互联网巨大的传播力,个人的力量得以彰显,甚至可以带来全球性的影响力。阿基米德曾经说过,给我一个支点,我可以撬动地球。互联网就是这样一个实实在在的支点,借助互联网,任何一个人都有可能掀起巨大波浪。

案例分析:

1999 年,一个叫德拉吉的大学生在一台破旧电脑里发出了时任美国总统克林顿与莱温斯基丑闻,从而引发了美国政坛的一场风暴。2010 年,一位名叫"阿里"的网民和几个朋友通过 Facebook 网站将突尼斯国内事态进展和一些政府内幕不断公布出去,推动了引发突尼斯政治变革的"茉莉花革命"。2011 年,伦敦一家小餐厅的老板以"叙利亚人权观察发言人"的名义在互联网上发布信息,把叙利亚政权"反人权暴力"的信息公之于众,将叙利亚政局搅乱。

种种事实表明,以互联网为代表的新媒体的崛起,已经彻底改变了传统媒介的信息传播格局,形成了全球传播格局。个人借助互联网完全可以实现全球传播,进而产生巨大影响力。从这种意义上说,互联网所带来的"全球性"并不是一个空洞的政治口号,而是有其技术保证的。这也就意味着人们目前使用的这个网络,不管是谁发明了它,它是属于全人类的,这种观念已经深入人心,也必将彻底改变人们传统的区域传播思维方式,形成一种新型的全球传播思维方式。

五、互联网给人们带来了多元化思维方式

互联网的另一个重要特性是去中心化,在互联网上,每个用户在获取和传播信息方面拥有同等权利,谁也无法垄断互联网上的信息传播,也无法阻止人们自由地获取信息。开放性和多元化是互联网信息传播的基本特征,也是网络媒体时代人们思维方式的一个重要特征。

在互联网上,人们为了更全面地掌握事物的各种信息,越来越不满足于只

听一面之词,而是希望听到多方面声音。小到一个人进行消费决策时,不会只听商家们的宣传和介绍,而愿意看看使用过该产品的其他网民们的评价,国内许多消费网站(如阿里巴巴、大众点评、淘宝、携程等)的火爆都与此有关。大到面对重大新闻事件,人们为了全面了解各种信息,进而把握事件的真相,越来越不满足于传统媒体的报道,而是上网去了解多方面信息,不仅会看广大网民是如何评论的,还会有意识地去了解与主流媒体相左的观点,这就是互联网给人们思维方式带来的变化。实际上,在传统媒体与新媒体之间,已经存在着十分明显的"信息差",这种"信息差"已经影响到了人们对许多重大事件的态度。

案例分析:

试看下面这篇新闻报道:

谁把选票投给普京?

普京当选总统,1.4万人参加反普京集会,数百人被捕,大选被指"压制竞争"。有国际观察员认为,政府使用公共资源造势,阻止候选人展开竞争。俄媒体6日刊发署名文章,分析普京何以在反对声不断的背景下依然高票当选。

文章援引相关数据说,普京在大城市的得票率并没有达到全国平均水平。所谓的"城市中产阶级"是过去几个月里进行抗议活动的主要组成部分。在莫斯科,普京的得票率只有46.95%。在俄罗斯的第二大城市圣彼得堡和第三大城市叶卡捷琳堡,普京的得票率也低于全国平均水平,但都超过了50%。《生意人报》根据历年选举的数据分析称,传统上,执政当局推举的总统候选人在大城市的得票率都会低于全国平均水平,但是这一次尤其严重。选举前反对派在大城市举行的抗议活动加剧了这一趋势。有的专家甚至认为,如果选举只在大城市举行,普京将无法在第一轮中获胜。普京得票率最高的地区是经济欠发达的边远地区,比如在车臣、达吉斯坦和印古什,普京的得票率都超过了90%。从票源来说,普京的核心选民首先是中小城市居民,那里互联网不发达,接受信息方面对电视的依赖很大,普京受到很多中老年和女性选民的青睐。支持普京的还包括政府公职人员和国企职员。他们的社会地位和生活水平同现政权息息相关,政权的动荡会使他们受到损失。普京的选民还有担心国内形势不稳定的人。选举普京的还有那些看不上其他候选人的选民,他们除了普京没有别的选择,而选票上没有"反对所有候选人"的选项。①

普京在首都莫斯科的得票率不到47%,而在经济欠发达地区的得票率超过了90%,导致这种明显差距的一个重要原因是首都莫斯科的互联网十分发达,选民们可以从互联网上轻易看到大量对普京进行质疑的声音,获得的是多元化信息,从而形成独立判断。而欠发达地区的互联网不够发达,选民们主要依靠电视来获取信息。电视是一种传统媒体,容易被权力操纵和垄断,其所提供的信息多是单向度的、有利于当权者形象的信息。于是,在单一信息的影响下,这些地方的选民们很容易投赞同票。

互联网时代,人们普遍意识到单向度的信息可能导致个人的思维和判断步入误区,只有打破信息的垄断,通过多元信息和多元思维方式才能使自己更加逼近真相。互联网所提供的多元信息对人们拓宽认识事物的眼界、形成独立思维能力具有明显帮助。就新闻报道而言,传统的严肃媒体一直奉行新闻专业主义精神,习惯于选派训练有素的记者到第一线采集新闻,并且十分强调深度挖掘,力图通过全面、客观的报道去揭示新闻事实的真相。这是传统的新闻专业主义的报道逻辑,但互联网时代的新闻报道已经有了新的逻辑,那就是不会只注重一个记者或媒体所提供的情况,而是通过多点聚焦形成一种"无影灯效果",进而实现对真实、真相、平衡、客观等新闻理念的追求。因为当更多的人同时在对一个新闻事实或者社会焦点问题进行表达的时候,他们就可以互相印证,互相纠错,从而不断逼近真相。

六、互联网使人们的思维趋向碎片化和肤浅化

互联网导致人们的思维方式趋向碎片化和肤浅化,主要是基于以下几方面原因:

一是互联网上信息泛滥,而人接收信息的时间和精力很有限。互联网将全世界的计算机连为一体,全世界的计算机都在互联网的覆盖下进行信息的生产、传送和接收。如果将互联网上的信息集纳在一起,会形成了一个无比巨大的信息库,这种海量信息是任何传统媒体无法比拟的。互联网上的网站数量和

---

① 《普京第三次当选俄罗斯总统》,《新京报》2012年3月。

信息增长都很快，但是每个人每天可以支配的时间是固定的，只有 24 个小时，这导致人们根本无暇顾及更多信息，在接收网络信息时只能蜻蜓点水，人们在每个网站和每个网页上停留的时间越来越短暂。美国皮尤研究中心的一项分析报告称，平均每位访客访问一家网站只花 3 分钟的时间，在典型的新闻网站，人们只花 4 秒钟浏览每部分内容，没有一家网站能长时间地使访客停留。甚至像雅虎新闻、福克斯新闻频道、华盛顿邮报这些优秀的新闻网站，大多数人每个月只会访问几次。①

二是互联网的超文本链接使人的思维活动不断跳跃，难以持久思考。超文本链接是互联网的一大优势，它在给用户带来自由和便利的同时，也使人的注意力不断转移，无法保持对同一事物的持久思考，甚至导致迷失阅读方向。人类理性思维的一个重要特征是有着明显的方向感。人们在网络阅读活动的一开始，常常是带着既定阅读目标，但是超文本阅读有很大的跳跃性和随机性，人们经常会在自己的兴趣和好奇心的驱使下，被网站设计牵着鼻子走，跟着超文本链接随机地从一个页面跳到另一个页面，引导这种阅读链接的是页面带来的刺激，而不是预先制定的计划，从而导致人们将许多时间花费在别处，丧失了阅读的目的性和计划性。因此，从注意力和思维活动的持久性和深入性来看，超文本链接所提供的信息实际上是一种干扰。在超文本环境下阅读，需要阅读者具备很强的定力和敏锐的判断力，这对阅读者来说是一种考验。

三是微博和手机的广泛使用加剧了碎片化倾向。一方面，随着微博、微信和手机媒体的迅速普及，许多只言片语的短内容，或者被拆散的长内容被大量传播，信息内容碎片化趋势日益明显。另一方面，与之相伴而来的是人们越来越习惯于用碎片时间来阅读碎片化内容。在两者的相互作用下，人们阅读和思维活动的碎片化趋势越来越明显。碎片化阅读使人难以形成深度思考和系统的知识体系。而且碎片化阅读还容易让人形成惰性依赖，人们越来越习惯于通过搜索、提问或者交互来获得知识碎片。当然，碎片化阅读也并非一无是处，它能够快速、及时地给人们带来大量信息，还能充分利用零碎时间，这些都是传统的深阅读所不具备的。

四是互联网上大量的图片和图像信息加剧了阅读的表层化。无论是网站

---

① 颜娟、江海伦：《面对数字新闻业变革美国媒体的思考与尝试》，《新闻记者》2011 年第 11 期。

提供的图片和视频,还是超文本阅读中嵌入的图片或视频,都日益获得读者的青睐。形象直观的图片和图像在给人们的阅读活动带来便捷的同时,也加剧了阅读的表层化。生理研究表明,人脑阅读文字与看图片和图像的信息加工机能是不一样的。文字是高度凝练的,处理时需要调动大脑更多的思维潜能。图片和图像浅显易懂,处理时只是简单地感知和粗加工。语言文字描写虽然也可以栩栩如生,但毕竟不是直观符号,文字需要借助想象构筑虚拟的意境,使人如闻其声,如见其人,在思维介入的深度、持久性和逻辑性方面都超过了图片和图像。

五是互联网上的多种功能干扰了人们注意力的持久性。互联网不仅能够获得比任何媒体都丰富的信息,而且作为一种工具,可以收发邮件、开博客、聊天、参与公共事务讨论等等。而这些多样而实用的功能对人的深入阅读都形成了干扰。尼古拉斯·卡尔在《浅薄——互联网如何毒化了我们的大脑》一书中形象地描绘了人们上网阅读时的情形:"正当我们在新闻网站上浏览最新焦点新闻时,突然收到一条信息,提醒我们有新邮件到达。几秒钟之后,RSS 阅读器又告诉我们,自己最喜爱的博主刚刚上传了一篇新博文。没过一会儿,手机铃声又响起了,原来有短信送达。与此同时,Face book 和 Twitter 网站的用户头像也在不停地闪烁。除了通过网络传输获得的各种内容,我们还可以随时在自己的电脑上运行其他的软件程序——这些东西也在争先恐后地抢占我们的注意力。"[①]这种情况导致的结果是,"以前我很容易就会沉浸在一本书或者一篇长文当中。观点的论证时而平铺直叙,时而急转直下,二者交织推进,把我的思绪紧紧抓住。即使是索然无味的长篇大论,我也能花上几个小时徜徉其间。但现在这种情形已经很少见了。现在看上两三页,注意力就开始游移不定,我就会感到心绪不宁,思路不清,于是开始找点别的事做。我感觉就像拼命把自己天马行空的思绪拉回到文本上来一样。过去那种自然而然的精读如今已经变成了费力挣扎的苦差事。"[②]卡尔认为,从深阅读到浅浏览,互联网在改变阅读方式的同时,正在重塑我们肤浅的思维模式。

互联网降低了人们思维的深度,让思维变得碎片化、肤浅化,但互联网极大

[①] 尼古拉斯·卡尔著,刘纯毅译:《浅薄——互联网如何毒化了我们的大脑》,中信出版社2010年版,第97页。

[②] 同上,第3—4页。

地拓展了人们思维的广度,让人们的眼界变得十分开阔。有人把网络新媒体对人的影响形象地概括为以下几点:交往视野猛然开阔,心灵关怀明显迟疑,形象表现不断优化,内心准备明显欠佳,记忆效率大大提高,深邃思想明显淡化,超级功能无穷开发,信息污染明显增多,学习成本迅速降低,管理成本明显提高。①

七、互联网是人脑的隐喻

互联网与人脑具有很多相似之处,互联网的基础是计算机技术和网络技术,计算机之所以也被称作电脑,就因为它具有人脑的许多功能。而网络技术将无数电脑连接成一个巨型系统,不仅代替人脑实现了许多功能,而且实现了许多人脑无法实现的梦想。分析互联网与人脑之间的功能特点,会发现二者之间存在着一种隐喻关系。具体来说,体现在以下几个方面:

第一,互联网超强的存储功能是人脑记忆功能的隐喻。互联网强大的存储功能已经使其日益成为一个巨型数据库,这个数据库为个人记忆提供了一个有效甚至更好的替代品,人们形象地将互联网称为"体外大脑"。心理学研究表明,人的大脑有两种不同的记忆功能,短期记忆和长期记忆。那些即时的印象、感觉和思考会在人脑中作为短期记忆存放,这些记忆内容通常只能维持几秒钟。而那些独特的体验、深刻的认识以及对宏观世界的思考会在人脑中以长期记忆的形式保存,这种记忆内容可以在人的大脑中保持几天、几年,甚至一辈子。相比之下,互联网超强的存储功能不仅能将人脑的长期记忆内容进行保存,对所有短期记忆内容也都统统保存。有了互联网,人们开始放弃记住许多事物信息的努力,而习惯于立刻在互联网上找到自己需要的信息,人们对博闻强记的依赖迅速减弱。

第二,互联网的快速搜索功能是人脑回忆和查找功能的隐喻。互联网不仅能够记录下人们在网上发布过的任何信息,而且还有方便高效的搜索功能,在需要查找的时候,互联网强大的搜索软件保证了人们能立即从浩如烟海的信息海洋中找到自己需要的信息。这种功能和人脑的回忆功能十分相似,而且与人脑的回忆功能相比,互联网的搜索功能还有三大优势,一是更加快捷,瞬间即可

---

① 荣婷、刘怡:《2012首届"新媒体与社会发展"全球论坛综述》,《新闻记者》2012年第9期。

找到。二是更加准确,能够确保找到的是原始信息文本。三是更加丰富,瞬间就能找到所有与搜索信息相关的内容。

第三,互联网的数据挖掘功能是人脑整理分析功能的隐喻。数据挖掘功能比搜索功能更进一步,它是从大量的数据中自动搜索隐藏于其中的有特殊关系的信息。数据挖掘需要用装有特殊软件的计算机对数据库进行分析,通常会经过信息检索、统计分析、机器学习、模式识别和专家判断等环节。互联网就是一个超级数据库,网络数据挖掘通过计算机在线搜索和分析处理,从互联网上挖掘出隐含的、先前未知的并有潜在价值的信息,为各种决策系统提供支持。这种功能与人脑对各种信息的整理分析功能有明显的相似性。只不过电脑比人脑处理的数据量更大,运算分析的速度更快、更精确,而且可以不知疲倦,连续运算。目前,网络数据挖掘已经成为舆情监测、商业开发等领域的一种发展趋势。

第四,互联网的超链接功能是人脑联想功能的隐喻。互联网的超链接是一种非线性的信息组织和呈现方式,浏览网页的人不再需要像传统媒体那样,老老实实地从一个内容依次转移到下一个内容,而是可以立刻链接自己感兴趣的内容,超链接是思维活动的一种天衣无缝的"旅行",它更接近人们在现实生活中的思维活动方式。因为在现实生活当中,人们的思维活动也是跳跃的、非线性的,常常随着情景的变化而不断转移。前文说超链接功能使人的思维活动不断跳跃,难以持久,实际上,在日常生活当中,人们对大多数事情是不需要进行持久思考的,互联网的超链接功能就是按照人们自由联想的思维活动方式来设计的。

第五,互联网的发展方向与人脑的功能构造具有某种一致性。人脑的功能是接收和处理信息,电脑和互联网也是如此,二者具有相同的生存基础,也形成了相似的功能构造。只不过前者是人体肌理的反应,后者是技术工具的程序。中科院客座研究员刘锋在《互联网进化论》一书中提出,可以用脑科学来破解互联网的秘密,他在书中描绘出了一幅完整的互联网虚拟大脑结构图(见图1)。

刘锋在书中还详细列出了互联网与大脑的各种对比指标,包括神经元、神经纤维、大脑皮层、记忆系统、地址编码系统、搜索引擎、视觉、感觉、听觉等等。他认为,随着时间的推移,互联网正在向与人脑结构高度相似的方向进化,互联

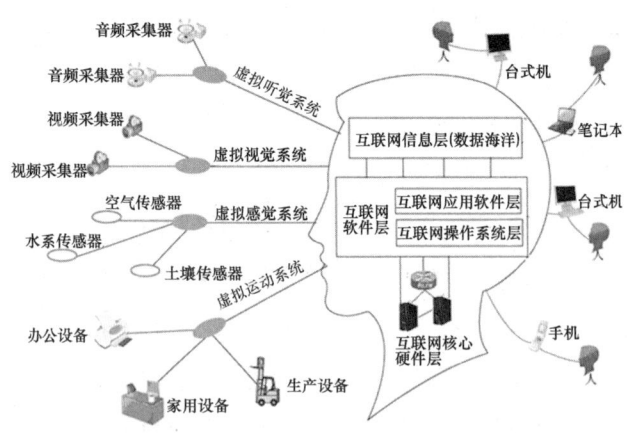

图 1　互联网虚拟大脑结构图①

网将逐步具有神经元、视觉系统、感觉系统、听觉系统、运动系统、记忆系统、大脑皮层、中枢神经、自主神经系统等等。他认为，当今互联网发展的三大趋势——物联网、云计算和大数据也都对应着人脑相应的功能和构造，其中物联网对应着互联网虚拟大脑的感觉和运动神经系统，云计算对应着互联网虚拟大脑的中枢神经系统，大数据处理对应着互联网虚拟大脑的智慧发育和智商提升。总的来看，作者所做的这些比较对人们深入认识互联网的特性具有一定启迪。

[作者为中国传媒大学教授、校党委宣传部部长]

---

①　刘锋：《互联网进化论》，清华大学出版社2012年版，第10页。

中国传播能力建设人才培养

协同·创新·坚持
　　——从中国记协角度谈中国传播能力建设人才培养路径　王冬梅
数字时代影视教育的新一轮"自定义"　　　　　　　　　李兴国　徐智鹏
关于国际新闻传播人才培养的实践创新与思考　　　　　　　　　王晓红

协同·创新·坚持

——从中国记协角度谈中国传播能力建设人才培养路径

○ 王冬梅

人才是面向未来的投资。中国传播能力建设的未来在现在的课题,就是如何提升人才培养能力。在全球化传播的时代,面对世界传媒强势竞争压力,纷繁复杂的国际形势,中国传播能力建设人才培养也面临着全新的挑战。协同政府、院校、科研、新闻界、产业界、媒体管理机构的力量,进行培养模式的创新,是未来的发展之道。

协同创新既是一种新型的组织方式,也是一种创新资源和要素的有效的汇聚,是通过国家的意志和引导以及机制的安排,充分整合协作各方间的能力优势和互补性的资源,释放彼此在人才、资本、信息、技术等创新要素上的活力,形成多元主体协同互动的创新的合作模式。面向文化传承,可以搭建起一个协同各方力量,进行人才培养创新的平台,宗旨是通过高校与高校,与科研院所、政府部门、行业、产业、国际学术机构的强强联合,打造提升国家的软实力,增强中华文化国际影响力的主力阵营。这是一项具有重要战略意义和现实意义的协同创新,它可以突破协同部门和机构之间的业务壁垒,为了一个共同的目标打造一个共享的平台,形成一个中国传播力建设的大格局。

一、协同各方力量,打造平台延展力

在政府与高校、业界协同方面,有许多成功的案例。中国记协的全称是中华全国新闻工作者协会,它属于全国新闻界的人民团体和行业组织,担负着新闻行业的自律、维权以及专业素质培训等职责,中国记协一直致力于与新闻院校开展深度的合作,特别是在合作培养政治素质高、专业素质好的传播人才方面,更希望能够与最权威最强势的新闻院校共同打造协作平台。新闻传播专业的特殊性很强,无论是在校教育还是在职继续教育,都需要坚持理论联系实际,采用以实践为指导的人才培养模式,让学生和在职人员通过系统的、丰富多样的理论学习和新闻实践来领悟并且具备国家立场、国际视野、职业责任、职业道德和专业技能。

中国记协在这方面也进行了一些尝试和努力,比如将新闻界的一些知名人士带进校园。作为全国新闻界"三项学习教育活动"的主办单位,邀请了许多知名的记者、编辑、主持人和播音员,走进大学校园,为新闻传播学专业学生进行讲课和座谈,内容大多是工作当中的经验和体会。很多同学平时只看到他们的报道,并不知道他们在报道形成过程当中是如何策划、如何思考以及如何呈现的。这些新闻界的同行和新闻传播专业的老师、同学一起面对面进行交流,谈他们对生活的思考、工作的思考,谈他们的考验和挑战,非常直观,也非常有实效。不同的主讲人带来不同领域的报道体验,也为同学们提供了全方位的专业视野,有助于他们在日后的工作中更好地适应环境、胜任岗位。再比如,政府利用高校平台指导业界。比如,如今中国新闻奖进行了深刻的试验改革。一年一度的中国新闻奖的评选今年将邀请部分高校作为新闻奖的推荐单位。应该说这将是中国新闻奖评选委员会首次与新闻院校的合作。以往的优秀新闻作品选拔工作都是由省市记协或专业新闻协会、学会承担,通过评选进行推介报送的,还有一部分自荐的作品。今年,增设新闻院校这样一个学术报送渠道,是希望借助高校的客观公正和学术眼光,为新闻作品提供更多的报送机会,使各类优秀新闻作品能够竞争中国新闻的最高奖项。

应该承认,长期在新闻一线工作的记者和编辑们,往往因为岗位的局限和时间精力的不足,明显感觉到知识储备不够用,跟不上时代的发展和媒体的变化。这就需要借助高校这一力量雄厚的教育基地,对在职的新闻工作者进行再教育,及时给他们充电。还有就是为在校学生提供更多的新闻交流机会。作为新闻传播专业的学生,最重要的就是多走、多看、多交流、多思考,这样才能做好"时代进步的瞭望者和记录者"。中国记协每年都给新闻专业的学生策划一些境内外新闻交流项目,比如连续办了十几年的"海峡两岸新闻营活动",邀请两岸一些著名院校的新闻传播专业的学生参加大学生新闻营活动。在将近一个月的时间里,两岸新闻传播专业学生在台湾或者在大陆进行不同专题的采访,一起报道,一起讨论,最后一起完成他们的版面和节目,同学们都非常欢迎这种新闻交流形式。另外,中国记协还每年邀请香港新闻传播专业的大学生到内地采访"两会",从时政采访的实践中来了解大陆的政治体制和经济发展。这样的活动对于新闻传播专业的学生来说,是认识社会,认识新闻,同时也是文化认同的好机会。应该说,中国记协多年来在业界和学界积累的独特经验和优势,借助中国传播力建设协同创新中心这样一个大平台可以做得更好,释放出更多的能量,发挥更重要的作用。

二、创新人才培养模式,提升培养生命力

在协同各方力量之外,如何运用创新的手段进行资源配置,使效果最优化,是人才培养面临的第二个问题。

中国传播能力建设是一个系统的工程,同时也是一个动态性很强的工程,必须根据国际国内形势的变化和媒介生态的变化不断地进行调整和完善。当前国际国内形势复杂多变,国内各阶层社会利益的诉求也多元多样,作为新闻传播的从业者,如何在纷繁复杂的环境当中正确坚持舆论导向,做真的新闻,真做新闻,为弘扬社会主义核心价值观传播正能量,是必须面对的命题。与此同时,传播领域的变化速度以及变化所带来的全新格局和环境,也使不少专业人士感到始料不及。比如移动互联网和大数据时代的到来,不仅使传统传播方式发生巨大的变化,而且还彻底改变了公众对传播内容的接受方式和选择途径。再比如微信、微博等社交媒体的传播,致使出现了"两个舆论场",意识形态领域的交锋日益激烈。在这样大的背景下,如何因势利导进行新闻传播人才的培养,需要不断地创新和努力。作为服务新闻界的中国记协,我们希望协同创新中心的高校和单位能够在新闻传播理念创新、技术创新、语态创新、体系创新等方面加大研究力度,并且把研究成果更好、更快地向实践转化,强化科研与实践之间的联系,发挥高校的智库作用,指导新闻传播一线的实践。

三、有所变,有所不变

在强调创新的同时,培养机构还必须强调坚持。最近一个时期以来,中国记协在全国新闻界开展了马克思主义新闻观的全员培训工作,并且也到高校进行一系列的专题培训。在培训过程中,许多老新闻工作者、老教师,还有许多媒体的年轻同志都表达了这样的想法,那就是无论国际国内形势如何复杂,无论意识形态领域斗争如何激烈,无论新闻传播事业发生怎样的巨变,国家媒体的党性和人民性原则不能变。中央电视台一位记者在学习体会中是这样说的,媒体的党性和人民性原则是我们编辑记者和主持人不能有半步差池的,因为这关系到党和国家事业的生死存亡。

上世纪九十年代初期,前苏联塔斯社一位从业30多年的老记者认为导致苏共倒台、苏联解体最本质的原因是媒体的原因。因为媒体乱了,媒体就把公众搞乱了。而公众的思想乱了,苏联就乱了,就没有了。虽然这样的言论稍显绝对,但是可以证明的是,媒体的原则立场和舆论导向作用对于执政党、国家和民族是至关重要的。

当前,新闻界有一个被社会诟病的现象是,有少数记者缺乏党性原则和社会责任感,导向不清、把关不准,有的甚至制造虚假新闻、搞新闻敲诈。这些不良记者的不断出现反映出我们在新闻传播人才的教育和培养方面有缺失,同时也说明国家传播人才培养方面的工作非常紧迫和重要。因此,倘若搭建协同与创新的平台,展开学界与业界对传播理念和传播观点等一系列原则问题的讨论和研究,把马克思主义新闻观纳入必修课程,纳入到交流平台。从"为了谁、依靠谁、我是谁"入手,培养学生的政治判断力、思考力和专业能力,使他们具备增强中国传播力的专业素质,成为中国传播力建设的生力军和骨干力量。

[作者为中华全国新闻工作者协会党组成员、书记处书记]

数字时代影视教育的新一轮"自定义"

○ 李兴国 徐智鹏

一、数字时代,影视教育遭遇强烈"震感"

影视行业的一个突出特点是,创作实践一直处于动态变化之中,技术的变革、观念的创新,总是带来影视创作整体面貌的升级换代。例如,电影诞生之初,剪辑的出现改变了单一长镜头的技术局限,为电影叙事带来了无限可能;20世纪30年代,录音设备的进步使得电影工业从"无声时代"整体迈进"有声时代";20世纪50年代,电视取代电影,走进千家万户,改变了人们以往的观影方式,成为具有深刻影响力的大众传媒;到了世纪之交,随着家庭DV的普及、互联网的兴起,影视创作的整体观念又被逐渐颠覆。

与此相对应,影视教育的一个突出特点是,影视教育与影视行业紧密联系、同步摸索前进。影视教育促进了影视行业的发展完善,影视行业的创新又成为影视教育的研究与教学资源。通过影视行业与教育的互动发展,影视艺术逐渐成熟完善,而影视教育也随之发展壮大。

特别是,到了21世纪,随着数字技术的发展,影视行业整体升级换代的速度越来越快。如何跟踪业界动态、使实践与理论有机、迅速地结合,培养适合未来传媒行业发展需求的高端艺术人才,成为专业影视教育面临的关键问题。

目前,随着手机、IPAD等移动终端在全世界范围内的广泛普及,一种聚合报纸、杂志、电影、电视、互联网等所有前续大众传媒功能于一身的超级新媒体正在酝酿成型。这个新媒体最与众不同的是：它从制作到播出的全部过程，并没有进入传统的影视产业体系，而是仿效其组织形式"再造"出一整套自己的内容生产、发行、传播、评价体系。并且，这一体系中参与者最基本的身份设定，就是一个单纯的注册账户的用户个体。

（1）用户个体可以是新媒体影像的创意者、制作者——传统影视产业体系中的电视台、节目制作公司及电影制片厂的功能被"个体"取代；

（2）用户个体可以发布、传播作品——电视台、电影发行公司的职能由"个体"取代；

（3）用户个体可以与观众直接就视频内容进行讨论、互动——影视研究机构、影视评论类报纸杂志的功能被"个体"取代；

（4）用户个体甚至就拍摄、制作微视频时遇到的艺术与技术问题向其他用户请教，用户之间可以以群组的形式进行微视频制作经验的交流与分享——专业艺术院校有组织的教学工作也被"个体"取代。

由此可见，未来的数字新媒体中，个体是最主要的参与者，一个个体就可以成立一家电视台，一个个体就可以完成一整套"微型"的影视产业。更重要的是，这个个体并非特指某几个人，而是几乎全球网民共同聚合的不计其数的微型影视系统。这等于"再造"出无数个新的影视圈。

数字新媒体对传统影视行业创作、发行、传播、评价等整个体系带来的颠覆性的影响，也给中国高校的影视教育带来强烈的"震感"。当前，影视教育最为突出的矛盾关系是：教学内容与行业需求"背对背"，教学内容更新的速度追赶不上行业内升级换代的速度，教学内容与行业需求之间的"鸿沟"越拉越大。可以说，中国的影视产业在数字时代亟待尽快"转型"，中国的影视教育在数字时代也亟待尽快重新"定位"，否则，从行业到教育，将面临被整体淘汰的巨大风险。

在这一关键时刻，很有必要从历史发展的角度，对中国影视教育既往五十多年的发展经验进行梳理，对中国影视教育在不同阶段的发展特性进行归纳。通过对"影视行业发展"与"影视教育变革"之间辩证关系的深刻探讨，提出有效的未来发展策略，以影视教育为发端，在数字时代激荡中国影视新一轮的腾飞。

二、艺术、人文、技术：中国影视教育的进化之路

纵观中国影视教育的发展历程，艺术、人文与技术，可以看作是影视教育发展的三个支点。它们构建起了中国影视教育发展的三维空间，使其在不同的发展阶段各有侧重，却又不断丰富完善。中国影视教育走过的五十年，正是在这一三维空间中的螺旋攀升之旅；中国影视教育未来的发展，也可借此三维坐标进行概括与归纳。

（一）艺术：影视教育的奠基之路

1958年5月1日，新中国第一家电视台——北京电视台（中央电视台的前身）开始试验广播，新中国的电视事业由此发端。在新中国电视的发展初期，有限的电视频道限制了电视的社会影响力，电视的社会文化功能单一、贫乏；与此相对应，其时的影视教育尚无法对电视这一新兴而"陌生"的媒介进行系统和理性的认识。影视教育与影视行业几乎在同一起跑线上开始了此后数年互动式的发展。

在影视教育最初的成长阶段，其发展的重点在艺术教育。通过强调影视创作的艺术规律，强调影视作品的美学特征，强调电视作为一门新兴"艺术"所具有的审美价值，使影视教育逐渐确立其作为"艺术教育"的重要地位。

影视教育在"艺术"的坐标轴线上，逐渐发展出编、导、演、摄、录、美等一套完整的"链式"教学结构。行业里，影视工种互相依存；教学中，影视专业也相辅相成，进行着资源与优势的互补。这种链式结构很好地配合着影视艺术创作的实际分工与需求，全方位打造影视艺术人才，使得影视媒介的各个艺术创作元素得到齐头并进的发展。作为"艺术教育"的影视教育，为影视媒介的艺术表达提供了人才与资源、理论与实践等多重保证。影视教育首先以"艺术教育"的身份，获得行业与社会的认可。

由此，影视教育开始逐步建立起多层次的培养体系和计划。以中国传媒大学为代表的广播影视专业院校在实践型人才的培养机制中，不仅设有专业划分非常细致的四年制本科，还有两年制的大专和三年制的专升本、时长从一个月

到一年不等的各种专业进修班和培训班,以及夜大,函授等多种形式。在理论型人才的培养机制中,有硕士和博士等高级人才研修课程。高素质影视人才的培养对于提高影视教育的理论水平、进一步指导实践发挥着重要作用。较为全面和系统的教育模式不仅提高了很多在职电视人员的专业素质,也培养了更多的影视专门人才。

改革开放政策的实施、经济的飞速发展,迎来了电视高速发展的黄金时期。电视台由最初的几家增加到几百家,电视频道由原来的几个扩展到上百个。当时间推进到世纪之交,影视教育开始思考,如何根据业界需求再次推陈出新、探索转型。

(二)人文:影视教育的转型方向

随着电视机在中国的普及,以电视为代表的影视媒介成为中国具有广泛社会影响力的强势媒体。截止到2001年底,全国共有电视台357座,承载着2194套节目的制作和播出。每个省的每个地级以上城市都有至少一家电视台。

当时的电视媒介,已不再是单纯的"电视艺术",它更是一个社会文化的意义集散地,吸收、辐射着多个维度的文化意义。由电视新闻、电视节目、电视剧所引发的讨论,已不再局限于艺术范畴,而是更多地将影视内容作为解剖的文本,以此来映射当代社会文化各方面的问题。

因为电视具有了更多社会文化功能的诉求,相应的,影视教育也被寄予了更高的要求。"人文",作为影视教育发展的第二坐标轴,为新世纪影视教育的转型提供了方向。

2001年,北京大学和清华大学相继成立了新闻传播学院。随后,在我国一千多所拥有雄厚人文教育基础的综合类大学中,近半数以上设立影视专业或者开设影视类课程。这标志着影视教育开始正式进入"人文"学科教育领域。

以"人文"作为影视教育宽厚的发展基础,影视专业的学生得以在进入大学之后,首先把自己的根基向下扎深扎牢,从"人文"的土壤中汲取丰富的元素与养料,为日后在行业中的厚积薄发做好准备。以往影视专业学生"上手快,后劲不足"的普遍问题,在一定程度上获得解决。

怎么拍不是问题、拍什么才是问题——这是以"人文"作为影视教育发展方向的基本前提。可是,随着数字技术对影视行业的全面更新换代,"怎么拍"再次成为影视教育的核心问题。

影视教育的发展,在经历了"艺术"、"人文"的发展维度之后,仿佛是一个轮回,又重新走回到了最为基础的"技术"。当然,这里所谓的"技术",是指当前由数字技术引发的影视革命,以及新媒体出现后新的媒介共存格局。

(三)技术:影视教育的新一轮自定义

在当今的影视领域,数字技术引发的影视革命正波及行业里的每一个角落;新媒体的出现,更在制作模式、文化传播、社会影响等方面对传统的影视行业产生巨大冲击。数字技术是如何介入并改变了影视行业的整体面貌?传统的影视行业将如何在数字时代进行自身定位?新媒体将取代传统媒体抑或成为传统媒体的功能延续?凡此种种,是全球影视业界所共同面对的困境。

正如本文开头所描述的情况:由于当前影视行业内数字技术的应用日新月异,校园内的影视教育与行业需求之间的"鸿沟"越来越大;全球化的竞争环境中,发达国家的影视工业又在积极地吸纳、争抢高端人才资源。中国的影视教育,面对数字化与全球化的内忧外患,当务之急是找寻出路。

笔者认为,中国影视教育的未来发展,将在"技术"维度的引导下,开始新一轮的自定义。所谓"自定义",指的是对"艺术"、"人文"与"技术"三个维度的重新审视,通过深刻挖掘三个维度在数字时代的发展变量,重新定位影视教育。

(四)挖掘数字时代影视教育的发展变量

由于数字时代影视内容创作的主体由"群体"逐渐转化为"个体",影视传播的媒介出现了多样化的新媒体形式,相应的,影视教育的三个维度都需要根据传播形式与内容的变化,做出适当的调整:

1. 艺术维度:"传媒人才"与"艺术人才"高度复合

从"艺术"的维度来看,数字时代的影视创作首先面对的不仅是电影或电视这样的宏观媒体,更包括形式多样化的新媒体。因此,当代影视人才的最基本特点即是"传媒人才"与"艺术人才"的复合。

数字时代的影视人才,既是传媒人才,需要熟悉传媒艺术创作流程,具备团队合作精神,洞悉社会接受心理,坚持正确思想导向;又是艺术人才,需要具备实际创作能力、个性创新能力。但传媒人才的培养和艺术人才的培养均有其自身的规律,培养要求并不完全一致。需要研发新的培养模式,适应高端传媒艺术复合型人才的培养。

2. 人文维度:全球化背景下的国家文化软实力

从"人文"的维度来看,当前我们所处的全球化时代,最显著的特征就是:世界是平坦的。平坦的世界里,文化在全球范围内共享。因此,对人文的认识,应该跳脱以往狭隘的地域、国别的局限,以全球化的视角、全球化的理念,引领影视教育的发展。

全球化的今天,影视文化体现着国家的软实力,彰显着国家的文化形象。去年,韩国歌星鸟叔的《江南 Style》风靡全球,近期,韩国电视剧《来自星星的你》再次引爆流行,韩流的一次次成功彰显着韩国的文化软实力,从另一方面也提示我们:影视语言有潜力成为通行世界的全球化语言。数字时代的影视教育,应该站在全球化的高度进行再认识。

3. 技术维度:呼唤数字时代的行业标准

从"技术"的维度来看,数字技术不但带来影视行业硬件的革新,更对数字时代的审美提出新的问题。数字时代的影视艺术,人们观影的模式发生变化,人们观看影片的时间变得更短、更碎片化,观看的画幅越变越小,但是画面的清晰度却越来越高……凡此种种,对以往影视教育的审美经验提出了挑战,同时,也造成了影视行业的制作标准出现混乱。

目前的影视行业,急切盼望影视教育能够对数字时代的审美问题进行回答,提出数字时代影视制作的行业标准,引领影视行业的有序发展。

三、三维合一:构建传播内容创作研究的"大平台"

2013年,中国传媒大学艺术学部提出构建传播内容创作研究"大平台",打通各个院系、专业之间的壁垒,对全球化与数字化背景下传播内容的创作进行综合性的观照,协同发挥艺术、人文、技术三个发展方向的合力,期待先迈出一步,应对未来影视教育发展的新格局。

影视教育在不同的发展阶段会侧重在艺术、人文和技术等不同维度,但纵观整个影视教育,"三维合一",是对当代影视教育特殊规律的归纳总结。

在传播内容创作研究的"大平台"上,艺术学部针对未来影视教育发展的关键问题,尝试实施了许多具有远见卓识的举措。归纳起来,有以下几个方面:

(一)教学方法全球化接轨、教学内容全球化分享

艺术学部的各个学院一直重视开展多样化的国际教学交流活动,希望通过一点一滴国际教学经验的积累,向世界一流的影视高校"取经",逐步实现教学方法的全球化接轨,从而整体提升中国传媒大学艺术学部的教学品质。

例如,艺术学部戏剧影视学院与美国南加州大学从2006年开始的"世界城市交响"学生纪录片交流活动,多年来在北京与洛杉矶两地交替进行,为数百位中国学生、数十位中国教师提供了近距离学习、感受美国专业排名第一的影视教育的难得机会。在这一项目的带动下,波兰洛兹电影学院、芬兰坦佩雷大学、爱沙尼亚塔林大学、纽约理工大学等一系列国际知名院校相继与学院合作,开展学生短片创作工作坊。2013年,第一届"影视制作"专业的国际硕士班正式开课,来自艺术学部戏剧影视学院的专业教师,以全英文的形式向国际学生讲授影视创作课程,用英语与学生实时互动,协助学生解决创作过程中的各种问题,最终学生每人独立完成短片作业。这标志着"教学方法全球化"策略进入到了一个新的阶段,从"走出去"逐渐变为"拿回来"。

不但如此,平台还希望能以超前的眼光,和世界一流高校"同步行动",抢占制高点,为未来世界影视教育的发展打下开局的大好形势。我们把目光锁定在了"建立大型开放式网络课程系统",也即MOOC系统。MOOC系统不但打破了地域的限制,更进一步推倒了高校的围墙,它的目标是使全球各地的学生,可以在全球范围内选择学习某一个教师开设的某门课程,整个听课、作业、讲评、打分的过程全部通过数字技术平台完成。MOOC成功实现了一种高端的知识交换,目前,全球知名高校都在积极打造MOOC系统,希望通过向全球分享自己的教学资源,展现本校的教学优势。

2013年,传播内容创作研究平台也将MOOC系统作为自己的建设试点,希望建设、打造中国传媒大学的品牌MOOC课程,向全世界输出我校的教学优势

资源,展现我校国际化的教学实力,为中国传媒大学走向世界一流影视高校抢占制高点。

(二)创新传媒艺术人才培养模式,实现学界与业界的"零距离"接触

由于数字技术使得影视教育与业界需求之间的"鸿沟"被逐渐拉大,传播内容创作研究平台希望打造一座衔接学界与业界的人才培养孵化器,使创作专业的学生在学校内实现与业界的"零距离"接触。

从2008年开始,艺术学部戏剧影视学院启动教育部"传媒艺术人才培养模式创新实验区"项目,以"工作室教学中心制"为核心,设立涵盖电影、电视及新媒体中编、导、演、摄、美、录等多个创作环节的导师工作室,由导师带领学生进行多样化的业界创作实践。经过5年多的运行,现有校内导师工作室16个,校外导师工作室2个,奥运(亚运)摄影班1个,每年惠及师生近200人,从2008年至今总计超过1000人,由师生共同参与创作完成的影视、戏剧、美术、音乐作品近200部。

在已有的基础上,平台希望进一步延伸人才培养模式的外延,开启"国际传媒艺术人才培养模式孵化器"项目。以开放式的平台,接收、吸纳多样化的学生短片国际联合创作模式,开启多样的国际教授创作工作室项目。通过具体的创作合作(中外教师联合指导、中外学生联合导演、中国与国际轮换主办等),为学生提供参与国际化影视制作项目的机会,使学生通过在校期间的作品,不但走进行业,更能以国际化的高起点,开创未来发展广阔的空间。

(三)以创作带研究,聚合多学科力量探索传播内容数字化整合

由于数字时代传统媒体与新媒体的创作内容本身即在动态发展之中,因此,对创作的研究不能脱离于创作之外,应发挥传播内容创作研究平台多学科师生的先锋力量,以创作项目的探索性成果,带动项目研究。平台之内,从学部到各个学院,都对师生的创作成果高度重视,出台了一系列创作成果的奖励办法。中国大学生电视节、中国国际大学生动画节、中韩大学生电影展等多个活动,多年来成熟运作,已形成鼓励创作的整体氛围。

不但如此,平台还计划聚合多学科力量,进行联合创作及研究,探索传播内

容的数字化整合,开创新项目。2013年,中国戏剧戏曲研究中心在中国传媒大学成立。全国政协委员、民建中央文化委员会副主任、中国国家京剧院一级演员袁慧琴女士担任中心主任。平台计划发挥中国传媒大学在"戏剧与影视学"全国排名第一的专业优势,结合袁慧琴女士在戏曲艺术领域的资源优势,建立中国戏曲艺术音视频门户网站(及智能终端应用软件),搭建系统保存、整理、翻译戏曲艺术资料的数字化平台;发挥新媒体的传播特性,对国粹文化经典进行多维度、立体化、互动性的内容创作与展示;集成传播、研究、教育、审美等多种功能,树立中国国粹文化经典的新媒体形象,展现高度重视"传统文化与新媒体相融合"的中国国际传播形象。从国家新时期文化形象的战略高度来看,这一项目将有助于国粹文化经典在新媒体时代获得新的传承与发展;同时,也将是中国传媒大学传播内容创作研究平台综合实力的一次集中展现。

"这是最好的时代,也是最坏的时代。"

狄更斯小说《双城记》开头的这句话,用来形容影视教育在数字时代的发展现状,十分贴切。数字时代的到来、全球化的浪潮,颠覆了我们以往多年习以为常的创作与教学经验;从另一个角度看,它又以崭新的媒介平台,向我们提供了中国影视教育融入全球化发展进程的难得的机遇与挑战。

艺术、人文与技术,作为当代中国影视教育的三维坐标,为我们解剖当代影视教育横切面与纵览影视教育的历史全貌,提供了一种分析的思路。数字时代的影视教育,将在艺术、人文与技术三个维度的合力驱动下,逐步展现广阔的发展空间与无限的发展前景。

[李兴国为中国传媒大学艺术学部戏剧影视学院教授,徐智鹏为中国传媒大学戏剧影视学院导演表演系教师]

关于国际新闻传播人才培养的实践创新与思考

○ 王晓红

加强中国传播能力建设是国家战略的重要组成部分,培养国际新闻传播人才是其中的关键环节。在全球化的大背景下,在新媒体技术的推动下,人类历史上国际社会相互关联从来没有像今天这样密切,而相互冲突的机遇也随之剧增。区域问题可以迅疾成为全球话题,国际问题则能直接切入百姓视野。在这样的国际环境中,讲好中国故事,发出中国声音,表达中国立场,不再只是美好的愿景,而是当下迫切的任务 。最近发生的国际重大突发事件是对我国国际新闻报道能力的重大考验,人们在问:中国到底在哪里?信源的内在逻辑在哪里?我们媒体的独立见解在哪里?追本溯源,这也是对新闻教育的拷问。这里既有技能问题,也有视野问题,更有立场问题。而种种问题使我们更深切体会到为国家培养合格的国际新闻人才,其责任之重大,其使命之迫切。

正因为如此,这些年我们不敢懈怠,积极进行学科建设,在秉承优秀传统的同时,努力改革创新。从人才培养的前瞻性和实用度出发,我们通过立足国家战略的教育机制创新、跨学科优势互补的教育路径创新、产学研相结合的教育平台创新,逐步探索与媒体协同创新的国际新闻传播人才培养模式。

一、立足国家战略的人才培养创新

近年的实践使我们越来越清晰地认识到,国际新闻人才的培养首先要明确的是"培养什么人"的立场问题。

国际传播人才担负着向国际社会报道中国,站在中国立场报道世界的重要职责,他(她)不仅是新闻信息的报道者,更是中国观点的传播者,中国立场的阐释者。国际新闻人才的培养绝对不只是语言技能的提升,为此,我们把加强马克思主义新闻观教育,加强国家立场意识,作为国际新闻人才培养的重要内容。

我们认为,马克思主义新闻观教育不是生硬的教条,它应是生动的、紧贴现实的,是根植于中国国情的。要将马克思主义新闻观教育变成未来国新人才的内心坚守,使之内化于心、外化于行,就必须创新教育教学模式。

为此,我们尝试在课程体系设计中,加入以国情讲座为代表的国情类课程,及新闻评论类课程,教导学生熟悉国家发展的现状,了解民族前进的历史,学会从客观全面的视角出发,理解寻找民主的初衷。与此同时,我们通过社会实践、主题创作等方式,通过身临其境、触手可及的国情教育与新闻实践,帮助学生理解国家的发展与进步,理解国家发展中的种种难题,理解国家的政策方针,加强学生的社会责任感。在中宣部、教育部、中国记协的带领下,每年暑期开展赴延安、井冈山、贵州、华东等地的社会实践活动,与此同时,与中联部合作"红星照耀中国梦"主题创作、与国新办开展"大学生眼中的西藏"等活动。

二、契合全球传播的课程体系创新

明确了"培养什么人"的问题,还需要解决"如何培养"的问题。

进入21世纪,全球新闻业普遍转型,各国新闻传播教育纷纷改革。以美国为例。2005年,在卡耐基基金会和奈特基金会资助下,哈佛大学牵头,联手全美最优质的新闻教育资源,开启了未来新闻教育创新研究和实践,其目标是通过复兴新闻教育来促进美国新闻业的发展,迎接数字化变革。总体而言,美国新闻教育改革更强调通识教育、融合教育和精英教育,力求保持美国媒体在全球信息传播中的主导地位。置身于新的媒介环境中,中国新闻教育同样面临着挑战,亟待改革。

我们认为,人才培养是一个长期规划并且在发展中继承、在继承中创新的过程。国际新闻从业者需要掌握在多元文化中展现自己、表达观点的专业工作方法,只有理解对方文化,才能更好地报道对方。建造提高学生跨文化交流能力的课程体系至关重要。为了给国际传播人才培养储备更优质、更丰富的生源,我们力求以更开放的思维,有序推进课程体系改革。

课程是锻造人才的基础,它关系到人的知识体系,对学生的视野、思维方式和专业能力有着决定性作用。基于国际新闻人才培养的现实条件和社会需求,我们着力在以下两个方面进行创新突破。

(一)以英语教学改革为突破,创新"专业+外语"教学模式

新闻专业人才的外语能力是进行国际信息交流的基本能力之一。我们自2002年开始强化"外语线",在公共英语课之外,增设英语听说训练课;2007年获得首批国家级双语课程建设项目,《电视新闻导论》课程荣获国家级双语教学示范课程;2009年,在前续成果的基础上,按照中央领导指示精神,成立国际新闻传播后备人才班;2012年构建并完善全英文授课体系,招收国际留学生;2013年,从本科生中选拔优质生源,开设大学公共英语创新实验班(本科),为学生打造一周五天的英语学习环境,在全国具有引领与示范作用;2014年,借助英语新闻节目制作训练,打通本科生、研究生、国际留学生的专业实践环节,形成了集"采、写、摄、录、播"为一体的多层次、全英文专业实践模式。

这种跨文化的全英文模式的更大意义在于创建了外语交流和专业学习的仿真环境,不仅强化口头语言和书面语言交流能力的培养和训练,而且在课堂上实现了多形式的国际交流,这使中国学生在课堂上就开启了向国际社会描述中国生活、讲述中国理念、解析中国问题、塑造中国形象的实践。

(二)以改革新闻实务课程为抓手,完善与业界联通的实践平台

我们一贯坚持特色发展,致力于保持在全国同类专业中的优势地位。"21世纪传媒人才'五条线'教学体系"(该项目曾于2009年分别获得北京市教学成果一等奖、国家级教学成果二等奖)始终贯穿我校新闻传播专业大学四年的主干课程,包括理论线、创作线、观摩线、写作线和外语线。并在时代发展的过程中,延伸为六大类课程体系,形成一套特色化、模块化的课程,包括:基础理论类、国际关系类、专业英语类、传媒业务类、实务训练类、系列讲座类。通过优化课程设置,拓展专业视野,使学生掌握"讲好中国故事"、"传播中国声音"的知识

基础与业务技能，打牢国际传播业务功底，适应全球传播格局发展与变革。

在此基础上，我们特别重视对新闻实务课程和实践平台的改造。通过延续多年的周五下午定期讲座，以及教师到媒体挂职和将更多具有丰富实践经验的新闻业界人士引入实务新闻学的课堂的方式，探索让富有专业工作经验和专业教学能力的新闻工作者加盟新闻教育的机制，特别是要让业界优秀人士担任实务新闻学的学分课程的授课。

依托校园电视台和各个实习实践平台，我们努力优化课外写作训练机制，提升学生在现场生产制作新闻的能力，完善"出镜记者"的特色培养模式，利用3G通讯和流媒体技术，自主研发了直播与现场报道的实验教学平台，实现了新闻实践中的多点互动，使学生得以利用融合技术的平台，置身新闻一线，训练现场报道与口语表达能力、定时成稿与快速反应能力，以及在现场发现、挖掘、思考并形成观点的能力。

我们积极开展互动式、全媒体教学实验，对创作型课程、理论型课程及实验型课程提出了不同的互动教学要求，延展师生互动关系，深入探索符合新时期国际新闻传播人才培养的授课内容与教学方法，并将好的经验与做法进行推广。如《创作训练—DV作品》课程采用工作坊模式；《报刊编辑》课程采用现场阐述＋情景模拟教学法；《新媒体导论》课程采用交互型虚拟课堂的辅助教学实验法。

总之，我们借力新闻实践前沿的智慧滋养，积极推动业界与学界的常态交流机制，创造能量交互的新闻实践教学模式。从2011年开始，我们每年进行多方参与的国际新闻传播硕士实践创新成果汇报会。中宣部、中联部、教育部、中国记协的主管领导、国家六大媒体的相关负责人和清华大学、中国人民大学、中国传媒大学的国际新闻传播师生，共同总结与讨论国际新闻人才培养与实践中的重要问题，取得了良好成效。

三、产学研协同发展的师资队伍创新

结合创新型教师发展模式，我们通过优化"教学问诊制"和"教研沙龙制"，探索国际化师资队伍建设"三步走"、英语教学管理培训"双结合"等提升策略，致力于建设一支秉承传统、跟进前沿、特长细分、视野开阔,具有多元文化背景与国际竞争力的教学科研团队。同时,全球化传播语境带来了知识架构的巨变,新媒体时代为国际新闻传播"教学相长"的协同模式创造出新的思维。近年来,我们的教师活跃在影视、传媒国际评奖和新闻传播学术会议上,不仅将"中国形象"传递给世界,而且在国际学术场合发出"中国声音"、传播"中国思维"。

(一)"教学诊断"不放松,锤炼教师的基本功素质

多年来,我们坚持"教学问诊制",成立了教学督导组和教学指导组,通过"传帮带"的研讨交流活动,由资深教师对青年教师的授课内容、形式与风格进行把关指导,探讨青年师资队伍的培养路径,帮助青年教师锤炼教学基本功,形成了一套科学合理的"教学诊断"制度和行之有效的师资梯队建设办法。

2011年,结合多年"教学问诊"的成果,我们总结出符合国际新闻传播专业的课堂教学法。坚持育人与教书相互融合、教风和学风互相促进,根据"四个核心内含四项要求、四项要求下设四种方法"的工作思路,提炼出16项要求和64种教学法,涵盖课堂教学内容、课堂教学技法、课堂教学管理、教师必修基本功四个方面,立体化构建符合课堂教学需求的指导体系,向全体老师推广。

(二)"学术沙龙"不间断,加大横向科研参与力度

我们坚持每周组织教师开展"学术沙龙",就一系列前沿学术问题开展专项讨论,打造学习型、科研型团队,带动教学能力与教学水平的提高。

为培养应用型、复合型国际新闻传播人才,我们始终将教育教学与社会实践、科学研究、成果应用紧密结合,整合各方资源搭建产学研相结合的创新教育平台,与各层次新闻和宣传单位建立教学科研实践基地,成立中国传媒大学媒介创意咨询中心(MICC),仅2013年,就承担了教育部、北京市援疆指挥部、成都电视台等多个科研实践项目,将与行业互动的思考反哺课堂教学。2014年初,我们与新华社达成协议,深度参与世界媒体峰会"全球新闻奖"的策划、评选工作。

(三)"国际交流"三步走,提升团队的国际化水平

在师资培养方面,我们坚持自主引进与自我培养相结合。一方面重视引进

海内外的优秀青年人才,丰富学缘结构,优化专业构成。另一方面,早在十年之前,已经开始大力推进"青年教师海内外进修计划",主要包括"中青年教师赴海外攻读博士学位计划"和为期一年的"海外名校访问学者计划"。这十年间,已经有一批中青年教师在美国、英国、法国、德国、澳大利亚等多个国家的不同院校攻读博士学位,增长了专业能力,拓展了学术视野,形成了开阔的海外培养格局。

此外,我们重视教学管理体系的国际化,启动了"双语教学"双结合项目。(1)双语教学"走出去"。为发展国际化办学,实现"核心专业课程双语教学"的规划目标,2012年暑期,双语教学管理团队一行14人在美国太平洋大学开展了为期21天的专项培训,旨在提高一线教学管理人员国际化水平,促进国际新闻传播专业和新媒体国际课程培养体系的构建与完善。目前,培训成果已经直接作用于日常教学管理。(2)双语学习"请进来"。我们专门聘请了外籍教师为中青年教师开展英语专项培训,有针对性地提升英语水平与语言应用能力。同时,我们还选派了一批青年教师赴北京师范大学进修对外汉语教学,培养年轻一代成长为掌握对外汉语和英文授课技艺的全能人才,凸显团队新生力量在国际新闻传播专业未来发展中的竞争优势。

四、顺应媒介发展的融合实践创新

(一)立足校园,完善内外兼修的育人环境

紧跟现代传媒技术的发展现状,我们创建了多功能演播馆、电视节目制作实验室、灯光实验室、摄影洗印实验室、非线性编辑实验室、环绕立体声实验室和广播录音实验室等,按学时、机时合理调配,为实践训练提供条件保障。

我们将专业实践活动作为教学环节的有益补充。为具有发展潜力的学生提供"假期拍摄资助计划";通过每年举办"全国大学生一分钟影像大赛"、"半夏的纪念"北京国际大学生影像节等品牌学生赛事,搭建高水平的创作平台。目前,"半夏的纪念"北京国际大学生影像节和"全国大学生一分钟影像大赛"已被北京市教委国际交流中心纳入北京市文化创意产业节,提升为国际性赛事。

与此同时,依托于全国新闻传播类首个"国际化创新人才培养实验区"和

"国际教授工作室",聘请国外知名学者来访,开展讲座,为国际新闻传播专业学生授课,打造国际化专业平台。比如,国际新闻传播人才曾与美国科罗拉多大学、比利时公立艺术学院等海外高校师生开展交流活动,与美国合众社远程连线采访,接受英语新闻写作的指导,与美国副国务卿现场交流,模拟新闻记者在国际平台上的提问。

(二)面向社会,满足行业前沿的育人需求

我们根据学科发展需求,先后建设了 30 余个实习就业基地,通过专业教师带队实习,通过以项目引领创作实践的训练方式,如与教育部合作全国十大教书育人楷模微纪录片创作项目、公益广告制作项目,与北京和田援疆指挥部合作拍摄《走进和田》大型纪录片,使学生有机会置身于创作一线,了解专业发展的现状,熟悉专业创作的流程,提高实务操作技能与综合业务素质。近期,应用国际前沿技术的我国第一部少数民族 3D 纪录片《和田一日》在央视 3D 频道播出;助学题材公益广告《不让一个孩子失学》在央视 11 个频道滚动播出总计 262 次,通过新闻传播的生产实践,充分践行教研成果,满足社会对新闻宣传服务的需求。

(三)接轨国际,积累实践创新的育人成果

1. 学术科研与专业创作走向国际

为提升学生的专业技能和实践创新意识,我们依托创作课程,保持"上手快"的特色优势,鼓励学生的专业学习与国际接轨,参与国际化的专业竞争,如选送作品参加法国 FIPA 国际大学生电视节、德国波茨坦国际大学生电影节等,每年有近 50 部作品获得国内外专业比赛的各类奖项,积累了丰硕的实践教学成果。

2. 海外教学实践活动树立品牌

我们一向重视积累国外优质教学资源。与美国密苏里新闻学院、波士顿大学、法国巴黎二大、南澳大学、香港城市大学等传媒名校建立了合作关系,鼓励学生开阔眼界,扩大交流。每年暑期,由学院领导和专业教师带队,组织国际新闻传播人才赴海外新闻传播学名校学习专业课程,参访我国主流媒体的驻外站点。同学们亲临国际新闻传播一线，与我国优秀驻外记者面对面，并采访制作了大量专业作品，拓展了国际视野，提升了业务水平，增强了"坚守国家立场，发出中国声音"的责任感与使命感，受到中宣部、教育部的肯定，也获得了外方的一致好评。

此外，每年都有学生在港澳台各类新闻传播学大学生论坛发言，今年更有数篇论文入选土耳其伊斯坦布尔"2014 国际传播大学生论坛"。他们在国际传播舞台上越发自信地发出中国大学生的声音，传递中国新闻传播的智慧和理念。

3. 驻外媒体实习选拔国际传播人才

依托国家留学基金委的海外实习项目，我们每年选派优秀学生赴中央媒体海外站点实习。近五年，在我中央媒体驻美国、法国、澳大利亚、墨西哥、埃及、肯尼亚、泰国记者站和分社，都有传媒学子活跃的身影。2013 年，我校新闻传播学部许达同学被选派至新华社非洲总分社实习。在肯尼亚内罗毕恐怖袭击报道中，他曾连续 38 小时坚守现场，发回大量一手报道，展现出坚定的国家立场、良好的新闻素质、优秀的外语能力和出色的报道水平，受到新华社点名表扬。

近年间，国际新闻传播人才培养与实践创新研究从本科教学辐射到研究生教学。2009 年，经中央领导亲自批示，在我校成立国际新闻传播后备人才班，培养成果受到中央领导、中宣部、教育部的高度肯定。如今，毕业生中已经涌现出中央电视台驻肯尼亚记者站记者，新华通讯社驻欧洲总分社记者和人民日报社驻首尔记者站记者等。

我们深感，在全球化、信息化时代，构建新格局，提高传播力，要把学科建设与党和国家的工作重点相结合，把人才培养与时代发展相结合，把教育教学与国际前沿、社会需求相结合，拓展媒介观，立足教育观，坚持特色观，造就适应全球化、全媒体、全天候信息传播需要的高级人才，开创国际新闻传播人才培养的新局面。对于新闻传播高等教育而言，为国家培养面向实际、面向世界、面向未来、适应全球化趋势与媒体融合格局的复合型国际新闻传播人才，既是时代的必然要求，也是我们义不容辞的神圣使命。

附：成果辐射

一、辐射全国的高水平推广平台

（一）全国新闻传播学类专业教指委平台

2013年，我校胡正荣教授获聘为教育部高校新闻传播学类专业教学指导委员会主任委员，高晓虹教授任副主任委员兼秘书长；袁军教授获聘为全国卓越新闻传播人才教育培养指导委员会主任委员；高晓虹教授获聘为专家委员会主任委员。这充分体现了我校在新闻传播人才培养方面的引领作用。依托两个教学指导委员会，教学成果能够辐射全国600余所新闻传播类专业院校，对推广国际新闻传播人才教育的理念和成果具有引导作用和示范意义。

（二）学科协同发展的专业群建设平台

为响应国家号召，推进资源共享、协同发展，依托我校在新闻传播学科的全国优势，从2013年开始，我们率先在北京市建立新闻出版类专业群。作为牵头院校和专家委员会主任委员单位，我校积极建立联络机制，组织在京30所相关院校参加"2013电视高峰论坛"、"中国纪录片学院奖"等专业活动，牵头专业群院校与媒体建立教学科研实践基地。通过召开全国性或国际性论坛，关注全媒体背景下传媒行业的新机遇、新挑战、新合作。

2013年12月，在中国传媒大学新闻传播学部牵头下，9所新闻出版类专业群院校与千龙网举行集体签约仪式，合作共建新媒介素养教育基地。此次参与签约的9所专业群高校是：中国人民大学新闻学院、中国政法大学新闻与传播学院、中国青年政治学院新闻与传播系、中央民族大学文学与新闻传播学院、北京印刷学院新闻出版学院、北京师范大学文学院、北京外国语大学英语学院、北京交通大学语言与传播学院、北京信息科技大学公共管理与传媒学院。中国传媒大学愿意将优良的社会实践培育资源与各专业院校分享。此次签约作为一个起点，将把国际新闻传播人才培养成果通过新媒体进行推广，将"提升公众新媒介素养"这篇社会大文章谱写好。

2014年，中国传媒大学将牵头专业群邀请专业群院校学生参加海外暑期实践（英国），并邀请全球大学生参加"半夏的纪念"北京国际大学生影像展。同时，秉承一贯坚持的国家立场、国家战略，为国家和社会培养优秀新闻传播人才。

二、借力教研成果服务社会需求

依托产学研相结合的教育创新平台,师生不断开展服务社会的教学科研实践,创作具有国际视野、倡导道德风尚、弘扬社会正气的传媒作品。

2013年,受北京市援疆指挥部委托拍摄的4集大型纪录片《走进和田》在各大媒体播出。项目于2012年开始构思,并于2012年9月正式启动。应用国际前沿技术的我国第一部少数民族3D纪录片《和田一日》在央视3D频道播出。播出后反响强烈,中央电视套一套、凤凰卫视主动要求播放该片。

教育部《教书育人楷模》10集系列专题片获得全社会广泛好评。2012年,教育部联合人民日报、新华社、光明日报等媒体,于7月9日启动2012年度"全国教书育人楷模"推选活动。活动组委会根据各省推荐确定了66名"全国教书育人楷模"候选人。人民日报、光明日报、中国教育报等媒体刊登候选人名单及简介,教育部门户网站、人民网、新华网等开辟专题网页刊登候选人名单及详细事迹,面向社会公示,接受群众投票,时间为7月9日至7月29日。此次推选活动最终将推选出10名"全国教书育人楷模"。作为活动的总结和成果,我团队受教育部委托,由师生组成创作团队,拍摄了10部纪录短片。

2013年8月16日,受教育部委托,中国传媒大学新闻传播学部电视学院和广告学院摄制的公益广告《不让一个孩子失学》在中央电视台综合频道和央视一套高清频道滚动播出,我校新闻系85级优秀毕业生白岩松担任了该公益广告的代言人。助学题材公益广告《不让一个孩子失学》在央视11个频道滚动播出262次。在全国大中小学开学前夕播出,旨在向社会公众宣传国家的教育资助政策,让经济困难家庭的学生信心满满地走进校园。

我们的作品以客观、公正、国际视野受到广泛好评与社会反响,我们的作品不仅将"中国形象"、"中国梦"传递给世界,而且在越来越多的国际化社会服务中发出"中国声音"、传播"中国思维"。

三、全面深入的师生国际交流

我校国际新闻传播人才教育受到李长春同志的高度评价,大部分学生均进入国家主流媒体效力。2010年以来毕业生海外实习的数量大幅提高,国际交流的区域也不断扩大,全球各地的新闻一线都有传媒学子采访报道的活跃身影。学术方面,每年都有学生在港澳台各类新闻传播学大学生论坛发言,今年更有数篇论文入选土耳其伊斯坦布尔"2014国际传播大学生论坛"。

(一)与境外高水平新闻传播院系合作交流

依托在新闻传播学科上的影响力及传媒高等教育国际联盟盟校资源,中国传媒大学与全球多所知名新闻传播高校建立合作院系,并进行了多层次的合作,包括:"教育部外国文教专家聘请学校特色项目"——国际教授工作室(International Professor Workshop,IPW)。国际教授工作室是我校与国际一流大学进行学术对话,建立的稳定、常效、实体化国际教学实践的跨学科合作平台,已邀请美国西北大学、南加州大学、纽约大学、法国司汤达大学等欧美名校和BBC、NBC等国际主流媒体的20余位重要学者和业界专家来校授课。2013年共举办16期工作室,超过1000名师生申请参加学习研讨。围绕"开设一门国际课程、推动一个国际教学团队的系统培训、建设一套全英文国际教材、推动一项深度合作项目的孵化"目标,开展了卓有成效的工作,并积极筹建英文权威期刊。

1. 国际学术合作项目

为推动"中国学术走出去",增强专业研究及创新的国际化,学校与数个国外新闻传播院校教授及团队共同建立了欧洲新闻研究中心、国际新闻研究所、中传—麦考瑞大学共建中澳媒体联合研究中心、国际媒体内容监测研究中心、国际传播受众态度比较研究中心等具有国际背景的研究中心。推动孵化多个国际高水平科研项目,合作出版多本国际学术教材,促进了国际课程建设、国际师资培训和项目深度合作。2012年启动的国际学术活动月,同时邀请来自多所国际知名传媒高校的十余位一流学者,综合进行教学、学术交流、科研合作与学科建设活动。

2. 学生国际交流交换项目

为了培养适应跨文化交流,有优秀语言能力以及业界实习经历的高层次全球新闻传播人才,学校近年来与全球多个知名新闻传播院校开展了学生交流交换合作项目,其中包括与美国密苏里新闻学院、美国爱默森新闻学院、英国威斯敏斯特大学媒体与艺术设计学院、法国国家科研中心传播研究院、巴黎第二大学(法国新闻学院)学生交换项目,与法国国家视听研究院、法国巴黎高等记者学院、挪威奥斯陆大学、新加坡南洋理工大学等的短期交流或长期交换项目。

3. 国际新闻传播人才海外教学实践项目

从 2010 年起，在中宣部、教育部的大力支持下，学校紧紧围绕"国家意识、国际视野"的指导思想，创新国际新闻传播人才培养体系，为国际新闻传播硕士班专门制定了海外教学实践环节：暑期选拔优秀国际新闻传播硕士赴国际传播一线，学习国际新闻业务，力争开拓国际视野，完成参访我国驻外媒体及文化传播机构、海外知名新闻传播院校学习新闻业务，并进行专业创作实践等任务。

(二) 国际联合培养项目

为了引进国外优质教育资源，借鉴国外先进办学经验，调整优化学科专业结构和人才培养模式，增加教育的多样性和选择性，促进教育改革，努力培养国际新新闻传播人才，中国传媒大学与多个国际知名新闻传播院校开展了校际的本科、硕士、博士联合培养计划，进行了包括本科教育 3＋1、2＋2，研究生教育 2＋1、1＋1 等项目，包括与巴黎第二大学新闻学院博士联合培养计划、比利时布鲁塞尔自由大学博士联合培养计划、密苏里大学新闻学院的 2＋2 国际联合培养计划、西蒙飞沙大学传播学院"全球传播硕士"培养计划等项目。

(三) 教师赴境外访学及学术交流

仅 2013 年学校向 40 个国家和地区派出共计 400 余人，教师赴境外学术交流、参加会议、访学人数继续增长。交流学校包括哈佛大学、哥伦比亚大学、加州大学伯克利分校、英国剑桥大学、威斯敏斯特大学等世界知名大学和"传媒高等教育国际联盟"盟校等九所大学。

2004 年以来，新闻传播学部共有 30 余位中青年教师先后赴美国密苏里大学、美国南加州大学、美国太平洋大学、英国威斯敏斯特大学、德国美因茨大学、科隆大学，韩国中央大学、日本 NHK 电视台等机构访问或学习。2009 年起，学校开始推行学术资助计划，支持教师参加海内外重要的学术活动，并积极组织教师出席国际研讨会和专业学术年会。新闻传播学部院内中青年教师大多具有一年以上海外留学或交流访问背景，并进行每周 2－3 次的专业英语培训。新闻传播学部教师、麻省理工学院研究员周逵博士在伦敦举办的国际传播学会 (ICA) 第 63 届年会大会上宣读了论文。2013 年，分别在芬兰、澳大利亚等国获得博士学位的新闻传播学部教师徐培喜、顾洁在爱尔兰举办的国际媒体与传播研究学会 (IAMCR) 年会宣读论文。

（四）全校相关专业的跨学科支持

外国语言文学学科现有 22 个本科语种,包括英语、法语、西班牙语、俄语、孟加拉语、斯瓦希里语、尼泊尔语、泰米尔语等。覆盖亚、非、欧和南北美洲诸多地区,拥有国家级特色专业 1 个,教育部非通用语本科人才培养基地 1 个。拥有外国语言文学一级学科硕士点、4 个二级学科硕士点:英语语言文学、日语语言文学、欧洲语言文学、外国语言学及应用语言学。学科拥有专职教师 110 人,教授 8 人,副教授 35 人,博士 33 人,在读博士 14 人。4 个校级教学优秀团队。2009 年《马来语高级教程》获北京市精品教材奖,2012 年《媒介英语选读》及《传媒英语》获北京市高等教育精品教材。

四、以国际前沿技术指导大学生创业实践

全球化国际新闻传播语境带来了新闻传播专业知识架构的巨变。新媒体时代为新闻传播"教学相长"的协同模式创造出新的思维。在教师海外进修、学生海外访学的基础上,在师生参与国际影视、传媒评奖的基础上,积极支持、推动并指导学生通过前沿技术开拓创业实践。近年来在 3D 立体影像技术和无人机航拍技术上实现了突破,并由毕业生展开创业项目。

（一）3D 立体影像技术创业

3D 科技已经交融渗透到文化产品创作、生产、传播、消费的各个层面和关键环节。我校 2010 级电视摄影班学生董种晨从 2012 年开始从事相关研究,并已展开创业实践。在经历一年多的人员组建、设备购置、立体实践拍摄、立体后期编辑等工作后,他们积累了丰富的 3D 影片制作经验,并取得了一些实践成果。

在《走进和田》的拍摄过程中,中国传媒大学新闻传播学部 2010 级电视摄影班的董种晨同学,承担起了 3D 摄影的主要任务。《走进和田》是中国第一部用纪实手法拍摄少数民族题材的 3D 纪录片,在中国的 3D 立体影像发展史上将占有重要的一席之地。

目前团队已完成的立体项目有:3D 纪录片《全景中国之和田一日》、香港卫视《祁县之旅》立体节目、第九届金鹰节颁奖晚会等。团队正在筹备院线 3D 眼镜清洗设备的研发、裸眼 3D 户外广告的研发、旅游景区 3D 宣传片的研发等等。这些计划都具有很高的技术创新价值和应用价值。

(二)无人机航空摄影技术创业

我校 2009 级电视编导专业本科生李念,大二时着手与同学组建团队,开始对无人机航拍项目进行研发。这是大学生创新计划的一部分,相关主营业务为无人机航拍、宣传片拍摄、多机位讯道直播等。其中无人机项目在影视航拍、航空摄影、空中三维动态全景图片等方面具有很高的创新价值。

[作者为中国传媒大学教授、新闻传播学部副学部长]

图书在版编目(CIP)数据

创新与发展:关于中国传播能力建设的思考/段鹏,王永滨主编.—北京:中国传媒大学出版社,2014.12
ISBN 978－7－5657－0953－1

Ⅰ.①创… Ⅱ.①段… ②王… Ⅲ.①创新－发展－传播－论文集 Ⅳ.①G239.22

中国版本图书馆 CIP 数据核字(2014)第 162750 号

创新与发展:关于中国传播能力建设的思考

主　　编	段　鹏　王永滨
责任编辑	黄松毅
责任印制	曹　辉
封面设计	泰博瑞国际文化传媒
出版人	蔡　翔
出版发行	中国传媒大学出版社
社　　址	北京市朝阳区定福庄东街 1 号　邮编:100024
电　　话	86-10-65450532 或 65450528　传真:010-65779405
网　　址	http://www.cucp.com.cn
经　　销	全国新华书店
印　　刷	北京艺堂印刷有限公司
开　　本	710mm×1000 mm　1/16
印　　张	16.25
版　　次	2014 年 12 月第 1 版　2014 年 12 月第 1 次印刷
书　　号	ISBN 978－7－5657－0953－1/G・0953　定价 58.00 元

版权所有　　翻印必究　　印装错误　　负责调换